·民·国·人·物·传·记·丛·书·

People·History

丛书编委会（按姓氏笔画排）

川岛真（日本）　吕芳上（中国台湾）　吴景平（中国）
张玉法（中国台湾）　张宪文（中国）　陈红民（中国）
陈谦平（中国）　杨天石（中国）　裴京汉（韩国）

最新·插图版

林森传

刘小宁 著

ZHEJIANG UNIVERSITY PRESS
浙江大学出版社 | 全国百佳图书出版单位

目 录

第1章　家世和求学经历

林森的先祖曾多次迁徙,先居住在山东济南,后又迁至河南固始,最后辗转到了福建。初入闽时,先住闽侯枕峰乡,后又迁至陶江,在凤港村聚族而居,主要从事农作,直到清末。

林森幼年曾读过私塾,又入培元学校读小学,第一次接受了西方的新式教育,至1882年,林森完成了小学学业,升入福州的"鹤龄英华书院",接受了完整的西式教育,这对于他今后从事反清革命事业起到了很大的作用。

在此期间,林森经历了"台湾教案"、"延平教案"和"古田教案",触动很大,留下了极深的印象,对他的一生产生了十分重要的影响。林森在学校时就显示出组织才能,被同学们推为学校的学生自治会会长。林森曾向书院提出了改进校政的建议,反对将"圣经"作为主修课目,主张早晚的宗教聚会、星期日的教堂礼拜应由学生自由参加。院方不能容忍林森的建议,暗示林森退学,无奈之下,林森只好退学。但数月后经人说情,林森又回到书院继续学业,直至毕业。

民国的历史上,南京国民政府曾有过三位主席,第一任是谭延闿,第二任是蒋介石,第三任是林森。其中以林森的任期为最长,从 1931 年 12 月至 1943 年 8 月,长达 13 年之久。

家　世

林森,字子超,原名天波,号长仁。晚年别号青芝老人。1868 年(清同治七年)2 月 11 日(阴历正月十八日)出生于福建闽侯县尚干乡凤港村一户农家。①

林氏先世据考出自殷代比干。至唐代末年国内动乱,随忠懿王王审知迁到山东济南,后至河南固始定居,最后辗转到了福建。初入闽时,先居住在闽侯枕峰乡,以后又迁至陶江(陶江古代称"上虞",后来易名为"尚干")。到了明代,林氏始至凤港村定居,直到清末。

林氏的一支在尚干乡与凤港村一带聚族而居,主要从事农作。林氏家族在福建数百年,族繁丁茂。在林氏宗祠里有这样一副对联:"唐宋元明,八百举人千进士;高祖曾考,十三宰相九封侯。"可见林氏一族获取功名和为官者之多。

林森家乡的青芝寺

① 关于林森的出生年月,目前主要有两种说法:一说为 1868 年 2 月 11 日;一说为 1867 年 3 月 4 日。本文取前一种说法。

青芝寺砖匾

　　林森的亲生父亲林道举,以制鞋、修鞋为业。母亲林张氏在家务农。林森出生不久,便由父亲道举作主,过继给叔父林道炳为嗣子。以后,林森就随养父生活。大约在林森两岁时(1870 年),因家境生活所迫,养父全家迁居福州城的仓前山土地庙街。林道炳在这里开了一家皮革店以维持生计。不多久,因道炳经营有方,积累了一些财富,家道也渐渐宽裕了起来,成为当地一户较为殷实的人家。林道炳自收养林森后,又添四子,即长义、长礼、长智、长信。

　　林道炳迁居的福州仓前山一带,是外国人聚居的地方,除了一些外国领事人员外,还集中了大量商人和传教士。除了经商外,洋人走到哪里都要建教堂进行传教。因此,仓前山也建了一座教堂。同时,还建有一所西医医院。为传教的需要,同时也为自己子女的教育考虑,洋人在仓前山也开办了一些教会学校。学校多采用新式的教学方法,除教会的必修课外,英文就是最重要的课程了,其他还讲授算学等自然学科方面的知识。由于林家的家境比较宽裕,林道炳将几个儿子先后送进基督教会开办的培元学校念书。

十多年的西式教育

　　在入校前,林森曾在私塾念过经书。1876 年,林森进入培元学校读小学,接受启蒙教育。培元学校是一所由美国传教士办的学校,林森就是在这里第一次接受了西方的新式教育。在小学期间,林森聪明好学,除了学堂的新式课程外,他对明季顾亭林、王船山、黄梨洲三位大儒的学说最有兴趣。至1882年,林森完成了六年的小学学业,升入福州的鹤龄英华书院就读。

鹤龄英华书院又称"英华斋",是美以美教会于1881年创办的一所学校。学校的学制共八年,前六年是六年制的中学课程,后两年是大学课程。当时的教会学校毕业生,到海关、邮局、电报局以及洋行、外国银行工作的居多。林家把子女送到教会学校念书,就是希望他们以后能够学得一技之长,出人头地,至少可以帮助家里经商赚钱,但林森没有走这条路。

英华书院开设了数学、生物、物理、化学等新式课程,课本全部是英文,均由美籍教师任课。此外,还设有西洋史地课。林森在这八年的学习中,不仅掌握了一定的自然学科知识,还熟练地掌握了英文,了解了欧美近代发展的历史,特别是美国的历史,他知道了华盛顿、林肯的故事,最令他感兴趣的还是美国独立战争,这或许与中国当时列强入侵的悲惨的社会现实有关。林森通过这几年的学习,开始萌发了民主政治的意识,这对于他后来从事的反清革命事业起到了很大的作用。

19世纪下半叶,由于清朝政府允许外国教会进入中国传教,导致中国各地的教案不断。仅在福建一省,先是发生了"台湾教案",后来又发生了"延平教案"和"古田教案"。当时林森正在英华书院就读,类似教案对林森触动很大,并留下了极深的印象,对他以后的经历、他的一生无疑产生了十分重要的影响。

福州地区的学风一向很盛,有不少青年学生在外留学,学成回国的也很多,因此,对外面世界的了解比一般的内地学生要多得多,因而闹学潮是经常有的事。英华书院从成立时起就成为爱国民主运动的温床。林森在学校也比较活跃,一直是学生会的积极分子,也是一名小小的领导人。林森在鹤龄英华书院就读多年,虽然按学校规定,每星期日上午必须到教堂参加集体礼拜,但他并没有接受基督教的洗礼,相反,却产生了较为强烈的民族和民主意识。一次,在上外文课时,一名学生因教学上的问题与外籍教师发生了争执。这个洋人一下子就抓住学生的辫子,将他拎了起来。同学们看了都非常气愤,但没有一人敢说话,唯独林森站起来打抱不平,对这位洋人教师进行了指责。

因林森热衷为大家服务,又有组织才能,遂被同学们推为学校的学生自治会会长。林森对学校最为不满的,就是星期天强迫学生到教堂做集体礼拜。为此,林森在修完了六年的功课后,以学生会会长的名义,向书院提出了改进校政的建议。

建议共三条：第一，"圣经"课完全没有必要作为主修课目，而应由学生自由选择；第二，早晚的宗教聚会，应由学生自由参加；第三，星期日的教堂礼拜，也应由学生自由参加。

林森的三条建议提出后，院方领导极为不悦。一个中国学生竟然敢对美国学校说三道四，他们不能容忍。院方在对林森的建议讨论后认为，林森违背院规，属无理要求，不予采纳。学院暗示林森退学，其实与强行勒令退学并无不同。

无奈之下，林森只好退学。但在数月后，经人说情，林森又回到书院继续学业，直至毕业。

第2章 第二故乡台湾

　　林森少年时与邻乡一郑姓女子订婚,林森没有立即完婚,而打算去台湾谋发展。林森得知台湾有一所新式的电报学堂招生的消息后,决定立即赴台湾报考,最后以优异的成绩通过了各门考试,并于1891年进入台北市电报局任见习生。适逢甲午战争爆发,《马关条约》签订,宝岛台湾被割给了日本。消息传来,举国震惊,林森所在的台北市电报局连日"门庭若市",台湾民众纷纷前来给清朝政府和闽浙总督发电报以示抗议。林森目睹了国土沦丧的现实和台湾民众的激愤,心痛不已,遂离开台北市电报局回到大陆,参加抗日救亡运动,并第一次与孙中山先生有了接触。1897年林森再次赴台策划抗日活动。

　　林森在台南地方法院嘉义支部充任通译,工作是为日本当局审讯中国"犯人"做翻译。林森避重就轻地为他们开脱,这样一来,不少中国人就被减轻了处罚,林森也因此结识了不少朋友,其中有一位林氏宗亲叫林志图,与他成为莫逆之交。林志图后来慷慨资助林森脱离了台湾险境。

初入台湾

1890 年,林森完成了在英华书院八年的学业。加上培元学校的六年小学学业,林森接受的新式教育长达 14 年。这一年,林森 22 岁。

林森少年时,即由养父道炳做主,与邻乡一郑姓女子订婚。学业完成后,林森没有立即完婚,也没有在内地找工作,而打算去台湾谋发展。19 世纪末,台湾归福建省管辖,年轻人毕业后到台湾去工作,这种现象在当时的福建省是较为普遍的。加上英华书院是西式教育,其毕业生多从事新兴的行业。

林森在学校就读期间,就对台湾的历史和现状比较关心。自 1858 年签订《天津条约》后,台湾就开放为中国对外贸易的重要港口和货物集散地。1862 年起设立了海关。1874 年至 1875 年间,闽浙总督、福州人沈葆桢(沈是林则徐的女婿)主持台湾省政,在台湾开始推行新政,由此,台湾的对外贸易日见发达。台湾与福建之间常年有航运往来,主要是进行易货贸易。经济上的发展也使台湾受到资产阶级民主思潮的影响。1885 年,清政府在台湾建省,刘铭传被清廷任命为台湾的首任巡抚。在刘铭传的任上,他率领清军击败了法国的入侵后,即大力推行台湾新政。新政的一个重要举措,就是在台北市设立了一个电报总局。1887 年,又创设了一所西式学堂,这是台湾的第一所西式学校。1890 年,刘铭传又创办了一所电报学堂,当年即开始招收第一期新生入校,主要传授电报知识与技术。当时的台湾人对电报为何物尚不清楚,符合条件的人更是少之又少。但这毕竟是开了台湾西式学校培养科技人才的先河。

林森在福建听说了台湾新式电报学堂招生的消息后,恰好已从英华学校毕业,遂决定立即赴台湾报考。第一期学员仅招收 10 名,林森便是其中之一。这是林森首次赴台湾。

由于林森的英文基础扎实,又受过多年的西式教育,经过一年的培训,即以优异的成绩通过了各门考试。1891 年,林森即进入台湾台北市电报局任见习生。林森在见习期间,经常回福州,一为探亲,二是与各所学校的学生会进行联络。

刘铭传任台湾巡抚职仅一年多的光景就离职而去。新任巡抚上任后,立即废除了刘铭传的各项新政。对林森刺激最大的,莫过于学校的纷纷被撤。

紧接着,在1894年,中日甲午战争爆发了。结果清政府战败,只得屈从于日本帝国主义的苛刻要求,割地赔款。起初,日本方面欲索要辽东半岛,清朝政府以辽东乃其祖巢,坚决不同意。后经双方反复"商议",才有了"割闽换辽"之议。于是,清廷与日本签订了《马关条约》,将宝岛台湾割给了日本。消息传出后,举国震动,国人既对清廷的奴颜媚外极为愤慨,又对日本的强盗行径恨之入骨。台湾与福建一衣带水,闽人迁台、两地往来者不计其数,因而对清政府的割地尤为愤怒,纷纷向清政府提出抗议,试图能挽回这个局面。台湾岛与大陆有海峡之隔,其抗议的方式只能是文字电报。所以林森所在的台北市电报局连日来"门庭若市",台湾民众纷纷前来给清朝政府和闽浙总督发电报以示抗议。经林森之手就发出了大量措辞各异的抗议电报。林森目睹了国土沦丧的现实和台湾民众的激愤,心痛不已,但他只是一名小职员,更多的只是无奈。于是在1895年林森离开了台北市电报局,回到福州。

由于有了台湾被割让的切肤之痛,林森回到大陆后,决心参加台湾的救亡运动。他辗转福州、上海、广州以及日本的一些城市,联络革命志士,并且第一次与孙中山先生有了接触。因林森在台湾多年,对台湾情况极为熟悉,所以在1897年再次赴台湾,在台北策划抗日活动。

由于刚刚割让给日本不久,台湾民众的反抗情绪十分强烈。台湾的爱国志士自发地组织起来,发起了自救运动,以抵抗日军的接管。日本立即进行了严厉的镇压,大规模的抵抗运动很快就归于失败,剩下的一些零星抵抗竟也维持了数年之久。

1908年的台北火车站

担任嘉义法院"通译"

林森到达台北后,住在大稻埕留芳照相馆的一个名叫张少湘的友人处。日本的刑事警察对由大陆来的人防范甚严。林森为了避免日方的注意,只在台北待了一段不长的日子,就前往嘉义暂避。因为日本人刚到台湾,全岛的防备并不那么严密。

在嘉义,林森找了一份工作作掩护,即在台南地方法院嘉义支部充任了通译(即翻译)。通译这个职务颇有意思,因当时日本人多少会懂一点北京话,而对闽南话则好比是听天书。林森既精通国语,又是福建人,这样的人才在当地是不多的,所以,也就自然担任了中日双方的通译。林森担任通译的一项重要工作,就是为审讯犯人做翻译。当时,日军抓获了台湾义军成员以及一些反抗的老百姓,都要进行刑讯。双方语言不通,日本人无法审讯,更不能得到有价值的信息。因此,通译就成为当时不可多得的人才。在日本人审讯中国人时,林森多避重就轻地为他们开脱,日本人不知林森的真实身份,所以对他很是信任。这一来,不少中国人就被减轻了处罚,林森也因此结识了很多朋友。

结识林氏宗亲

林森在嘉义期间,结识了一位林氏宗亲,居然还引出了一段故事。

早在清朝中叶,林氏家族的一支林文敏就从福建泉州府安溪县迁至台湾府诸罗县的麻豆。林家主要经营糖业,因经营有方,逐渐成为台湾府的殷实大户。后又从糖业发展到农业,全盛时期,徒步行走两天还出不了林家地界。林文敏有八个儿子,后代中有不少在清朝做官,林氏也就成为台湾的一大望族。甲午战后,台湾割给日本,林家因此也失去了大陆的依靠,一些不法之徒趁机勾结日本官吏、流氓浪人,觊觎林家的土地,以致林氏的地产不断被侵占。林家人极不愿意坐看祖上的家产一点点地被吞食,于是就奋起抗争,唯一的办法就是打官司。于是,林氏家族都卷入了无休止的诉讼之中。

林氏的族长林志图因受困于一场土地纠纷的官司,搞得焦头烂额。为此事,林志图经常到嘉义法院办理诉讼案件。这时,林森正在法院担任通译。志图是世家子弟,为人豁达豪爽。而林森则欲在海外发展反日力量,所以二人一见如故,成为莫逆之交。林森年长于林志图,志图称林森为大哥。以后,林森常到林志图家,有时就住在林家的花园,一住就是数日。二人经常促膝谈心,都有相见恨晚之感。

　　林森在嘉义大约有一年多,因台北风声稍缓,就又返回了台北。不想到台北后,因与台湾爱国志士策划一次反清拒日活动,事机不密被日本特务侦知,遂立刻遭到日本军警的全力追捕。林森化装后逃脱,在台北隐姓埋名,先在闽南商人倪耿如家中避匿,又东躲西藏了几个月。看看台北实在无法待下去,遂又于1899年逃到嘉义,在林志图家隐居。住了一些时日,林志图看林森总是闷闷不乐,也不知何故,但又不敢多问。时间长了,林志图忍不住问林森道:"我们情如兄弟,你心中有事,不妨直说。"林森只好说:"大陆事情很多,实在是想回去看看。孙先生也电召我回去。可我囊空如洗,难以成行,真不好意思向你开口。"林志图急问:"需要多少?"林森说:"30块足矣。"林志图马上取出50块龙洋①,说:"够不够?"林森忙说:"太多了,只要30块。"但林志图执意要送50块。林森临走时,仍不肯多拿,最终只拿了30块,还对林志图说:"日后,我一定归还,决不失信。"

晚清时期的台北淡水河码头

---

　　① 日本"龙洋",早年在中国被称作"银洋",实际上是外国商贸银币在中国民间的一种简称。

　　第二天,林志图亲自到嘉义的布袋嘴码头,用重金为林森雇妥了一条船,嘱咐船主说明天晚上把林森送到大陆。次日深夜,林志图与林森从麻豆来到布袋嘴,二人依依惜别,林志图目送林森扬帆远去。

第3章　投身共和革命

　　1902 年至 1909 年，林森先后进入上海江海关和九江海关做事，眼见海关被外国人把持，林森更加感到中国必须图强革新。1903 年春，林森在上海发起成立了"旅沪福建学生会"，担任会长。1905 年，孙中山在日本东京组织了同盟会，林森表示全盘接受孙中山的"三民主义"主张，决定集体加入同盟会。继又成立"福州说报书社"、"同盟会福建支会"、"浔阳阅书报社"等革命团体，在有关对外交涉事件中，均出面力争，付诸了具体的行动。在军事上，林森也意识到一定要有所作为，故特别注意与海军人士加强联络。由于革命党在南方的起义一再遭受挫折，同盟会开始注意将革命的重心向长江流域一带转移。林森等同盟会员决定在九江举事，成功策动九江新军标统马毓宝反正，成立了九江军政府，林森担任九江民政长。之后，林森不顾个人安危，亲赴泊于长江上的清朝海军舰队，成功策动以清朝海军三大舰"海筹"号、"海容"号、"海琛"号为首的舰队起义。九江光复和清朝海军的起义，以林森斡旋最力，功劳自然首推林森。为此，九江市商会特意制作了一块镌有"功在民国"的匾额送给林森，以表示九江民众对林森的感谢。

从"福建学生会"到同盟会

1899 年春,林森因病从台湾回到福建。[①] 直到 1902 年,林森为生活所迫,托人介绍并经过一番考试才进入了上海江海关做事。当时,中国刚刚经历了"庚子之乱",八国联军攻占了北京,清政府被迫与之签订《辛丑条约》,其中规定中国政府付给各国的"偿款",共计 4.5 亿两白银,年息 4 厘,分 39 年还清。本息共 9.8223815 亿两,由中国的海关税、常关税、盐税作抵押。林森天天到江海关上班,眼见海关被外国人把持,连税务司中的要职也全由外国人担任,白花花的银子从中国的海关流了出去。林森心灵深处感到极端的耻辱,深为中国的积贫积弱而痛心,由此也更加感到中国必须图强革新。

其时,在上海从事革命工作的闽籍人士有不少,如黄绥、黄湘兄弟,黄纪星、林君汉、徐开渠、朱焕星等人,他们也成立了一些组织,如达文社、醒社,以及崇实中学等,都是传播革命的小团体。但这些组织都是互不统属,各自为战,

林森(前排左一)在上海联络陆军人员时的合影

---

① 还有一种通行的说法,即林森此次从台湾回到福建,是应孙中山的电召。但目前尚未发现有关文字资料。

无法形成整体的力量。因此,革命党人林文认为,类似这样的团体太多,力量又很分散,要想造成声势,就必须成立一个统一的组织来领导。林文在向孙中山进言后,孙中山很是赞同,并对林文说可由林森来主持。

1903年春,由林森与一批志同道合的福建同乡潘祖彝、江屏藩、陈子范、林述庆、史家麟、郑仲敬、李树藩等人,在上海发起成立了"旅沪福建学生会",林森任会长。以后,林文、林觉民、杨韵柯、方声洞等人也加入进来。

学生会成立后,林森做的第一件事,就是倡议将学生会的信笺纸由清朝的年号改成黄帝纪元,一来表示要与清政府决裂,二来有利于宣传革命,并有利于与海外同志联络。林森还专门印制了《瓜分惨祸预言》、《福建存亡》等小册子。

福建学生会成立后,林森即利用上海江海关工作的便利条件,使之成为学生会的通讯联络点,林森将在海关工作的全部工资捐给了学生会作为经费。每逢休假,林森就购买大量上海报纸带到外地,借给群众阅读。同时,林森还利用到外地的机会,向百姓进行演讲,以宣传民族革命的思潮。福建学生会的活动,在东南一带影响很大。林森在江海关发展了一批爱国志士,南洋以及英国、荷兰等国在福建开办的华侨学校也纷纷邀约林森等进步人士去演讲,林森借此又大力鼓吹革命,还向这些学校介绍了教师,通过他们进一步向华侨灌输爱国思想。很快,学生会会员就发展到103人,形成了一定的规模。

1905年,孙中山联合华兴会、光复会等组织,在日本东京发起组织了同盟会。这一消息,是由已加入同盟会的林文告知林森的。林森及福建旅沪学生会的会员们听说后,都异常振奋。林森当即表示,学生会愿全盘接受孙中山的三民主义主张。在林文的介绍下,林森决定学生会集体加入同盟会。世居台北大稻埕的台省人士林薇阁,闻讯也在上海加入了同盟会组织。后来,他捐献了3000日币资助黄花岗起义。福建学生会集体加入同盟会后,同盟会在国内的力量空前壮大,福建学生会也如虎添翼,活动更加活跃,成为共和革命的温床。

林森及学生会对于革命同志的支持总是不遗余力。福建武备学堂的学生何遂,因不满洋人教师殴打中国学生,激于民族义愤,出手打伤了洋人,因而被学校开除。何遂无路可走,只好到上海江海关投奔林森。林森看何遂是个血性青年,又会武功,还懂点军事,就介绍他到学生会员、时任新军第九镇军官的林述庆处从军。何遂在光复镇江、南京之役中,都立有战功。后来,林森又介绍何遂加入了同盟会,并送他到保定军校继续深造。

同盟会当时在国内还处于秘密状态,所以福建学生会的对外活动并不以同盟会的名义出现,仍是以学生会的名义进行。

福建学生会加入同盟会不久,林森就与闽籍留日进步学生郑祖荫等人取得了联系。随之又派陈子范赴福州,联络了林森的三弟林为桢、庄翊楚等人,与福建学生会的负责人一道,在福州南台大桥南端的上杭街商贾区一带成立了一个"福州说报书社"(又称"桥南社"),也就是福建学生会福州分会。一大批闽籍优秀青年纷纷入会,成为福建的一股新生力量。同盟会的秘密支部就设在书社中。书社的主要活动方式是先汇集各地的报纸,有购买的,有会员从外地带回的。由会员浏览后,再根据报纸上有利于革命的言论和新闻对外进行宣传,每星期轮流上街进行演讲。这样,在开发民智、宣传共和革命方面,福建与上海形成了遥相呼应之势。

通过一段时间的积极活动,林森认为时机已经成熟,遂联合了福建其他的一些进步团体,如南社、益闻社等,在福州组织成立了同盟会福建支会,对外则用"丙辰俱乐部"的名称。以郑祖荫为会长,林斯琛为总干事。

福建学生会的活动日益频繁,影响也越来越大。1907 年,林森回到福建。福建同盟会的负责人黄乃棠组织了隆重的欢迎大会。这个大会是秘密进行的,数十名同盟会员济济一堂。黄乃棠在会上致辞说:"林君在上海组织了福建学生会,聚东西洋及省内外福建学界名人于一堂,共同研究政治、社会、文化事业,为改革中国作准备,其旨趣实堪为世人所崇。其关怀公益、嘉惠后进,其国而忘家,公而忘私,尤属难能可贵。"黄乃棠的一番话,博得了全场的热烈掌声。

林森这次回福州,领导学生会(同盟会)对于有关的对外交涉事件以及可能"丧失利权、玷辱国体者",均出面力争,还专门制定了本会的宗旨,提出了自己的主张,并付诸具体的行动。

关于福建省方面的有:法国福建矿务公司在福建开办了延、建、邵三府之矿。福建学生会派人前往调查矿产。学生会为此支付了经费 120 元,占到了全会极其微薄经费的四分之一。经努力后废除了不合理的矿约;阻止了英国领事馆谋夺福建省矿权的图谋;阻止了法国人魏茨贩卖华工事件;挫败了日本人垄断经营自来水的阴谋;严责日商"三五公司"侮辱华民事件等等。

林森深知,要想推翻清政权,在军事上一定要有所作为,首先要积蓄军事力量。清政府在福建的军事力量以海军较为突出,闽籍的海军将领在清政府海军中服务的很多。所以，林森在这段时间里，特别注意与海军人士加强联络，他以自己的声望，不断以乡邻和宗族的关系来同他们增进感情。由此，林森在闽籍的海军将校中结交了不少朋友。

"浔阳阅书报社"

1909年，林森由上海调到江西九江海关担任文牍。林森离沪后，上海的事务由陈子范和潘祖彝负责，并与林森保持了密切的联系。

九江地处内地，有长江与下游相接。林森一到九江，就感到这里风气闭塞，远不如上海和福建开放，遂决定仍从宣传入手。林森在九江海关服务期间，为了便于宣传工作，租用了九江轮船码头八角坊附近的一所民房，成立了一个名为"浔阳阅书报社"的秘密机关，林森自任社长，广东人吴铁城任副社长，干事有邱于寄、林炳南、俞兴根、吴子祥等人。林森经常与罗大全、陈中瑞、徐秀钧、蔡公时、吴照轩、俞醒庼、张世膺、沈元龄等人秘密聚会，商讨工作。成立报社的宗旨，即"极力倡导改革社会风气"，而更深一层的目的就是为了宣传共和革命。

"浔阳阅书报社"由林森与吴铁城共同创建，副社长吴铁城是林森在九江结识的一位挚友。

1911年，林森（前排左一）在福州浔阳阅书报社与同仁合影

在庐山牯岭一个夏季的傍晚,林森与吴铁城在牯岭街上不期而遇。吴铁城看到一位方形脸庞的中年人,唇下留有两撇浓密的胡子,身着短袍,脚蹬一双布鞋,很是精神。吴铁城只觉得此人颇为不俗,就多看了他几眼。恰好,林森也在注视他。四目相对,两人就攀谈了起来。

吴铁城冒昧地问道:"老兄贵姓?来牯岭多久了?"

林森答:"刚来几天。敝姓林,还未就教。请问小兄弟尊姓?"

吴铁城答:"姓吴,广东人氏。这里风景不错啊。请问府上哪里人?"

林森答:"福建。以前在上海江海关做事,最近才调到九江海关。"

就这么一聊,两人竟谈得十分投机。从庐山的风景,说到上下古今,不觉天色已晚。两人一见如故,都有相见恨晚的感觉。吴铁城只觉得这位年长于自己的"老者",不仅风度雍容和蔼,而且胸怀才略。数日后,两人才将各自的心曲和抱负一一展现,吴铁城方才得知林森是一革命党人。这一年,林森已43岁,整整长吴20岁。吴铁城当时哪里会想到,面前的这位"老者"日后会成为一国之元首。

"浔阳阁书报社"的木牌一挂,书报社就开张了。林森订购了香港、上海等地的报纸刊物,有的内容相当进步,如《民吁》报、《民立》报,当时在国内很有影响。报纸送到或由会员从外地带到九江后,由会员先看,然后再根据所要宣传的内容,用红笔在报纸上面浓圈密点勾勒出来,再贴到书报社外面的墙上,供人们阅读。一段时间后,林森考虑到,九江识字的人还不多,就要求大家根据报上的内容,向路人作通俗的讲解。书报社地处通衢,人来人往,用宣讲的方法收效很好,又吸引了更多的人来旁听。另外,书报社把人请到报社里任其阅读,久而久之,经常来看报的人都成了会员。就这样,常来书报社的人越来越多,书报社同仁与九江地方的关系也越来越密切。

"浔阳阁书报社"的公开活动是进行社会改革的工作,如救济贫困者,宣传禁烟,劝导放足,提倡民众讲究清洁卫生等。有一次,报社为了筹集救济善款,准备公演一场白话剧。剧本由林森亲自动笔撰写,剧目叫《浔阳江头》。接着,林森又主持举行了胭脂山菊大会、甘棠湖赛船会。举办这些活动的目的,一是为了筹款,二是为社会服务,特别是为底层的民众服务,以开发民智。林森还有一个潜在目的,就是利用活动,结纳和吸收社会上的有为志士同仁,为反清积聚力量。当时的报社成员,有地方绅商、钱庄老板,有教育界人士,有新军官佐,还有不少在洋行做事的职员。

因报社没有经费,林森以自己在海关的薪金作为报社的活动费。但他自己的生活却十分俭朴,床榻是粗木钉成,衣裤常打着补丁。在林森的卧室里,有一件东西十分引人注目。一张案几上,放着一只花瓶,瓶垫子就是清朝官吏官袍上剪下的一个补子①。林森这么做,一来是表示对清政权的蔑视,二来表示与清政权彻底决裂的决心。

后来,报社得到不少同仁的资助,经济状况才稍有缓解。不久,林森的五弟林长信也赶到九江协助林森的报社开展活动。

"棍毙乡民"事件

江西湖口有一位叫余程发的乡民,来到九江租界找一位在里面做活的亲戚。乡下人没见过世面,初到城市,东摸西找转昏了头。正转着时,忽然内急,却找不着厕所,于是就以在农村的习惯,寻一处人少的地方便溺起来。没想到,被一个英国租界的印度巡捕发现,他嘴里叽哩咕噜叫了一通,余程发也听不懂他说些什么,加上又在便中,也不好回答。这个巡捕竟举起警棍,朝余程发的头上身上一顿乱打,竟将余程发打得头破血流。余程发突遭袭击,全身立刻缩成一团以保护自己,想喊救命竟没喊出声来,就倒在地上,一会就不动弹了。巡捕见状仍不依不饶,又挥了几棍才罢手。巡捕看看余程发不动了,这才有点慌了神,因人是死在了租界里,于是赶紧回去禀报。英国领事沃纳一看出了人命,知道情况不妙。为了平息事端,免上法庭,这位领事私下里出钱欲将命案了结。他找到余程发的家属,给了200元,要他家人尽快将尸首收棺,抬到西门外埋掉了事。余程发的家人不敢不依,又得了人家的200元钱,只好按英国领事的要求,答应尽快把事办了。

此事传遍了九江,林森的"浔阳阁书报社"也得知了情况。书报社成员个个义愤填膺,认为这不是一桩简单的民事案件,事关"国权民命",遂纷纷表示要为余家申冤,上法庭解决此案。林森派社员邱于寄找到余程发的亲属,告之愿为之申冤。余程发的亲属也答应了书报社的要求,退回了抚恤金。之后,余程发的亲属与书报社同仁一同前往德化县,请求县衙开棺验尸。德化的县令是福建人高彤,高彤询问此案后,亦表示了义愤。于是,高彤亲自带了

---

① 即清朝文武官员们胸前表示官阶大小的标记,上绣有各种图案,如麒麟、仙鹤等。

仵作①,前往验尸。

同时,书报社社员陈子范专门跑了一趟芜湖,请了一位美籍医生前来九江验尸。林森为避免美医与英国领事接触,特意雇了一条小船,在距九江码头十几里的地方就下了船,到一所教会学校居住。第二天,立即与美医一同前往验尸。因尸体保护较好,尚未腐烂。经验尸后,确认系因殴击致伤而死,随后就出具了验尸证明。林森又派邱于寄专程赴上海,请了一位林森的朋友、美籍律师礼明,为余程发起诉。林森还发动九江商会等机构,联名致电各级官府交涉惩凶。

很快,九江法庭正式开庭审讯此案。在庭上,英国领事沃纳引经据典,认为余程发系殴击致死证据不足,不构成犯罪。控方据理力争,说中国和美国两方面都出具了验尸报告,证据确凿。法庭审理后却认为,案子是发生在英国租界中,中国方面不享有裁判权,遂将该案注销。此事震动了江西。但清政府的江西巡抚根本就不肯为这事而得罪英国人,所以采取了不力争、听之任之的态度。

“浔阳阁书报社”的同仁们得知情况后,难平胸中的愤懑。林森同样很气愤,但他仍对大家说:“此事急不得,要慢慢来,大家不要丧失了信心,我们可以向伦敦法院上诉。”结果,在证据确凿的情况下,伦敦法院认定印度巡捕殴人致死有罪,判处有期徒刑一年;英国领事沃纳庇护下级,给予调职处分。虽然判得很轻,但中国方面毕竟是胜诉了。书报社的同仁们普遍有一种说不出的滋味。

此案发生之后,国内舆论反响极为强烈,长江中下游一带尤其如此,各界纷纷对英商加以抵制。英国“太古”、“怡和”两大轮船公司的轮船无人乘坐,无货运输,成天空驶在长江航道上。也因为这一案件,使得“浔阳阁书报社”的声誉日隆,影响大增。

策动九江光复

林森自到九江后,在进行宣传工作的同时,更加注意发展武装。这时,林森已经意识到,用武力推翻清朝政权的时机已经成熟。

1911 年 3 月 29 日,广州爆发了黄花岗起义。起义前,同盟会第十四支部

---

①　即官府中专门检验命案死尸的人,类似今天的法医。

1911年，林森（右一）与吴铁城（右二）在九江合影

长林文与林森密商，打算率所属的武装参加黄花岗举事。因经费不足，林森介绍林文向福建学生会会员、台湾人林薇阁募集了经费3000日金，并由林文派人专程去日本领取。3000日金到手后，林文即要求林觉民由东京返回福州，集合30多人一起赶赴广州参加起义。起义中，林文、陈与燊、林觉民、林尹民、陈更新、方声洞等福建志士同时遇难。在辛亥黄花岗一役的72烈士中，福建省人士占了19名，且大都是福建学生会成员。林文、林觉民、方声洞等10人被称之为"黄花十杰"。黄花岗起义后，福建学生会的许多中坚同志又血染沙场。林森得知这些消息后，很是悲痛，遂决心组织更多的行动为学生会的难友们复仇。

由于革命党在南方的起义一再遭受挫折，同盟会中部总会开始注意将革命的重心向长江流域一带转移，并着重在长江中下游积聚力量，发动新的武装起义。位于中国中部战略要地的九江，居长江中游，上接武汉，下通沪宁，信息灵通，风气渐开。此时，经林森等同盟会员的长期工作，起义的准备工作也日趋完备。林森立即与上海的陈子范、湖北的詹大悲取得了联系，以便互相策应，一旦九江举事，各地立即呼应。

当时，九江驻扎的清朝陆军部队有南京派来的新军五十三标（标统马毓宝）和南昌派来的新军五十五标两个营。此外，还有部分海军舰只。

林森自到九江后，就利用工作关系，与九江商界建立了良好的关系。林森先在商界组织了一个军事训练班,将新军五十三标的军官请来充当教官,专门负责军事训练。林森借此机会与九江新军官兵建立了良好的关系。林森要求"浔阳阅书报社"全体社员都参加军训,自己也同大家一道参加训练。训练班共办了六个月,学员结业后,林森决定立即成立九江商团,以便适时策应长江流域的反清行动。"商团"的对外名义是护厂护产。有了这一合法的理由,林森就以"商团"的名义,成立了军队性质的武装,暗地里进行较为正规的军事训练。

当时,九江除驻有清朝的陆军外,在长江沿岸还驻扎了一支实力不弱的海军。因近代中国海军最早产生在东南沿海一带,清朝最初的海军学堂就设在福建闽江口的马尾,因此,海军中福建人很多。驻九江的海军也是如此,从军官到士兵,福建人占了相当大的比例。这是林森开展工作的一大有利条件。林森利用同乡宗亲的关系,与当地海军人士建立了极为密切的联系,大批官兵开始倾向共和革命。这些,都为今后策反海军起义打下了坚实的基础。

就在林森等人积极活动的同时,同盟会中部总会又派来了原赵声的部下杨某来到九江进行运动,与新军五十三标排长何燮桂以及下级军官顾英、黄锦龙、丁仁杰、胡爱德等人取得了联系,拟于10月6日(农历八月十五)与南昌工程营会同武昌方面同时发难。就在举事的前夕,南昌方面带来密函,称清军防范十分严密,根本无法动手,要等到力量壮大后再作行动。接着,武昌方面也传来消息,革命党人机关被破获,暂时无法行动。

10月10日,武昌起义终于爆发。消息传到九江后,全城到处人心惶惶。当地报纸登载消息,诡称"武昌土匪起事,当日即可平复"。但革命党人兴奋异常,个个跃跃欲试。林森派人将武昌寄来的报纸贴在"浔阳阅书报社"的门口,并在报上将革命军起义、建立民主国家等消息用红笔框出,使其更加引人注目。九江民众早就对清廷不满,纷纷前来观看,并奔走相告。九江人正是通过这些报纸得知了武昌起义的详情,懂得了一些武昌起义的意义。

武昌起义后,江西巡抚冯汝骙接到清廷命令,立即调兵驰援武昌。当清军的陆军部队行军至九江等候上船前往武昌时,有的官兵来到城中,看到了贴在"浔阳阅书报社"门口的报纸。书报社的人看到这一情况,立即端出茶水、面巾招待过路官兵,还将武昌起义的真实情况相告,说武昌起义并不是土匪闹事,起事者都是同你们一样的新军官兵。官兵们看到报纸,又听这么一宣传,回到部队后,将此情况互相传告。就这样,一传十,十传百,导致全军军心动摇。结果,大部分官兵拒绝登轮前往武昌。江西巡抚冯汝骙急得没法,只好将军队开回南昌。回去后,冯汝揆无法向清廷交差,引咎自杀。

冯军一退走,林森、吴铁城、罗大全、陈中瑞、吴照轩等人紧急密议,认为武昌已先行举事,九江不能再等,要尽快响应。大家形成了一致意见,决定立即在九江举行起义,并制订计划与新军进行联络。就在这时,忽然又听说湖南方面已经响应武昌宣布独立。林森马上决定,立即策动九江新军标统马毓宝反正。马毓宝早就与林森有默契,对反正之事也是持积极的态度。林森派曾在商团中任过军事教官的五十三标管带黄子卿四处联络。黄子卿向马毓宝告知了林森的意图,马毓宝立即表示同意响应起义。黄子卿在得到了马毓宝的首肯后,即刻奉命前往五十五标一营管带范绍先、二营管带黄焕章、三营管带何振达的营地以及金鸡坡炮台司令徐世法处,通知于当晚举事。

10月23日夜,岳师门外的金鸡坡炮台由炮目陈廷训开炮三发,接着就是一阵排枪。这是九江起义的正式信号。于是,城内道署卫兵立即举火响应,新军各军吹起了嘹亮的集合号。革命党领导的商团武装也趁势响应。一时间,九江全城沸腾了。各军士兵荷枪实弹,臂缠印有"同心协力"字样的白布,呐喊着冲出营门,占领了各个要道关隘。九江道署倾刻间就被攻占。九江道、满族人恒保仓皇逃入租界,又搭乘"隆和"轮逃往上海。至夜12时,新军攻入九江府署,九江知府璞良被活捉。璞良见生存无望,遂向起义军官兵说:"汝等排满,璞乃满人也,万无生理。且吾食君之禄……"革命军见其顽固不化,遂将其处死。当夜,九江全城光复。

第二天(24日)清晨时分,经过一夜喧闹的九江城才安静下来。当人们走出家门时,映入眼帘的,是满城飘扬的象征光复的白旗,尤以招商局码头竖立的一面青天白日旗更为醒目。全城到处贴满了由林森及同仁们早就拟好的布告。仅一天工夫,九江军、商、学各界全部挂出了白旗和青天白日旗。

九江光复后,随即成立了九江军政府,并按照同盟会中部总会的规定,九江升起了青天白日旗。大家公推马毓宝担任九江都督,林森为九江民政长,徐世法为驻浔炮台统领,李明扬为湖口要塞司令。九江的起义,在林森等人的"擘划部署"下,兵不血刃即大功告成,是自武昌起义后国内最成功的一次反清独立行动。

九江光复后,南昌、安庆等重镇尚在清军手中。九江军政府内部机构也不健全,马毓宝虽然当上了都督,但意志并不坚定,仍有观望的心态,重要的表现就在于他迟迟不肯剪去发辫。军政府军官吴照轩、蒋群等人则强行剪去了马毓宝头上的辫子。同时,林森也协助马毓宝改组了九江的军政机构,将九江道署改为军政分府,马毓宝仍任都督,下设军务、政务二部。军务部由马毓宝自兼,政务部由罗大全任部长,林森谦让任副部长。后李烈钧赶到九江,被任命为参谋部长。又公举吴照轩为政治参议,蒋群为军事参议,宛西庚为九江县县长。至此,九江的军政机构全部成立。

策反清朝海军的第一功臣

武昌起义、九江光复后,清政府为镇压革命党人,派水陆两路军队大举南下武汉。清朝海军二等提督、舰队统制萨镇冰率领海军的强大舰队,专程赴武汉驰援,其舰队已经驶抵武汉江面。身为海军宿将的萨镇冰听说九江金鸡坡炮台已被革命军占领后,心里很是不安:一旦弹药粮草接济不上,上海方面的补给线又在九江受阻,那整个舰队将瘫痪在长江中,成为革命军的活靶子。遂决定不执行清朝政府的命令,采纳了下属将舰队下驶九江的建议,并任命黄钟瑛为临时舰队司令,带领舰队强行下驶。黄钟瑛是"海筹"号巡洋舰管带(舰长),福州人,与林森同庚,毕业于马尾船政后学堂,曾在多艘舰艇任职,作战经验丰富,为人富有正义感,而且对清朝的统治一直不满。

10 月 28 日,黄钟瑛率领舰队浩浩荡荡地驶至九江江面,于清晨在江心抛锚泊驻。只见长江江面上烟雾缭绕,汽笛声声,全部军舰炮弹入膛,士兵虎视眈眈。九江金鸡坡炮台的守军也是严阵以待。双方剑拔弩张,大战一触即发。

清朝的舰队分别是"海筹"号、"海容"号、"海琛"号巡洋舰(号称清朝海军"三大舰"),以及"楚同"、"楚有"、"楚谦"、"楚豫"、"江元"、"江亨"、"江利"、"江贞"江防炮舰,"湖鹏"、"湖鹗"鱼雷快艇。三艘"海"字号巡洋舰,均系德国制造。每舰装备有克虏伯大炮 11 尊,口径达 10 生的至 15 生的,威力相当大。是清朝海军主力中的主力。

当清朝舰队驶抵九江江面后,军舰纷纷抛锚泊驻,按兵不动。这大大出乎九江守军的预料,按当时海军大炮的威力,九江全城已在海军巡洋舰队的火力射程范围之内,就是炮舰,也能毁掉江边几条街。一旦动武,全城百姓将生灵涂炭,后果不堪设想。

双方在九江江面对峙着,相互之间也没有旗语联络。岸上金鸡坡炮台守军不明白舰队的意图,就试射了几炮,在"海容"舰附近激起了高高的水柱。这时,军舰上才出现了旗语兵,发出了旗语信号。金鸡坡炮台守军一看旗语内容,知道是对方愿意合作的信号。马毓宝和李烈钧立即下令停止炮击,以观察对方动态。因以往清军在与革命党人作战时,经常采用欺诈战术,致使革命军损失不小。九江方面将信将疑,生怕清朝海军生出变故。林森得知后,自告奋勇表示愿上舰劝降。众人多不放心,林森则以十分诚挚的口吻说:"森多年来一直与闽人海军将领有来往,与萨提督是故交,舰上一定还有不少闽籍海军官兵,我一上舰,定能与他们沟通关系。且黄钟瑛与我是福州同乡,诸位大可不必担心。此行必能成功。"

三人商量后,决定由林森与参谋龚少甫、吴铁城(一说为卓仁机)一同前往。这三人是最为合适的人选。因海军将校多为福建、广东人,林森与龚少甫是福建人,林森带他同往,是为了与海军官兵拉同乡关系时,有个同乡做帮手。马毓宝、李烈钧与林森商议已定,三人遂乘上一条小艇,驶往江中,登上了"海筹"号军舰。这时已是下午时分。

林森等三人一登上"海筹"军舰,顿时鼓号齐鸣,海军官兵们齐刷刷地列为两队,欢迎三人的到来。林森意外地发现,旗舰"海筹"号主桅上的清朝黄龙旗已经降下,只剩一根光光的旗杆。

各舰舰长很客气地将林森等人迎入了舱中。林森等人先去见了萨镇冰,略叙同乡之谊,然后便出来与各位海军将领交谈。因林森是福建人,所以他说得最多。几艘军舰的管带几乎都是福建闽侯人,与林森一见如故。双方一照面,林森并没有说"反正"之类的话,只是说:"今晚专程请诸位到九江商会联欢。"大家晤谈甚欢。过了好一会,林森才向各舰长晓以民族大义,陈说利害,诚恳地劝说众将领弃暗投明。林森言语十分诚恳,令人很是信服。

但一位舰长突然发问说:"今晨,我舰遭到炮击,是何原因?"

林森答道:"清晨之事,确系一场误会,几乎破坏合作,贻害大局。经了解我方有人确系意气用事。但事情已经过去,海陆军应协力同心,再勿滋事。"说到此处,林森已是哽咽失声。

"诸位不仅要为自己着想,更要为九江十数万百姓考虑,一旦战端开启,九江城毁不说,守军也要反抗,诸位在江中阵亡,家中一定还有家小,日后可如何生活?"说到动情处,林森几乎是声泪俱下。

林森最后说:"各位官佐不必担心生活问题,你们的全部军饷,均由九江商会解决,只要各位同意加入革命,一切都好商量。"

其实,黄钟瑛等人早有反正的意图,经林森这么一说,各舰舰长都表示同意举行起义加入革命军。各舰官兵一向对"海容"舰长喜昌、"海琛"舰长荣治

(一说为荣续)不满。此二人见已无法挽回局面,脸上露出为难的表情。黄钟瑛也不过分为难他们,各舰长又不断催促他们尽快离舰。二人只好搭乘一艘商轮前往上海,"海容"舰副长容升则跳江自杀为清廷殉职。"海容"舰副长杜锡珪和"海琛"舰副长林耐庵立即升任舰长。提督萨镇冰实际上"对清朝已殊为淡漠",但又食清朝俸禄多年,感情上一时转不过来,遂以年老昏花、不能担当大任为由,向林森告辞。林森知道萨镇冰有他的苦衷,亦不强求,只是好言相送。临行前,萨镇冰行使了最后一次提督指挥权,将旗舰"海容"号上的提督龙旗落下,由黄钟瑛在"海筹"舰上升起司令旗以全权指挥。

　　降旗时,还有一段小插曲。当萨镇冰下达命令后,降旗官立即按照通常的方法降下旗帜。当旗子就要降到旗杆底部时,突然坠到了甲板上,正巧被行走的几个水兵踩在了脚下,萨镇冰见状十分不悦,脸色骤变,但又不便发作。这时,降旗官急忙上前去拾。正在此时,突起一阵大风,将萨镇冰的这面提督旗刮到了江中,瞬间便无影无踪了。萨镇冰顿时呆若木鸡,好半天都没缓过神来。简短的降旗仪式结束后,萨镇冰离开了"海容"舰,转登"江贞"舰,遂离舰队而去。

　　时天色已晚,"海容"舰及其他舰艇上的官兵,都看到了从"江贞"舰发来的灯光信号:"我去矣。以后军事,尔等各船艇好自为之,各自行动可也。""江贞"舰发完信号后,一艘前往上海的英商太古公司的轮船经过这里,准备靠上码头。"江贞"舰立即打信号给该轮,命令该船停驶。待船靠近后,"江贞"舰放下舢板将萨镇冰送上轮船。当晚,萨镇冰在九江英国领署住了一夜。第二日(即 10 月 29 日),萨镇冰化装成商人,登上该轮前往上海。

　　英国公使朱尔典在致英国外交大臣格雷的一封电报中是这样说的:"萨提督之舰队,已全赞成革命,只萨提督一人,尚未变易初心,故其地位,不免危险,曾准其避入一英国兵舰,并在九江英领事署住宿一宵,旋由该处乔装商人平安抵沪。"

"功在民国"

　　萨镇冰走后,双方继续交谈,且十分融洽。之后,林森等人又与黄钟瑛等商讨,决定成立海陆军联合委员会。当下,林森再次邀请各位舰长及军官代表上岸联欢,舰长们一口答应。林森先行下船,这时,黄钟瑛下令旗舰发炮 17

发以示欢送。林森走后,各位舰长先后乘小艇上岸,林森在九江商会隆重设宴,对各位舰长参加革命表示热烈欢迎。

没想到,就在大功即将告成之际,却节外生枝,差点功亏一篑。就在林森与各位舰长把酒言欢之时,九江都督马毓宝却密派炮台司令戈克安等率人登上兵舰,将炮闩全部拆下,运到九江商会保管起来。在拆的过程中,与舰上官兵发生冲突,几乎酿成大规模的火并。舰上人员立即报告了黄钟瑛。黄钟瑛有点激愤,认为既然海军已经起义,卸下了炮闩军舰还能有什么作为?这是九江民军方面对他们的不信任。当下欲罢宴返回舰上,准备与民军作战。林森一时有点不知所措,双方十分尴尬,以至再次出现僵持的局面。李烈钧见状,当场力劝马毓宝不能以武力解决问题,而应以"和"为上策。这时,林森赶紧出面,再次劝黄钟瑛以大局为重,并以同乡关系登台,向各位福建同乡进行发自肺腑的劝说,以缓和气氛。林森说完,即请舰方代表上台。但海军方面怒气未消,表示不愿上台。经林森再三劝解,才稍稍气平。正在这时,上舰拆炮闩的戈克安怒气冲冲地来到九江商会的宴会客厅。林森和李烈钧立刻介绍双方见面,林森用一口乡音对黄钟瑛和海军舰长们说:"这实在是一场误会,主要责任在我,是我们没有协调好,我保证,再不会出现这样的事了,我们一定妥为处理这件事,请大家入座再饮几杯。"由于林森的大度,双方均表示不作过多计较。在林森一番感人的发言后,黄钟瑛登上讲台发言说:"此次赴浔,历经多少艰难险阻,始达到今天之举义。现武汉战事方在危急,海军亟应开赴前线,岂容发生不融洽情事。"在座诸海军将士听毕,都泣不成声。黄钟瑛表示不再计较拆炮闩之事。双方尽释前嫌。

第二天,林森和李烈钧即派人将全部炮闩送回军舰。一场纷争终告平息。林森事后才得知,因金鸡坡炮台分台司令戈克安原在"海容"舰任三车(三管轮),后转入陆军任炮台司令,与福建籍官兵素有积怨。恰逢"海容"舰停于江中,戈克安为前嫌而发炮。以后戈克安又称"海容"舰私自启碇试图逃走,经查实并无此事。

这件事以后,双方配合融洽,再没有出现争执。林森根据孙中山当年的指令,赶制了数十面青天白日旗送到舰上。黄钟瑛为表示参加革命的诚意,当天就在全部军舰上升起了青天白日旗,并向舰队下达命令:每艘大舰拨出两挺、小舰拨出一挺马克沁机枪,没有机枪的军舰,则拿出步枪6至8支,连同配件,全部支援九江的陆军部队,以增强陆军的实力。各舰均照办不误。

至此,清朝海军的主力,除"海圻"号由程璧光率领赴英国参加观礼外,其余三大舰及"四江"、"四楚"、"两湖"等江防舰、鱼雷艇,全部在九江起义。舰队起义后,各舰舰长立即发出通电,要求清帝退位,以示与清政府的彻底决裂。

先后参加起义的舰长是:"海筹"舰长黄钟瑛,"海容"舰长杜锡珪,"海琛"舰长林远谟,"建威"(炮舰)舰郑纶,"建武"舰(饶怀文),"楚同"舰何广成,"楚有"舰朱声岗,"楚谦"舰王光照,"楚豫"舰方佑生,"楚泰"舰马钰,"楚观"舰吴振南,"江元"舰邓家骅,"江亨"舰沈继芳,"江利"舰朱天森,"江贞"舰周兆瑞,"飞鹰"(驱逐舰)舰林颂庄,以及一些鱼雷快艇。这是民军拥有的第一支海军武装,几乎是清朝海军的全部主力。至此,九江的海陆军合为一军,声势大振。

清朝海军的起义,在长江中下游地区产生了很大的影响。不仅使革命党的军事实力大为增强,清朝政府也为之震慑。海军起义截断了清军的水上给养,迫使更多的舰艇起义,有力地支援了陆军。各地光复、攻打清军诸役中,均公认以海军的支持最为有力。

九江光复和清朝海军的起义,以林森斡旋最力,功劳自然首推林森。为此,九江市商会特地制作了一块镌有"功在民国"的匾额送给林森,以表示九江民众对林森的感谢。此事一时在九江以至江西引起轰动。

联络各地起义

九江是紧接武汉的大商埠,襟江带湖,为长江上的军事重镇。九江的光复,与武汉形成了犄角之势。而长江中下游各地,于武昌光复后,虽多表示同情,但慑于清军大举南下,人心不定,观望者甚众。

九江一光复,革命军方面声势大振,长江中下游各城市声气得已互通,相互得到鼓舞,并因九江的光复而加快了独立的步伐。各地均知九江的海陆军实力雄厚,遂纷纷派代表赴九江联络要求增援。

武汉方面在清军压力下,局势十分危急。武昌军政府派詹大悲、居正来到九江联系,急切希望九江方面出兵增援。南昌方面独立后,势单力薄,也向九江方面告急。

为此,林森与李烈钧等人召开了九江军政府的紧急会议。会议决定,分几路增援。派蒋作宾率一个支队驰赴南昌增援,李烈钧率两个支队及一支分舰队赴安徽安庆,汤芗铭率"海容"舰为首的一支舰队驰援武汉。其他前来要求增援的地区,均给予经济上的援助,或答应出兵以鼓舞士气。九江军政府几乎是倾巢出动,海军舰队全部启锚。赴武汉方面的海军舰艇主力上驶后,立即支援革命军反击冯国璋的北洋军,并与北洋军展开了激烈的炮战,"海容"舰巨炮给予清军龟山炮台以有力的打击,清军为之丧胆。当汉阳战事告急时,林森则亲自带了兵饷和一支陆军部队,赶赴汉阳协助黄兴策划军事。

九江光复后,江西各地均受到影响,纷纷起来响应。江西各地的新军早已经受到林森等同盟会员的策动。南昌新军吴介璋,曾得力于林森的接洽,在九江军政府的军事、财政的支持下,于10月31日宣布独立。江西军政府宣告成立。

林森将江西的情况立即通知了上海方面。在上海的福建学生会成员陈子范等人马上协助陈其美,于11月6日在上海举义成功。陈子范根据林森先前与他联系时的部署,与江道淇等革命党人组织了敢死队和筹饷队,准备了炸弹赶赴镇江支援林述庆起义。林述庆是福建闽侯人,清末时的职务是新军第九镇三十五标管带,驻扎在江阴,也是福建学生会的中坚分子。当他接到福建学生会的指令后,立即将三十五、三十六标军队改编成镇军,自任镇军司令。随后开拔前往镇江驻扎,为进攻南京作准备。当林述庆所部开到镇江后,因考虑人地生疏,兵力不足,犹豫再三不敢轻举妄动。林森得知这一情况后,心急如焚,如镇江不动,清朝重镇南京就不能受到威胁。南京不光复,那么武昌、九江也将岌岌可危。林森立即派遣学生会成员林知渊赶往镇江,敦促林述庆及时响应各方的起义,以形成声势。

林知渊接到林森的指示后,立即与其胞兄林知夏二人秘密往返于镇江与上海间,帮助林述庆策划举事,促林述庆尽快起兵。到镇江后,林知渊立即与林述庆面谈,并告知了林森的意图说:"上海已得到消息,冯国璋已由秦皇岛用兵舰增运军队进入了长江,正上驶湖北增援。若镇江举事,可利用要塞炮台将其军舰击毁或阻在长江下游,否则革命大局危在旦夕。几日内,沪军政府陈子范、江道淇自上海将送来15000元,并偕敢死队40人带炸弹来镇江,经费弹药均可保无虞。由此,实力可大大增强。子超兄请你务必尽快起事。"林述庆闻听此言信心大增,决定立即举行起义。

11月7日,林述庆率部在镇江起义成功,镇江随之宣告光复。随后,镇军作为江浙联军的主力,率先攻入南京,林述庆自任"宁军都督",并在清两江总督署设立了林都督行辕。林述庆在光复南京之役中立有头功。林森的密友、学生会会员杨韵珂在随镇军攻打紫金山天保城之战中壮烈牺牲。

九江光复的消息也传到了福建。受到九江方面尤其是林森在九江主持起义的鼓舞,福建同盟会支部立即决定在福州起事。11 月 6 日,同盟会领导的武备堂以及英华、格致学校的学生组织,组成了炸弹队、洋枪队,向旗兵发出了最后通牒,但旗兵拒绝投降。革命党人遂于 11 月 8 日正式起义。数路人马一起出击,林森的四弟林为桢率洋枪队攻占了各机关。至 11 日,旗兵战败投降。同盟会会员举行了大会,公推孙道仁为福建都督。

江西、上海、镇江、南京等地的光复,使长江中下游的独立省份连成了一片,有力地支援了武昌军政府,并对整个中国的革命形势产生了重大影响,形成了与清政府对峙的局面。

第4章　民国参议院首任议长

　　武昌起义后,各省代表会成立。林森作为江西省的代表参加了会议。后来,林森与17省代表转赴南京,选出临时大总统候选人,并于29日进行投票表决。林森作为江西代表投了孙中山一票。孙中山以16票当选为中华民国临时大总统。

　　1912年1月28日,临时参议院正式成立,各省议员以票选的方式选举议长,林森以绝对多数当选。南京临时参议院共经历了两个时期,即代理参议院和临时参议院,正常工作近三个月,伴随了中华民国南京临时政府的始终。参议院在议长林森的主持下,作为国家的一个民意机关和立法机关,按照法定程序,依据民主原则,独立地开展工作,显示出了应有的权威性,如"定都"、"国旗"、"法令"、"质询"等方面,对孙中山、袁世凯及行政各部提交的人事、议案、法令等都有过否决的记录,特别是对总统府交议的《临时约法》草案进行了否决,并独立加以制定完成。这在近代中国的政治生活中是从未有过的。与封建专制制度相比,无疑是社会的巨大进步;对于中华民国临时政府的创建和发展,起到了重要的推动作用。

参加“各省代表会”

武昌起义后不到一个月的时间,全国 10 多个省先后光复,并成立了与清朝政府相抗衡的军政府、都督府或其他名义的政权。1911 年 11 月 9 日,湖北都督府向已独立的省份发出通电,请其委派全权代表赴武昌,组织临时政府。但是,浙江都督汤寿潜、江苏都督程德全①却与武昌方面唱起了反调,竭力主张在上海开会并组织临时政府,要求各省都督府各派一人赴沪,常驻上海。主张在上海成立临时政府的,以江苏、上海、福建等独立的省市为代表。

11 月 15 日,沪、苏、闽代表在上海集会,决定成立“各省都督府代表联合会”。几天后,一些省份的代表纷纷到沪,开会通过决议并致电黎元洪、黄兴,承认武昌为民国的中央军政府等。但湖北方面坚持要求各省代表赴武昌“共商国是”,其理由也很充分,谓:既然在沪代表承认湖北为民国中央政府所在地,则代表会议理所当然地应在中央政府所在地召开,上海与武汉相距千里,如在上海开会,则通讯、交通均不便,也与常理相悖。

于是,在上海的代表们经过讨论,多数人认为在武汉开会更为合适。于是会议议决,“通电各省都督府、咨议局,报告各省代表赴鄂议组织临时政府,沪设通信机关于西门江苏教育总会”。大多数人的意见统一后,决定上海仅作为通信机关,在各省代表赴鄂后,“宜各有一人留沪,以联络声气,以为鄂会后援”。

11 月 28 日,江苏、浙江、福建、山东、安徽、湖南、广西、四川、直隶、河南、湖北等 11 省 20 余名代表,启程前往武汉。29 日到达武昌。但赴鄂的各省,以联络为由,都留有部分代表在上海。在赴鄂的代表中,并没有林森及江西都督府的代表。

各省都督府代表联合会,又称各省代表会,是临时政府成立前的一个临时性的权力机构和立法机构,也就是南京临时参议院的前身。各省代表会的一项最重要的工作,就是于 12 月 3 日制定完成了《中华民国临时政府组织大纲》。首任临时议长由湖南人谭人凤担任。《大纲》规定了“临时大总统”、“临时参议院”、“行政各部”等内容,其中“参议院”一章中,有“参议院未成立以

---

①　浙江于 11 月 4 日光复,江苏于 11 月 5 日光复。

前,由各省都督府代表会代行其职权"的内容。因南京于 12 月 2 日胜利光复,加上武昌战事吃紧,武昌的各省代表会只得移到汉口开会。整个武汉的形势十分严峻。处境艰难而终日惶然的各省代表们,只得在 12 月 4 日开会议决,将中华民国临时政府移设于南京,各省代表召开临时大总统选举会也将在南京举行。

自各省代表迁鄂后,留在上海的各省代表会的另一部分代表,以同盟会员宋教仁、陈其美为代表,仍在不断地开会。事有凑巧,在上海的代表们也于同一日(即 12 月 4 日)议决以南京为临时政府所在地;并以投票的方式选举黄兴为大元帅(16 票),黎元洪为副元帅(15 票)。12 月 6 日,江西都督府代表吴铁城到达上海赴会。至 9 日,林森作为江西都督府的另一代表,与吴铁城一同参加了在上海召开的几次会议。这是林森首次参加各省代表会的工作。

这样,湖北和上海两方,在临时政府设南京的问题上基本上取得了一致意见。

12 月 20 日前后,各省代表陆续从湖北和上海两地抵达南京。21 日,林森由上海到达南京。

22 日,江西代表林森、吴铁城、赵士北、王有兰、俞应麓,浙江代表汤尔和、黄群、陈时夏、屈映光,湖北代表马伯援、杨时杰、陶凤集、居正、时象晋,湖南代表廖名缙、邹代藩、刘揆一、欧阳振声,奉天代表吴景濂,河南代表李□①、黄可权,山西代表仇亮、乔义生、景耀月,福建代表林长民、潘祖彝,江苏代表雷奋、陈陶遗、马良、袁希洛,广西代表马君武,广东代表王宠惠、邓宪甫,四川代表周代本、萧湘,直隶代表谷钟秀,安徽代表赵斌、王竹怀、许冠尧,等等,共 40人,齐集南京原江苏省咨议局开会。这是各省代表到会最齐的一次。因代表们所代表的是不同的利益集团,所以意见很不统一,争论十分激烈。因此,会议开得有点乱。

在会议期间还发生了一起暗杀代表的事件。

在代表会外举行的一次同盟会本部的会议上,林森对一名与自己是同姓同宗同乡的福建代表林长民提出了指责,他说,"林长民是福州著名的宪政党员,像他这样的人还混迹于代表会议中开会,显然,是宪政党还在起作用"。林森只是一般地说说而已,但说者无心,听者有意。这番话被在场的陈其美听见,陈其美立即派青帮打手于会议召开时对林长民实行了一次暗杀行动。

---

① 编者注:此处人名缺佚。

杀手在某车站向林长民射击,林长民当即中弹。陈其美此举,并不是要林长民的命,而是警告他赶快离开南京的代表会。所以,这一枪并没有击中林长民的要害。林中枪后,马上辞去代表一职离开南京回福建老家去了。

选举临时大总统

12 月 28 日,各省代表会举行全体代表会议。直至开会的前一天,云南代表吕志伊、段宇清、张一鹏才赶到会场。会议议决,本次代表会主要议题是:"推举临时大总统候选人";"选举大总统,用无记名投票法"。

本次会议到会的正式代表与第一次会议时有了一些变动。他们是:

山西:景耀月、李素、刘懋赏

陕西:张蔚森、马步云、赵世钰

江苏:袁希洛、陈陶怡、雷奋、马良

安徽:许冠尧、王竹怀、赵斌

江西:林森、赵士北、王有澜、俞应麓、汤漪

浙江:汤尔和、黄群、陈时夏、陈毅、屈映光

福建:潘祖彝

广东:王宠惠、邓宪甫

广西:马君武、章勤士

湖南:谭人凤、邹代藩、廖名搢、刘揆一、欧阳振声

湖北:马伯援、王正廷、杨时杰、居正、胡瑛

四川:萧湘、周代本

云南:吕志伊、张一鹏、段宇清

山东:谢鸿焘、雷光宇

河南:李磐、黄可权

直隶:谷钟秀

奉天:吴景濂

共 49 人。

会议由临时议长汤尔和担任主席。监票员为刘之洁。原定监票员为程德全和徐绍桢,后因听说有人扬言在会场投掷炸弹,二人均避往上海未出席

会议。大总统候选人为三人,为孙中山、黎元洪、黄兴。每省不论大小,到会几人,只有一票。到会者代表了 17 省,共计 17 票。林森代表江西省投给了孙中山一票。投票结果,孙中山得 16 票,超过投票总数的三分之二,当选为中华民国临时大总统。因湖南代表谭人凤与孙中山有矛盾,故没有投孙中山的票。

孙中山于 1912 年 1 月 1 日由上海赴南京,在原清两江总督署举行了隆重的中华民国临时大总统就职典礼。林森及代表会的代表们均到场参加了这一具有历史意义的盛典。

1 月 2 日,各省代表会开会议决,由代表会代行参议院职权,名称为代理参议院。

1 月 3 日,代理参议院举行会议,选举临时副总统。林森等人出席了投票仪式。结果,黎元洪以 17 票全票当选。这次会议,还议决通过了临时大总统孙中山交议的中央行政各部及权限案。孙中山亲自到会。代理参议院公布了临时政府各部总长名单。以林森的资历和声望,担任一个部的总长完全没有问题。但因种种原因,孙中山却没有安排林森在临时政府中担任任何职务。这是由于在各部总长和掌实权的次长中,同盟会员已占了较大的比例,革命党人与其他派系,如立宪派人士、旧官僚等,他们之间还有个平衡的问题,同盟会方面必须让出一些名额;此外,孙中山对林森是否会有更重要的任用?20 多天后,这一疑问就有了答案。

1 月 13 日,江西代表林森不再任代表一职,改任福建省推选的参议员。

1 月 23 日、24 日、25 日,代理参议院连续召集开在宁的全体代表开会,研究参议院成立的有关事宜。林森都出席了会议。

1 月 26 日,代理参议院再次开会,与会各省推定的参议员共 23 人出席了会议。林森主持了会议。会议议决,以 1 月 28 日为参议院开幕之日。鉴于当时南京城治安状况较为混乱,代理参议院还咨请临时大总统孙中山转饬卫戍部队,于入城紧要之处,设检查所严加检查,以防奸细而遏乱源。

至临时参议院成立前,代理参议院所进行的一项最重要的工作就是修改《临时政府组织大纲》。林森主持并参与了《大纲》的修改工作。

《大纲》主要修改了以下内容。

将第一条改为:"临时大总统、副总统,由各省代表选举之,以得票满投票总数三分之二以上者当选。代表投票权每省以一票为限。"

将第五条改为:"临时大总统得制定官制、官规,兼任免文武职员。但制定官制、官规及任命国务员及外交专使,须得参议院之同意。"

另增加了一条,内容为:"临时副总统于大总统因故去职时,得升任之。如大总统有故障不能视事时,得受大总统之委托,代行其职权。"

至此,《中华民国临时政府组织大纲》正式确定。

代理参议院在临时参议院成立前,还议决通过了一些事项。如通过了国务员(各部部长次长)的名单,"参议员不得兼任行政官吏",以及关于"和战"问题、优待清皇帝条件、发行军需公债章程、向英国道胜银行借款,等等。

民国首任参议院议长

1912 年 1 月 27 日,参议院召开全体会议,参议员 22 人出席。林森向会议报告了参议院的筹备情况及成立大会的秩序。

1 月 28 日上午 11 时,中华民国临时参议院成立大会在南京原江苏咨议局大楼正式举行。出席会议的共有 10 省派出的参议员 30 人,他们是:

广东:赵士北、钱素芬、丘沧海(后改金章)

湖南:欧阳振声、彭允彝、刘彦(后加派覃振)

湖北:时功玖、张伯烈、刘成禺(后改派田桐、刘道仁、胡秉柯、欧阳启勋)

浙江:王正廷、陈毓川(后改黄群)、殷汝骊

1912 年 1 月 28 日,中华民国临时参议院在南京成立。
图为林森(二排左五)与孙中山、黄兴等人合影

江苏:陈陶怡(即陈陶遗)、杨廷栋、凌文渊

安徽:常恒芳、凌毅、范光启(后改胡绍斌)

江西:汤漪、王有兰、文群

山西:李素、景耀月、刘懋赏

福建:林森①、潘祖彝、陈承泽(后改张继)

广西:曾彦、邓家彦、朱文邵(后改刘崛)

未派参议员但派遣了代表参加会议的有7省12人,他们是:

贵州:平刚、文崇高

云南:段宇清(后加派张耀曾、席聘巨)

陕西:张蔚森、赵世钰、马步云

四川:张懋隆、吴永珊、周代本(后改李肇甫、熊成章、黄树中)

奉天:吴景濂

直隶:谷钟秀

河南:李鑿(后加派陈景南、丁廷骞、张启舆、李载赓)

　　山东省当初没有派出参议员,后派彭占元、刘星楠、史泽咸、于洪起、陈命官为参议员。

　　参议院成立大会的秩序是:

　　(一)奏乐;

　　(二)参议员就席;

　　(三)大总统及各部长就席;

　　(四)临时议长宣告开会宗旨;

　　(五)大总统孙文演说;

　　(六)各部行政总次长演说;

　　(七)临时议长致答词;

　　(八)全体三呼中华民国万岁;

　　(九)摄影纪念。

　　会议按照以上议程顺利进行。

　　临时大总统孙中山及部分部长、次长出席了成立大会。孙中山向大会致以激动人心的祝辞,谓:

---

① 林森由江西代表改任福建省参议员。

1912 年担任南京临时参议院议长的林森

中华民国既建，参议机关乃得正式成立，文诚忻喜庆慰。……参议院所议者，国家无穷之基；所创者，亘古未有之制。其得也，五族之人受其福；其失也，五族之人受其祸。北虏未灭，战云方急，立法事业，在在舆戎机相待为用。诸君子勉哉！各尽乃智，尽乃力，以固民国之始基，以扬我民族之大烈，则不徒文一人之颂祷。其四万万人实嘉赖之。

到会的各位部长也相继发表了讲话。林森则代表参议员发了言。

1 月 29 日，参议院选举议长副议长。选举的方式，是在到会的所有参议员中以"记名投票法"互选，以"得票满投票总数之半数者为当选"。参议院议长还须具备以下不成文的条件，即有革命工作的经历，对于民国的建立著有功绩，对于民国今后的军政事务能够发挥作用。孙中山还嘱意须有同盟会员的资历。在这些参议员中，具备这几个条件的，非林森莫属。孙中山也希望林森能够当选议长。但选举这一关必须通过，大总统孙中山也绝不能越权指定。

选举结果，林森因"德高望重"，以绝对多数得票当选为参议院议长。得票位居第二的，是江苏参议员陈陶怡。结果，陈陶怡当选为副议长。

临时参议院组成后，即于当日开始工作。在先后担任的参议员中，同盟会员占了绝对多数。除了林森外，还有王正廷、李肇甫、王有兰、文群、汤漪、刘彦、彭允彝、欧阳振声、时功玖、刘成禺、潘祖彝、陈承泽、常恒芳、凌毅、胡绍斌、陈陶怡、熊成章、黄树中、钱树芬、赵士北、金章、邓家彦、曾彦、张耀曾、席聘臣、段宇清、平刚、刘星楠、彭占元、刘懋赏、赵世钰、陈星南。非同盟会员的革命派人士是文崇高,进步士绅殷汝骊。

选举完毕,大总统孙中山到会向议长林森、副议长陈陶怡以及各位议员颁发了委任状。

大会还通过了《中华民国临时政府组织大纲》,其核心内容是:

中华民国采用两院制,暂定名为元老院,代议院;

元老院采取地方代表主义,各地人数均等;

代议院取人口比例主义,按人口分配议员名额;

代议院议员任期为四年,元老院议员任期每两年改选三分之一;

国会之职权依《临时约法》而定。

林森作为中华民国的第一任参议院议长,根据以后制定的《参议院法》规定,其职权为:

议长维持参议院秩序,整理议事,对于院外,代理参议院;议长得任免秘书长及其下各职员,并指挥监督之等等。

根据参议院的常费章程,议长林森不享受岁费,只享受公费和津贴。林森作为参议员,公费为200元,议长津贴100元。其回所在省份探亲的旅费,另由参议院付给150元。

议决"清帝退位"

林森就任参议院议长后,所做的很重要的一件事就是解决有关清帝退位后的优待条件问题。

临时参议院在林森的主持下,对于这一问题,在其职权范围内进行了多次讨论。2月5日,临时参议院就开会讨论了孙中山及临时政府提出的关于优待清朝皇室条件的议案。南北议和代表等有关人员也数次到参议院陈述意见。议长林森提议逐条逐款加以讨论,并进行了一些修改,然后由参议员进行公决,最终获得了通过。如将《关于大清皇帝优待之条件》改为《关于清帝逊位后优待之条件》等等。

民国初年的南京临时参议院

全部议案包括三个方面的内容,即:

一、清帝逊位后的优待条件;

二、清皇族优待条件;

三、满、蒙、回、藏各族优待条件。

优待皇室条件共 9 条,主要内容是:

大清皇帝尊号保留不废,以待外国君主之礼相待;

岁用不少于 4000 万两,由中华民国政府付给;

逊位之后暂居宫禁,日后移住颐和园;

其宗庙陵寝永远祭祀,清德宗崇陵未完工工程,如制妥修,其奉安旧制依旧;

以前宫内所用各项执事人员照常留用;

其原有私产特别予以保护。

议案通过后,由南北议和的南京临时政府代表伍廷芳将优待条件电报在北京的袁世凯,袁世凯则与孙中山及参议院反复讨价还价要求修改。但林森及绝大多数参议员不同意做大的变动,只是进行了一些小的修改。最后,基本按参议院原议付诸实施。

"定都"之争

自清帝退位后,"定都"之事再一次摆上了临时政府的日程。

首都设于何处? 这一直是南北议和中的一个争论激烈的问题。就在清帝退位、孙中山提出辞职后的第二天(2月14日),参议院在接受了孙中山的辞职咨文后,在林森的主持下召集会议,专门审议定都一案。

会议刚开始,直隶参议员谷钟秀、四川参议员李肇甫联名提出了议案,要求将临时政府的首都设在北京。议案既出,辩论很是激烈。议长林森遂建议,用投票的方式来决定首都设于何处。众参议员表示同意议长林森的意见。孙中山以为,参议员中同盟会员众多,否决这一议案不会有任何问题,也就没有提出异议。

此次会议,到会的参议员共 28 人。以记名投票方式进行。投票结果,20票主张定都北京,主张定都南京的只有 5 票。其他为,武昌 2 票,天津 1 票。选举结果大大出乎孙中山的预料,就连林森也没有想到竟会是这样的结果。

投票结束后,四川省参议员、同盟会员李肇甫还发了一通议论,说当时临时政府主张将首都设在南京,是因为大江以北还处在清朝的统治之下,现在南北已经统一,首都自应设于北京为宜。有的议员还对袁世凯不愿南下就职表示同情。

这时,孙中山坐不住了。最令孙中山恼火的是,这些谬论,有不少还是出自同盟会员之口。孙中山的情绪十分激动,他站起来说:"这项议案,违背了南京临时政府在南北议和中所提出的条件,即临时政府首都必须设在南京。本总统表示不能同意。现依法咨请参议院进行复议。"

主张定都北京的,如果仅仅是立宪党人,孙中山倒也罢了。而最令孙中山感到痛心的是,是自己的同志,是一些同盟会员,就是他们与自己唱起了反调,发出了极不协调的声音。在这次表决前的 2 月 13 日,章太炎曾发表文章《致南京参议院论建都书》,声称:"金陵南服偏倚之区,备有五害,岂可以为首善之居哉? 谋国是者,当规度利病,顾瞻全势,慎以言之,而不可以意气争也。"他公开提出首都不应设于南京而建于北京的主张。江苏代理都督庄蕴宽应同盟会机关报《民报》之约,通电全国反对定都南京。安徽都督孙毓庆、顺直咨议局等省份也纷纷通电响应。更令孙中山难以接受的,一些长期跟随自己的革命党人,此时也纷纷倒戈,如柏文蔚、朱瑞、姚雨平、洪承典等著名将领。为此,孙中山十分难过。

在《临时政府组织大纲》中,有"临时大总统对于参议院议决事件,如否认时,得于咨达后十日内声明理由,咨院复议"一条。由于大总统表示了异议,林森立即说:"大总统有权对此一议案表示异议。鉴于此,参议院将于明天对这一议案依法进行复议。"说罢即宣布休会。

散会后,孙中山立即找到黄兴、林森等人到总统府进行了紧急磋商。黄兴说,这样的结果,无疑是釜底抽薪。一党之中不应有异议。孙中山则说,北京为专制腐败势力集中之地,污染甚深,又受不平等条约束缚,东交民巷使馆营房俨如敌国,动辄蒙其威胁。袁氏野心难驯,盘踞自雄,非帝制自为……同盟会员非力推翻前案不可。黄兴表示完全赞同孙中山的意见。林森则表示,我同盟会员,明日投票定要一致起来,方可取消原议。今夜之前,森一定奉告各位议员,明日统一行动,这样,推翻原议才有把握。孙中山立即将总统府秘书长胡汉民找来,要他与林森一起出面,对参议员进行疏通工作。孙中山决定,以党的名义通知各位党人议员,必须按照党的最高领导总理的意愿进行投票。胡汉民和林森立即把这一指示在当天夜里全部通知了同盟会议员。黄复生、李伯申、邓家彦则表示,如果投票结果不理想,就叫黄克强率宪兵冲入参议院,将同盟会议员绑了出来。黄兴则对林森说:"政府决不为此委屈手续,议会要自动翻案。"林森力劝不可,如此行动太鲁莽,要相信同盟会员们会按党的意图办的。

2月15日,参议院会议如期举行。议长林森宣布,由于大总统对昨天的议案有异议,今天依法进行复议,复议的方法是投票表决,仍采用记名形式。激烈的争论随即开始。一名议员登上讲台,激愤悲壮,说首都如不设在南京,将以身殉于会场。这时,又一名议员马上站起来对林森说:"我建议不必讨论了,请议长马上就付诸表决。"林森问各位议员:"有无异议?"众人皆答可以进行表决。之后,林森吩咐发票。结束后开票检视,出现了与昨天截然不同的结果。此次会议共到参议员27人,投定都南京的19票,北京6票,武昌2票。据林森事后了解,投北京票的,是直隶、奉天、云南、陕西、江苏、山西六省。湖南、湖北两省投了武昌的票。

投票结束后,林森宣布,参议院选举有效,议决仍以南京为民国首都。

之后,参议院又进行另一项表决,选举袁世凯为第二任临时大总统。

为了促使袁世凯南下就职,孙中山派出了以蔡元培为专使,魏宸组、刘冠雄、宋教仁、王正廷、汪精卫为欢迎员的迎袁专使团北上北京，"迎接"袁世凯南下就职。袁世凯始终不肯南下就任临时大总统，他在北京制造了种种借口，如发动兵变，唆使北洋军将领通电、疏通外国势力向临时政府施压等等。黎元洪还危言耸听地说，"舍南京不至乱，舍北京必至亡"。外国使团也纷纷向北京调兵。蔡元培等人慑于兵变，仓皇逃入东交民巷的六国饭店躲避。回南京后竟反过来向临时参议院和临时政府陈说北京混乱情景，为袁世凯不能离开北京说情。鉴于这个形势，孙中山不得不向袁世凯作出让步。

3月6日，南京临时参议院议决，同意袁世凯在北京就职。为了有个台阶下，南京方面还附加了一个条件，即袁世凯须以电报形式向南京临时参议院"宣誓"。对袁世凯来说，发个电报并不是件困难的事。袁世凯表示"欣然接受"。3月10日，袁世凯在北京宣誓就任临时大总统。在袁世凯的威逼下，定都北京已成定局，孙中山亦无力回天。

袁世凯就职前，为了表示"服膺"南京临时参议院，尊重民主的诚意，已将就职典礼上宣读的"誓词"，电报临时参议院及议长林森"审核"。誓词通篇的措辞，参议院均表示满意。但袁世凯在3月10日就职宣誓时，却将誓词的内容进行了更改。虽然信誓旦旦地表示"愿竭其能力，发扬共和之精神，涤荡专制之瑕秽"，却将原稿中的"谨守宪法，依国民之愿望"，悄悄地改成了"速定宪法，副国民之愿望"。虽只是三字之差，但袁世凯破坏民主的政治图谋在他当上总统的第一天就已暴露无遗。

主持制定《临时约法》

中华民国临时参议院自1912年1月28日成立到4月8日北迁，由林森主持参院事务长达2个月零10天。在这段时间里，以林森为首的参议院，通过立法的形式，议决了大量法律条文和议案，其中最重要的，就是制定了一部《中华民国临时约法》（以下简称《临时约法》）。

《临时约法》的产生，还发生过一个小小的波折。

临时参议院成立后，大总统孙中山于1月30日咨请参议院议决《中华民国临时政府组织法草案》。这个草案是由孙中山指派总统府法制局拟定的，由法制局长宋教仁负责起草。孙中山打算以此来取代《中华民国临时政府组织大纲》。咨文称：临时政府现已成立，而民国组织之法尚未制定……兹据法制局局长宋教仁呈拟中华民国临时组织法草案五十五条前来,合并咨送贵院。

参议院在接到这份文件后进行了讨论。林森认为,这部法律是国家的基本法,参议院作为国家最高立法机关,其制定权应在参议院,而不应由政府部门的法制局来起草,这样做显然不符合法律程序。虽然是孙大总统咨送参议院的文件,但是,参议院还是决定,将草案退回总统府。

孙中山接到参议院的回复后,认为确有道理。事后与林森商议,决定由参议院组成起草委员会另行拟定。

2 月 7 日,在林森的主持下,参议院成立了起草委员会另行起草。林森与孙中山以及法制局商议后,以参议院的名义向孙中山建议,拟将该文件更名为《中华民国临时约法》。孙中山表示完全同意。

起草工作刚刚开始,国内局势就突起变化。

2 月 12 日,清朝宣统皇帝溥仪正式下诏宣布退位,统治中国两千多年的封建帝制宣告结束。孙中山在临时大总统就职典礼上曾宣誓:"专制政府既倒……文当解临时大总统之职。"为了履行诺言,促进南北统一的完成,孙中山决定辞去临时大总统一职。

2 月 13 日,孙中山亲往临时参议院,正式递交了辞职咨文,并发表了演说:

> ……清帝退位,南北统一。今日参议院选举总统,若袁公当选,余深信必能巩固民国,至临时政府地点,仍设南京。余解任后,亦仍愿尽力于新政府……

但为了防范袁世凯当选总统后专权,孙中山在辞职咨文中又提出了三项附加条件,即:一、临时政府设南京,为各省代表所议定,不能更改;二、辞职后,俟参议院举定新总统新到南京就职之时,大总统及国务院乃行解职;三、《临时政府约法》为参议院所新定,新总统必须遵守颁布之一切章程。孙中山此举,是想将袁世凯调出北洋老巢,以削弱其势力,并想用《临时约法》来约束袁世凯。

参议院表示接受孙中山的这一请求。不少参议员对于孙中山的辞职表示不解,纷纷劝说孙中山收回主张,有的甚至向孙中山哭求。但孙中山主意已定,坚定地说:"既然当初许下诺言,就应说话算数。辞职,以国家利益为重,是件好事嘛。"

看到孙中山去意坚决,参议员们遂不再劝说。林森一向待人和蔼平和,说话温文尔雅,此时,林森抑制不住内心的激动,健步走上讲台,以参议院议

长的身份,向大家发表了激动人心的演讲。这是一篇著名的演说:

> 孙中山先生发宏愿救国,首建共和之议,奔走呼号于专制淫威之下,屡濒于危,而毅然不辍,二十年如一日。武汉起义未一日,而响应者三分天下有其二,固亡清无道所致,抑亦先生宣导鼓吹之力实多也。当时民国尚未统一,国人急谋建设临时政府于南京,适先生归国,遂由各省代表公举为临时大总统。受职才四十日,即以和平措置,使清帝退位,统一底定。虽柄国不满百日,而吾五大民族所受赐者,已靡有涯矣。固不独成功不居,其高尚纯洁之风,实为斯世之矜式。

这篇演说,不满五百字,但景仰之情溢于言表,亦载入了史册。

林森的讲演,博得了全场热烈的掌声,就连孙中山也很激动,他站起来连连点头向林森致意,向全体参议员鞠躬。

参议院在接受了孙中山的辞职后,林森又发言说:"新总统尚未选出。即使选定后,南下也需时日。中山先生虽已辞职,但未解职,实际任期应为4月2日止。"

议长林森发言后,参议院议员们一致要求孙中山继续履行总统职责至4月2日。孙中山也表示没有异议。

2月15日,参议院再次开会,正式选举袁世凯为中华民国的第二任临时大总统。

选举结束后,参议院根据议长林森的建议咨复孙中山曰:

> 昨奉到大总统辞表,并亲临本院陈述理由,大公无量,让德可风,不胜钦佩……袁君来南京受任新总统,未受任前,民国政府仍由大总统继续执行。

此时,距孙中山解职已为期不远,但《临时约法》尚未起草拟定。时间十分紧迫。

林森及参议院中的同盟会议员们,深知尽快制定出《临时约法》的重要性。于是,林森根据孙中山的意图,在草案中加入了"中华民国之主权属于国民全体"等条文,特别是加快了《临时约法》起草的速度。参议院议长林森和参议员们几乎是日夜开会,林森每天工作达12小时以上,边起草边讨论边通过。终于,经过32天的紧张工作,终于完成了《临时约法》在参议院中的三读程序。3月11日,林森主持参议院会议,正式通过了这部《中华民国临时约法》,并经大总统孙中山签署命令正式公布。

《临时约法》是中国第一部共和国的法律。《临时约法》分 7 章 56 条。它的全文浸透了资产阶级民主自由的精神,规定了"中华民国国家主权属于国民全体";"人民一律平等,无种族、阶级、宗教之区别。人民有人身、居住、财产、言论、出版、集会、结社、通讯、信仰等自由,有请愿、诉讼、考试、选举和被选举等各项权利,有纳税、服兵役之义务"等等。《临时约法》还规定,"国务总理及各部总长均称为国务员。参议员可以对总统、国务员提出弹劾,并由最高法院组成特别法庭审判";"法院以临时大总统及司法总长分别任命之法官组成,法官独立审判不受上级官厅之干涉"等等。

值得注意的是,《临时约法》将南京临时政府成立时的总统负责制改成为内阁责任制。虽然仅是两字之差,却有了巨大的含义。《临时约法》规定,大总统提出的法律案,公布法律,发布命令,均须经内阁总理副署后方能生效。这样,总理的权力扩大了,而总统的权力则被大大地限制了。这就是孙中山及南京临时政府、参议院,通过制定《临时约法》,对袁世凯实行的钳制措施。林森等参议院的革命党人,对孙中山的这一主张心领神会,而且是不遗余力贯彻执行,并在《临时约法》中全部体现出来。

《临时约法》一经公布,立即引发了一场"地震"。

湖北省参议会首先发难。他们提出,临时参议院是由各省都督派出的议员组成的,他们无权制定一部国家的根本大法;还称参议院是"少数人所把持的参议院",表示不承认这部约法。很明显,这是指议长林森等同盟会员在制定《临时约法》中起的作用太大了。湖北省参议会的举动,立即得到一些省份的支持。立宪派人士也群起响应,攻击《临时约法》。

而袁世凯的态度倒是令革命党人十分惊讶。他对《临时约法》说了一番委婉动听的话:"要当一名公仆,竭其所能,发扬共和精神,荡涤专制之瑕秽;办事以临时约法为根据,毋得歧异,致失民国尊重法律之本意。"但同时又留下了一个小小的伏笔说:"法制本可随时改良,此次所定约法,尽可在该院新举参议员到齐开会后,再行提议修改。"袁世凯已经做好了要修改《临时约法》的准备了。

《中华民国临时约法》,是一部以美国、法国等资本主义国家"三权分立"制度为蓝本,根据诸国"代议政治"等原则制定的宪法。虽然是仿效别国,但产生在 2000 多年的封建社会刚刚解体、封建残余还根深蒂固的中国,的确是一件开天辟地的大事件,它与封建君主制度相比,无疑是中国社会历史的巨大进步。

《临时约法》的产生，是孙中山与参议院密切合作的结果，其中，林森起到了十分重要的作用。林森对于南京临时政府的建立以及法制体系的完善所起的作用是巨大的。

参院职责十二条

《临时约法》中关于参议院职责的条文，共有十二条。这是孙中山与林森等人反复磋商所制定的。这些条文是：

一、议决一切法律案；

二、议决临时政府之预算、决算；

三、议决全国之税法、币制及度量衡之准则；

四、议决公债之募集及国库负担之契约；

五、承诺第三十四条、三十五条、四十条事件（即临时大总统任免文武职员、国务员及外交大使、公使，须得参议院之同意；临时大总统经参议院之同意，得宣战、媾和及缔结条约；临时大总统得宣告大赦、特赦、减刑权，但大赦须经参议院之同意）；

六、答复临时政府咨询事件；

七、受理人民之请愿；

八、得以关于法律及其他事件之意见，建议于政府；

九、得提出质问书于国务员，并要求其出席答复；

十、得咨请临时政府，查办官吏纳贿违法事件；

十一、参议院对于临时大总统，认为有谋叛行为时，得以总员五分四以上之出席，出席员四分三以上者可决弹劾之；

十二、参议员对于国务员，认为失职或违法时，得以总员四分三以上之出席，出席员三分二以上之可决弹劾之。

这十二项规定，使参议院的职权得到空前地增强，而在《临时约法》第四章"临时大总统副总统"一节中，还特别强调"临时大总统副总统由参议院选举之"。以上内容一看便知，孙中山在制定《临时约法》时，利用一切手段，包括确定参议院职责等条文，试图对新总统实行严格的法律约束机制。这就是孙中山制定《临时约法》的初衷。而林森在草拟《临时约法》时，对孙中山的意图领会得十分透彻,这在公布的文件中全部得以反映。林森后来主持参议院的工作虽然不长,仅两个多月时间,但他充分运用参议院这一立法机构以及所制定的法律条文,较好地贯彻了孙中山的意图,对袁世凯和立宪派人士进行了有效的制约。

兵变遇险

林森就任临时参议院议长时,其院址设在南京城北的三牌楼旧劝业会内。这一组建筑宽大敞亮,楼房平房有数十间之多。林森及其议会的部分议员都住在这里。一日夜里,南京城中某驻军突然发生哗变,官兵纷纷外出,冲上大街四处劫掠,专抢机关商户。一时间,全城枪声不断,人心惶惶,秩序一片混乱。不少机关单位的人员纷纷逃避,留下了一座座空院。参议院大院,人也跑得差不多了,唯独林森一人在院中没有离去。林森不走,是因为有20000块银元来不及转移,带着跑也不安全,所以只好硬着头皮留了下来。同时,他致电在上海的一位好友邱于寄赶快来南京。

邱于寄于混乱之中从上海赶到南京,立即前往参议院探望林森。邱于寄到后,见偌大的一个院子,只有林森一人居住。林森见邱于寄来到,立即告知参议院尚存有公款20000元现洋,正藏于院中居室中床下。林森说,你来得正好,今晚我们各居一室,一人藏10000元,置于房中暗处。同时将院中电灯全部开亮,大门也打开来。如有乱兵来到,我们都要镇静自如,不要张皇失措。

到了半夜,果然有不少士兵闯入参议院中,穿堂入室,进进出出,川流不息。乱兵看到林森等人镇定自若,心想必没有什么好抢的。一阵混乱之后,已是天明时分。两箱银元均完好无缺。

参议院北迁

《临时约法》公布后,中华民国的政治制度已将原来的总统制改成了责任内阁制,并设立了国务院。国务总理为行政长官,各部部长均称国务员。

3月15日,袁世凯以大总统名义,将拟定的国务员(部长)名单咨送南京临时参议院议决。此次共设立了外交、内务、财政、教育、陆军、海军、司法、农

业、工业、商业、交通、邮电等 12 个部。参议院接到咨文后,认为与临时政府的
《各部官制通则》规定的 10 个部不符。在征求议长林森的同意后,参议院决定
不予讨论,并退给袁世凯,要他重新提名。直至 3 月 25 日国务总理唐绍仪抵
达南京,与参议院进行了协商,林森等人仍坚持原议。最终定下了 10 名部长
的人选名单。将工业部、商业部合并为工商部,邮电部并入了交通部。

3 月 29 日,临时参议院由议长林森主持召开会议,讨论各部总长名单。
会议开始后,孙中山(第一任大总统)、唐绍仪(首任国务总理)以及南京临时
政府的总长、次长们都退席回避。

会上先进行讨论,然后投票表决。结果,除交通总长梁如浩以 17 票赞成,
22 票反对未能通过外,其他总长均获通过。在新当选的总长中,只有教育总
长蔡元培、司法总长王宠惠、工商总长陈其美等少数几名同盟会员。会上,还
通过了一些其他议案,如《国务院官制》等。

3 月 30 日,在北京的袁世凯接到南京临时参议院的议决后,尚不敢造次。
随即任命了各部总长,未获通过的交通总长由总理唐绍仪兼任。

至此,新一届政府宣告成立。南京临时参议院也将完成它的历史使命。

4 月 1 日下午 2 时,孙中山以各国务员已确定,南北统一宣告完成,遂亲
临参议院,向各位议员行解职礼。

奏乐后,孙中山即就席致解职词。略谓:

> ……本总统解职后,即为中华民国之一国民。……本总统今日解
> 职,并非功成身退,实欲以中华民国国民之地位,与四万万国民协力造成
> 中华民国之巩固基础,以冀实现世界之和平。望贵院各位参议员与将来
> 之政府,勉励人民,同尽天职。从今而后,使中华民国今后得日进步文
> 明,使世界今后得享和平之幸福。

孙中山致词完毕,全场掌声一片。孙中山手捧临时大总统印,准备交还
参议院。议长林森、副议长王正廷命参议院全院委员长李肇甫接受大总统印
信。然后,参议院议长林森代表参议院和全体议员向大会致词,全文如下:

> 维中华民国元年四月一日即中华民国成立之九十三日,临时大总统
> 孙文躬莅本院行解职礼,本院代表全国谨致之词曰:中华建国四千余年,
> 专制虐焰,炽于秦政,历朝接踵,燎原之势,极及末流。百度堕坏,虽拥有
> 二亿里大陆,萃有四百兆庶众,外患乘之,殆如摧枯拉朽,而不绝如缕者,
> 仅气息之奄奄。中山先生发宏愿救国,首建共和之议,奔走呼号于专制

淫威之下，身濒于危者屡矣，而毅然不稍辍，二十年如一日。武汉起义未一月，而响应者，三分天下有其二，固亡清无道所致，抑亦先生宣导鼓吹之力实多也。当时民国尚未统一，国人亟谋建设临时政府于南京，适先生归国，遂由各省代表公举为临时大总统。受职才四十日，即以和平措置，使清帝退位，统一底定，迄未忍生灵涂炭，遂诉之于兵戎。唯柄国不满百日，而吾五大民族所受赐者，已靡有涯矣。固不独成功不居，其高尚纯洁之风，为斯世之矜式已也。今当先生解临时大总统职任之日，本院代表全国，有不能已于言者：民国之成立也，先生实抚育之；民国之发扬光大也，尤赖先生牖启而振迅之；苟有利于民国者，无间在朝在野，其责任一也。罗斯福解总统职后，周游演述，未尝一日不拳拳于阿美利加合众国，愿先生为罗斯福，国人馨香祝之矣。

之后，孙中山发布了通告解职令：

　　……今国务总理唐君南来，国务员已各任定，统一政府业已完全成立，于四月初一日在南京交代，本总统即于是日解职。此后国中一切政务，悉取于统一政府。本总统受任以来，怵怵危惧，深恐弗克负荷，有负付托；赖国人之力，南北一家，共和确定，本总统藉此卸责，得以退逸之身，享自由之福……所愿吾百僚执事，公忠体国，勿以私见害大局；吾海陆军士，谨守秩序，勿以共和昧服从；吾五大族人民亲爱团结，日益巩固，奋发有为，宣扬国光，吾艰难缔造之民国，与天壤共立于不敝。本总统虽无似，得以公民资格勉从国人之后。此令。中华民国元年四月一日令。

解职仪式结束后，孙中山偕国务总理唐绍仪，并率各位国务员，林森率全体参议员，至参议院主楼前合影留念。

同一天，袁世凯得知南京情况后，依然是得势不饶人。他又致电参议院，以"本大总统在北京受职，所发命令须有国务总理及各总长副署，而总理和总长须有遇事商承之处，若南北睽隔，政务无由执行"为由，请其议决临时政府立即迁往北京办公。

4月2日下午4时，参议院召开临时会议，出席参议员共27人。林森向会议宣布了袁世凯的电报咨文后，决定仍以记名投票的方式来决定该事项。投票结果，主张立即迁北京的20票，反对者6票，1票弃权。弃权者为湖南参议员彭允彝，他坚持此项议案要依照《临时约法》第二十三条的规定，须有议员三分之二通过，否则得进行复议。其实，迁都北京之事早在2月14日就经参议院议决通过,只是没有明确具体日期。迁都已成定局,这次表决只是个形式而已。林森表示,此项议案只能是从多数而定。于是,议案获得通过。临时政府不日迁往北京。

在南京临时参议院解散前,还决定了一个重大事项,即于4月1日以孙大总统名义,由内务总长程德全副署,公布了《参议院法》,刊载在《南京临时政府公报》第五十五号上,同时公布了《参议院旁听规则》三章十六条。《参议院法》仍是在林森的主持下制定的,它是中国第一部民意代表机关的组织与议事的法规,是中国政治制度走向近代化的重要标志。这是中国近代法制史上的一件大事。

4月3日,孙中山离开南京。鉴于临时政府已决定迁往北京,4月5日,临时参议院开会议决,临时参议院亦迁往北京办公。同日,参议院发出通电称:"本院已议决迁往北京,自本月初八日始,休会十五天。于本月二十一日齐集北京。"会后,参议院将该事项向大总统、副总统、各省都督、各省议会、咨议局、各报馆发了通电。这是林森在南京临时参议院主持的最后一次会议。

4月6日,南京临时参议院将在院的各省参议员名单,由总理唐绍仪咨送临时大总统袁世凯。这届参议院报送的议员共有49人,与1月28日参议院成立时基本没有多大的变动,仍以同盟会员占绝大多数,副议长王正廷、审议长李肇甫均为同盟会员。林森以福建省参议员身份仍为参议院议长。

南京临时参议院共经历了两个时期,即代理参议院和临时参议院。正常工作近三个月,伴随了中华民国南京临时政府的始终。参议院在议长林森的主持下,作为国家的一个民意代表机关和立法机关,按照法定程序,依据民主原则,独立地开展了工作,显示出了应有的权威性。参议院对孙中山和袁世凯提交的议案都有过否决的记录,这在近代中国的政治生活中是从未有过的事,与封建专制制度相比,无疑是社会的巨大进步。它议决通过了大量政策法令,对于中华民国临时政府的创建和发展,都起到了重要的推动作用。

第 5 章　落魄北京参议院

　　1912 年 4 月 29 日,林森当选新一届参议院议长。大总统袁世凯将参议院开幕会议上的致词送给林森"审看"。林森将文中有损国格的内容、不合共和政体的语句共 12 处,毫不客气地逐项加以删改。在参议院大会上,林森力阻袁世凯挂军刀入场。

　　林森等国民党人对袁世凯存有幻想。但袁系党人大肆贿选,林森名落孙山。后福建省议会出面,才将林森推选为参议员、参议院全院委员长。在宪法起草的过程中,宪草会的国民党议员占了多数,加上林森等众多议员的支持,宪法草案基本上是按照国民党的意图制定,即限制了总统的权力,加强了国会对总统和政府的制约权等。

　　由于袁系对参议院的干扰,甚至动用军警胁迫议员,袁世凯当上总统后,即下令解散国民党、取消国民党议员资格。林森因此离开了北京。不久,中华革命党在日本成立。林森填写了入党誓约书,并当场盖上了自己的红色指模印。誓约书编号为"二三一"号。几天后,孙中山决定派林森去美洲主持党务工作。为了与林森在美国联系方便起见,孙中山特地将第六号密电码本交给林森,嘱其到美后一定互通消息。孙中山还亲书信函一封,介绍在美国各埠的同志,让林森持信先去见面,以便配合开展工作。

再任议长　力挫袁世凯

　　袁世凯当选为民国第二任临时大总统后,确立了北洋军阀集团在中国的统治地位。由袁世凯亲自遴选的内阁总理唐绍仪,因思想开明,观点与孙中山接近,故在南京时,由蔡元培介绍,在总统府中加入了同盟会。他幻想以自己的才干和勤奋,在南北之间进行协调,并为建设一个理想的国家而一显身手。南京临时参议院所拟定的新一届参议院议员的名单,就是经总理唐绍仪之手,并经唐绍仪的认可,再咨送北京政府的。这一名单,是南京临时参议院根据《临时约法》,与唐绍仪共同制定的,结果议长又是林森,同盟会员仍然占了大多数。袁世凯一看便知,又是南方革命党在参议院占了主导地位,遂对唐绍仪大为不满。因是初任大总统,也不便发作,遂以一副与参议院合作的姿态出现在北京政坛上。

　　南京临时参议院曾议定于1912年4月21日在北京开会。林森率参议院员们陆续北上赴京。行前,林森告诫吴铁城及参议员们说:"北方旧势力仍在,危机潜伏,前途很难乐观,大家要时加警惕,随时注意时局的发展。"

　　4月29日,新一届参议会在北京举行了第一次会议。

　　在会议开幕前的4月28日,临时大总统袁世凯将次日参议院开幕会议上的致词送交给参议院议长林森存案,并请他"审看"。这时的袁世凯,刚刚宣誓就任临时大总统不久,对立法机构参议院还是有所顾忌的。

　　林森对袁世凯有一定的了解,深知其为人怀谲挟诈,野心勃勃,从不愿屈人之下,非攘取高位决不善罢甘休。林森作为参议院议长,感到与这个总统可能会不好相处。但林森还对袁氏抱有幻想,希望他能够崇尚法制,尊重民意。当林森接到这份文件后,认真地看了一遍,将文中有损国格的内容,不合共和政体的语句共12处,毫不客气地逐项加以签注。之后,又连夜登门造访袁世凯官邸。当林森来到袁世凯官邸时,袁世凯的侍从挡驾说:"夜已深,大总统已休息,不便见客。"但林森态度坚决,表示明日开会,今夜此项要事必须面陈,否则决不离开。袁世凯只好出面相迎。当林森见到袁世凯后,即向他一一指陈,并说必须删除不妥之处。袁世凯虽然十分不乐意,但在林森极为认真的态度之下,也只好照办。

　　第二天,临时参议院大会正式举行。上午,到了预定时间,全体参议员早已到会,唯独大总统袁世凯没到。等了好一会,才见袁世凯在一群武装侍卫的簇拥下,趾高气扬地来到会场。袁世凯身着黄呢军服,戴白缨军帽,蹬长筒军靴,金色绶带斜背在胸前,一根宽牛皮军用腰带,好不容易才将隆起的肚皮紧紧地拴住,一副威风凛凛、不可一世的架势。当袁世凯走到众参议员跟前时,议员们的目光都盯在了他的腰间。原来,袁世凯的腰间斜挂着一把闪光夺目的军刀。按照参议院的惯例,任何人均不得携带武器入会。一时间,全场愕然,但议员们看到袁世凯不可一世的霸气,个个噤若寒蝉,没有一个人敢出面制止。显然,袁世凯如此胆大妄为,是对参议院的蔑视。这时,林森不慌不忙地上前拦住了袁世凯,正色说:"袁大总统,参议院是代表民意的最高机关,是一块神圣之地,例行是不得携带任何武器进入的。请大总统阁下解除军刀入席,以崇法制。"袁世凯虽然目空一切,但在众目睽睽之下,再加上林森的义正堂皇,就像是被迎面浇了一盆冷水,但又不好发作,顿时涨得满面通红。一面说"是的,是的",一面悻悻地解下佩刀交给了随从。

以后,袁世凯越来越不把参议院放在眼里,以挑拨和操纵的一贯手法来对付参议院,独裁嘴脸逐渐暴露。林森虽为议长,但许多事情仅仅是一旁观者,根本就无法有所作为。他冷眼旁观袁世凯的所作所为,预感袁氏日后将更加放肆。于是,就事先向外交部领取了出国游历的护照,以备后用。

"抗袁驱陆"　南下武汉

1912 年 6 月,内阁总理唐绍仪对袁世凯破坏民主的行为进行了一定的抵制。如袁世凯要唐绍仪向六国银行团商借巨款,而六国则以监督中国财政作为附加条件,遭到唐绍仪的拒绝。六国银行团遂向袁世凯提出了强烈抗议。袁屈服外来压力,命令唐绍仪向六国银行团道歉,被唐绍仪坚决地加以拒绝。此后,袁世凯对唐绍仪完全失去了信任,对他处处加以肘制,一些重要的任命不经总理唐绍仪副署就予以宣布,并煽动内务总长赵秉钧和陆军总长段祺瑞与唐绍仪对抗,使唐绍仪无法行使总理职权。最终,由于唐绍仪在直隶总督人选的问题上与袁世凯闹翻,遂于 6 月 15 日不告而别。政府没了总理,袁世凯心急火燎,不经参议院批准,就任命了原外交总长陆征祥为内阁总理。这一举动,遭到参议院的坚决反对,同盟会员中的内阁成员纷纷辞职以示抗议。

由于陆征祥平庸猥琐,参议院坚决反对他出任总理一职。议长林森主张全院拒绝投票表决。袁世凯看来软的不行，就使出了硬的一招。他甚至动用军警开到参议院外进行威胁，并鼓动一些人到参议院外扬言，"如参议院再不开会通过，则请大总统立即解散参议院"。在袁世凯的淫威之下，参议院的议员们敢怒而不敢言，被迫通过了陆征祥为总理的无党派的"超然内阁"。

投票表决是通过了，但议员们却在暗地活动"倒陆"。林森发动议员接二连三地提出了弹劾陆的议案，最终迫使陆征祥辞职。袁世凯随之又任命其党羽赵秉钧为总理。赵秉钧为表示对袁氏的忠心，竟将国务会议搬到中南海袁世凯的总统府中召开。从此，责任内阁也就徒有虚名了。参议院与袁世凯的抗争，终以失败而告终。

以同盟会为首的一些党团，为了反对袁世凯的专制独裁，又联合了立宪派组织的统一共和党、国民共进会、国民公党、共和实进会等党派团体，于1912年8月25日改组成立了国民党，并推举孙中山为理事长，黄兴、宋教仁为理事。这样，国民党成为议会中的第一大党。

此时，林森已对袁世凯彻底失望，但对袁氏视参议院为儿戏的举动也无力抗争，遂向参议院辞去了议长职务。这时，已将到10月。10日，正是武昌起义后的第一个周年纪念日。北京、上海等地都将举行隆重的庆祝活动。在起义的所在地武昌，也将举行盛大的庆祝活动。林森和吴铁城被各党派组成的国民党本部推为代表，专程前往武昌参加活动。于是，林森与吴铁城先期从京汉线南下，到达武汉后，黎元洪念其当年曾任参议院议长，总算出面招待了林森一行，并安排他们在大智门铁路饭店下榻。

林森在参加了武昌的纪念活动后，又乘轮船沿长江东下上海，再转海轮回到福州老家。林森此次回福建，在福州成立了国民党福建支部。同时，也为即将进行的众议员的选举做些准备。

在福州，林森又回到了当年创建的"阅报书社"（"桥南社"），与昔日的同事们相聚。有的社员对林森说："南北统一，建国成功了，从此天下太平，子超兄今后将如何打算？"林森答道："还未，还未！若说天下太平，那还远着呢。袁世凯得位之后，日渐跋扈，共和前途，危机滋伏。北方政局，龙鱼曼衍。黎元洪有厚重实力而缺远见，绝不是经邦之人物。那帮官僚政客更不识政治为何物。你们信不信，将来中国有好瞧的呢。"林森的这番话，不久就得到了应验。

林森此次在福建大约逗留了几个月。因北京政府将采取两院制，并通知当选议员1913年的2月至3月务必到北京集中，4月召开国会。其时，林森已被福建省议会推选为参议员,遂与本省参议员潘祖彝等一同离闽北上。途经上海时,林森诸人同孙中山会了面。

3月初,林森抵达了北京。

落选众议员

就在林森回到北京后不久,就发生了一起震惊全国的血案。1913年3月20日,袁世凯指使人暗杀了国民党的代理理事长宋教仁,其专制独裁嘴脸进一步暴露。同时,袁世凯还决定废除由南京迁往北京的由国民党控制的临时参议院,决定仿欧美参众两院制的形式重组参众两院,并举行第一届国会的"选举"。

"宋案"发生后,国民党人进一步觉醒。孙中山认为"袁氏将拨专制之死灰,而负国民之付托"。国民党人于3月26日在上海召开紧急会议,主张武力讨袁。但黄兴、陈其美等人则主张用"法律解决"。党内无法得到统一。而林森等人则赞同黄兴、陈其美等人的意见,对袁世凯存有幻想,仍醉心于走"议会政治"之路。

已经回到北京的林森连日在参议院参加会议。其时,参议院已拟定了《参议院、众议院选举法》《国会组织法》等文件。

《国会组织法》共二十二条,规定成立参众两院,参议院议员由各省议会选出,每省10名。加上少数民族、华侨等方面,共须选出294人。众议院议员,由各省民众直选,每80万人口得选1名,人口多的多选。应选出595人。参议员任期6年,众议员任期3年。两院议员,须有半数到会,方能开会,否则视为无效。议案须得半数以上通过,才能决定。每年的会期为四个月。

这次两院选举,全部采用单记名投票方式进行。林森根据同盟会的要求,决定先在福建地方竞选众议员。众议员选举又分初选和复选。初选是以县为选举区,当选人名额,定为议员名额的50倍,即1名众议员产生出50名当选人。初选完成后,再进行复选,在初选出的当选人中,选出众议员。福建全省应选出众议员为24名。

初选阶段,以地区行政长官充任监督员。复选阶段,以全省行政长官任监督员。蒙、藏、青地区只进行一次选举。此外,选举人的条件,在国籍、纳税情况、年龄、文化程度、家产、民族、身体状况等各方面,都规定得十分具体。

这一选举制度,在表面上看,可以说是比较完备的。但在选举过程中,袁世凯为取得两院的多数,不惜动用了权力、金钱等一切可以使用的手段,无所不用其极。

由于袁世凯把持了各级行政权,所以选举中进行了大量的非法干预,以迫害同盟会或国民党的选举人。如在第三选区,国民党人欧阳启勋已当选为众议员,但袁系民主党串通中央选举事务所,竟然与湖北省的选举监督夏寿康上下其手进行舞弊,借口欧阳辞职批准日期与当选日期不符,就宣告欧阳当选无效,硬要将他拉下来,而以一民主党人张则川递补。欧阳原任湖北省民政署司法科长,在投票前已经辞去现任官职,并已向众议院报到,议会也已进行了资格审查加以确认。但袁系的民主党首领汤化龙仗着议长地位,竟令军警不许欧阳进入众议院会议的会场,却让张则川入会端坐在席。欧阳为此到处奔走呼号,终无功而返,后积劳成疾,忧郁而死。

湖北省应选出众议员27名,同盟会方面仅得到9名,其余为共和党与民主党获得。在选举过程中,共和党人胡鄂公,将大量八旗公产变卖了移作选举费用。民主党人汤化龙得票最高,所花金钱也最多。共和党还以武汉平湖门外乙栈作为选举的招待所,不惜工本地用机器架桥伸入江中取水供乙栈饮用。还包下了汉口的福昌旅馆,以及三分里、四成里的妓院,供选举人使用。餐馆、酒楼,选举人吃饭,凭招待所的条子就可以白吃白拿。共和党还一次性拿出13万元交给选举人,声称如不按党议投票,钱就要全部退回。共和党支部的马宙伯、张汉等人,挪用湖北官钱局官票50万串作为选举费,一直无法报销,最后只得去求黎元洪签字批准。黎元洪说:"你们几人,选个议员,比前清捐个道台花的钱还多。"

当时有人作了一首六言诗来讥讽选举的腐败:傥来身价十万,可怜人民血汗。血汗换得拥袁,兔死狗同遭难。①

而武汉的同盟会员选举人三四十人,就只有挤在武汉的原盐道衙门的几间小屋里,十分窘迫。

当时湖北省的选举情况是这样的,当时全国各省,包括林森所在的福建,也是大致如此。林森就是在这样的背景下,开始了他众议员的选举。

林森根据选举法的规定,按部就班地从地方一层一层地开始进行。福建革命同志纷纷出力帮助林森竞选。但时局已非以往,革命党元气大伤,已成

---

① 指后来袁世凯取消国会后,这几名议员被袁世凯一脚踢开。

不了气候。北京的临时大总统袁世凯如日中天,国内舆论均对袁氏寄予厚望。袁系党人、政客豪绅们则竞相钻营,并以其丰厚的金钱为后盾,运用各种手段,大肆进行贿选。而林森这个当年的参议院议长,竟然在初选的选举人选举中就名落孙山,更不用说50∶1的议员资格了。同盟会以参议院议长居然不能当选众议员,视为天下一大奇闻。各级总部及广大会员心有不甘,遂又层层进行发动。最后,由福建省议会出面,才将林森推选为参议院的议员。

尽管袁世凯动足了脑筋,但在全国的选举中,国民党还是在两院议员中占了相对多数。

参议院全院委员长

1913年4月8日上午11时,新的众议院和参议院在北京举行开幕仪式。根据《临时约法》第二十八条的规定,临时参议院完成了它的历史使命,正式宣告解散。

这一天,各省当选的参众两院议员云集北京象坊桥新落成的众议院会场。袁世凯的代表梁士诒到会致颂词。会议清点人数,国民党议员到会将近500人,在参众两院占了绝对多数。而袁系的共和党议员还不足300人,民主党议员则不到百人。其他如统一党也只有百余人。对此,袁世凯大为惊骇,遂决定将这三个党以及各自的党魁梁启超、汤化龙、王揖唐联合起来,组织成进步党,形成议会的第一大党,以与国民党相抗衡。

在以后进行的参众两院议长的选举中,国民党本部开会决定,仍推吴景濂为众议院议长候选人。民主党和共和党则联合推出汤化龙为候选人。按全国的选举结果,国民党议员在众议院占有多数。但选举投票的结果却正好相反,汤化龙获得超过半数的选票当选为议长。国民党大败。这又是袁世凯玩弄把戏的结果。

为了竞选众议院议长职务,国民党方面也动起了脑筋。为了给吴景濂拉票,国民党给了意志不坚定的议员胡祖舜3000元的津贴,给骆继汉2000元津贴。但这点小钱无疑是杯水车薪,与袁系党人为拉选票而“问票不问价”的放手招揽相比,只能是“小巫见大巫”。袁世凯是金钱开路,威逼利诱一起上。国民党中鱼龙混杂,拿到票子的国民党议员立即见利忘义,在选票上画上“汤化龙”三字。因此,袁系活生生夺去了国民党手中的20多张选票。再就是国民党议员陈家鼎出尔反尔,不受党的约束,擅自出面竞选议长,致使选票分散。

失去了众议院议长,国民党在参议院是势在必得。参议院议员由各省议会推定,林森就是通过这种方式当选的,类似这种情况的还有不少。因此,国民党议员占了多数,袁世凯及其党人对此亦无可奈何。国民党推选张继为议长,王正廷为副议长,林森为全院委员会委员长。三人均为同盟会的中坚分子。选举结果,三人全部顺利当选。共和、民主两党的议长候选人丁世峄仅得 71 票。参议院秘书长也由同盟会员平刚担任。

根据国会组织法,所有法律、财政、任免国务员等案,都必须由两院一致通过。袁世凯对于参议院的三个主要职位全部被国民党掌握,视为是对自己的莫大威胁,所以,他不甘心参议院被国民党所把持。

议会开会后的数日,袁世凯就给参众两院来了一个下马威,竟然不通过两院,悍然决定在善后大借款的协议上签上大总统的名字,取得了英、法、德、日、俄五国银行财团的财政支持。事后,众议院提出质询,要求袁世凯到议会说明情况。袁世凯明知理亏,但他本人赖着不露面,也不派签字的国务员与会,而是派陆军总长段祺瑞到众议院来敷衍应付。当段祺瑞到众议院时,议员们把对袁世凯的火都发到段祺瑞的身上,大骂袁世凯欺凌国会,破坏约法。有的议员将墨水盒砸到段祺瑞的头上。但军界强人段祺瑞这次是"打不还手,骂不还口",死猪不怕开水烫,就是不吱声。袁党议员也知道袁世凯这样做太过分了,就出来打圆场,建议两院对此案加以追认。

国民党本部立即召集两院本党议员开会讨论此事。有的人认为袁世凯借用外力,压制民主,必然蛮干到底,议会要立即行使否决权,或进行弹劾。有的人主张除武力倒袁外,别无他途。有的人则说,袁世凯的势力太大,光凭几个议员与他作对,无疑是以卵击石。对此,国民党内部争得一团糟。参议院三巨头张继、王正廷、林森只是愤怒而已。林森发言说,此次让步,袁氏必无止境,但目前尚没有对付袁世凯的良策。讨论来讨论去,最后,慑于袁世凯的武力,国民党被迫作出妥协,同意加以追认,并对此不作任何规定。也就是说,除了再象征性地开一个会追认一下借款案外,其他就只好听之任之了。

结果,参议院进行了自由投票。议长张继、副议长王正廷、全院委员长林森均参加了投票,以勉强过半数通过以上决定。林森所能做的全部,只是一张反对票而已。参众两院在袁世凯的淫威下不得不屈服,袁世凯再次大获全胜。

袁世凯的野心还在一步步地暴露。继在北京诱杀武昌起义功臣张振武、方维后,袁系又在全国各地捕杀革命党人,仅湖北一省被杀的武昌起义人员就有 2000 多。一些国民党议员因不满袁世凯的专制独裁,纷纷离开参议院,对袁世凯进行抵制。此时在南方,孙中山、黄兴等人领导的"二次革命"爆发,不少议员纷纷南下参加了讨袁之役。

按理说,国民党的总理及其他领袖发起了讨袁战争,国民党议员应根据党的部署统一行动,即抵制国会,弃职离京,起码也要采取不合作的态度。但国民党内始终无法得到统一。在"二次革命"爆发前,国民党内对此就已是争论不休,孙中山主张武力讨袁,而黄兴、陈其美等人则主张用"纯法律解决",依靠国会、司法制度来解决问题。"二次革命"失败后,孙中山和黄兴均逃亡日本。在京的两院部分国民党议员,在林森的宣内英子胡同住宅召开秘密会议。会上,一些国民党人坚决主张南下,然后加入讨袁阵营,并指责逗留北京就是"苟且偷安"。会上争得没完没了。后决定派遣与南方有军事政治联系的议员南下,川资到六国饭店领取,每人 300 元。留京同人则在国会内外同时开展反袁活动,与南方遥相呼应。但部分议员持反对意见,还幻想用"法律手段"行事。北京的国民党负责人吴景濂则举棋不定。

会后,一小部分议员奉命南下,大部分议员则委曲求全地留在了北京,坚守在"议会道路"这块阵地上,他们仍想通过"法律手段"来约束、制裁袁世凯。这部分留京议员,又称为"法律派"。林森虽然也主张反袁,但对用什么方式进行,尚不明了,因此,他也就成为留京的参议院"法律派"的一名成员。但他清楚地知道,覆巢之下安有完卵,老袁这个人今后必然不能相处。

《天坛宪法草案》

国会既然成立,一项重要工作,就是起草宪法。而由谁来起草? 谁来议决? 这又成为一个争论的焦点。

当年《中华民国临时约法》的起草,是先由总统府法制局负责,后临时参议院认为这样不妥,在征得孙中山的同意后,全部由林森为首的临时参议院主持进行,即参议院起草,三读通过。再以临时大总统孙中山名义颁布。这一次,起草存在三种不同意见。

第一,民主党的汤化龙、梁启超主张,由政府组织起草机关,再由各都督、各政党、参议院、总统府分派代表参加。草案再交国会议决通过。

第二,由总统公布宪法草案,交全国公决以免纷争。这实际上就是由总统负全责，类似于"钦定宪法"。力主者多为袁系死党。

第三，国民党主张，起草、议决、公布均由国会担任，其依据是据《临时约法》所决定，不必更改。而且王宠惠已经完成了《中华民国宪法草案》初稿。

此三说在参议院讨论时，林森等人极力主张采用第三种，即全部由国会负其责。其理由是，参议院已有了一个宪法蓝本，而且南京临时政府在制定《临时约法》时，已经有了一个先例，并在《临时约法》第二十条中规定，"民国宪法案之起草，由两院各于议员内选出同数之委员行之"。

由于理由充分，各方均同意由两院选出之委员起草。1913 年 6 月，由参议院议决，两院各选出 30 名议员，经众议院同意后，再于 6 月 25 日、27 日在两院分别进行互选。结果，国民党占多数，拥有 31 席，进步党得 19 席，其余 10 席为政友会、新共和党、超然社所得。又于 7 月初选出国民党议员汤漪任宪法起草委员会委员长，并设委员会于北京天坛祈年殿。

委员会成立不久，南方即爆发了讨伐袁世凯的"二次革命"。不少议员纷纷南下助战。因此，宪法的起草也受到一定的影响。

就在宪法起草的过程中，袁系势力又进行了干扰，鼓吹"总统有任免国务员之权"，"国会对总统牵制太多"，"总统有解散国会之权"等等。袁世凯又"推荐"了几名御用法学专家进入宪草会，试图向委员施加影响。

但毕竟宪草会的国民党议员占了多数，再加上参议院林森等众多议员的支持，宪法起草还算顺利，基本上是按照国民党的意图，即在限制总统的权力，加强国会对总统和政府的制约权等内容上不作让步。

宪草会提交的宪法讨论提纲的主要精神是，采取两院制和责任内阁制；国务员之任命须经众议院同意；大总统之命令文书，非经国务员副署不产生效力；国会对大总统谋叛行为，有弹劾审判之权等等。这些条文，明显是针对袁世凯的，对自封为具有无限权威、予智自雄的袁大总统的地位和尊严不仅不相称，而且完全相悖。

袁世凯对于这样一个草案，当然是无法接受的。但要想一脚踢开国会，也过于明目张胆，起码目前还不行。踢开国会，就是取消国会，但如果此时国会一取消，袁世凯还没当上正式的大总统，头上的"临时"的帽子还要靠国会来摘掉。基于这一点，国会对袁世凯还是有用处的。袁世凯左思右想，踢开国会为时尚早，倒不如先选总统，再制定宪法，到时宪法条文就由不得国会了。

于是，袁世凯授意十九省都督发表通电向国会施压，要求"速选总统"。

9 月 5 日，袁世凯又策动众议院开会，以 213 票对 126 票，通过了先选举总统,后制定宪法的议案。包括林森等人在内的参议院议员不知是计,也照样通过不误。此时,两院的国民党议员尚未认识到袁世凯的用心。

选举前,袁世凯为了装饰门面,提议成立了以进步党理事熊希龄为首的责任内阁,并邀请了一批名流入阁,其中有梁启超、汪大燮、张謇等人,史称"名流内阁"。这样的内阁,两院也是一次通过。

老袁下流　议员受辱

新国会成立后,袁世凯的下一个目标,就是利用国会来去掉临时大总统"临时"的帽子。在袁世凯的挟持下,9月,国会参众两院顺利通过了《大总统选举法》。袁世凯在完成了他的准备工作后,就准备开始他的"摘帽"行动。

即使如此,袁世凯还有两个顾虑,其一,是怕第一轮投票通不过。因大总统选举法规定,须"选举人数以三分之二以上之列席,得票满投票人四分之三者为当选"。袁世凯就是担心达不到这个"四分之三"。因为国民党籍议员至少有三百五十六十人,一旦他们不买账,自己就下不了台了。

其二,如果第二次选举再通不过,就会造成延期举行。到时国民党议员集体抵制,会就开不起来,正式总统不知到哪年哪月才能当上呢?

想来想去,袁世凯一不做二不休,想出了一个极其卑劣的办法。

北京第一届国会成立时的合影

　　10 月 6 日,是袁世凯定下的选举日。选举会场设在北京宣武门附近的众议院。一清早,林森等诸多参众两院的议员来到了议会大厅,准备履行"神圣"职责。就在这时,忽然有数千名身着军靴、佩带短枪的地痞、流氓,打着"公民团"的旗号冲进了这幢西式建筑,在神圣的议会大厅里,将议员们团团围住,会场外也被围得水泄不通。一些人狂呼:今天如果不选出我们中意的大总统,谁也不许出会场一步。接着,又来了许多"维持秩序"的军警,个个荷枪实弹,并对议员们说,任何人不经许可,不许迈出大门一步。

　　这一来,议员们激愤者有之,窃喜者有之。此时,林森等国民党参议员也被困在会场中,只得忍气吞声,静看事态如何发展。

　　投票开始了。第一轮下来,由于大部国民党议员不愿投袁世凯的票,袁世凯的票刚过半数,距四分之三差之甚远。议长汤化龙宣布休会。议员们空着肚子,没饭吃,没水喝,想上街,"公民团"又堵在门口出去不得。有的议员吸惯了大烟,来开这会没有准备,烟瘾上来了,弄得哈欠连天,涕泪满面。想出去找烟,而"公民"们决不通融,谁都不准跨出大门。不少袁系党人用送进来的蛋炒饭填了肚子,而国民党议员则惨了,一天下来粒米未沾,滴水未进。

　　第二轮投票结束后,袁世凯只比第一轮多了几票,还是不及格。这时,已近黄昏。议长汤化龙再次强行宣布:"以第二轮选举的前两名进行决选,得票过投票人半数者当选。请各位议员在得票前两位的袁大总统和黎元洪之间进行投票,投其他任何人均作废票处理。"明目张胆地向议员们发出了"最后通牒"。

　　国民党议员为了不投袁世凯的票,只得秘密串联起来,极不情愿地转投黎元洪。但有的人经受不住如此折磨,为了早点解脱,就改投了老袁的票。第三次投票结果,袁世凯以 507 票当选为中华民国第一任正式大总统(出席会议的两院议员共 703 人)。汤化龙议长立即不失时机地宣布:袁世凯当选中华民国第一任大总统,请大家鼓掌。但此时,国民党议员中,有的不愿鼓掌,其他议员,饿者、发烟瘾者,已是极度虚弱疲劳,根本就无力鼓掌了。倒是会场门口的"公民团"成员拍了几下巴掌,呼了几声"袁大总统万岁"。这时已是晚上 10 点整。从早上 8 点,到选举结束,议员们被困了整整 14 个小时。

　　一场闹剧终告结束。林森及国民党的议员们,亲历了这场亘古未闻的选举丑闻,在这场选举闹剧中,度过了极为屈辱的一天。

　　10 月 7 日,林森和诸议员又被"陪绑"了一次,"选举"黎元洪为副总统。

袁氏"拆桥"　林森不辞而别

袁世凯终于盼来了"当选"的消息。但"临时"的帽子摘掉了,袁世凯并没有多高兴,他心里对国民党议员恨得直咬牙,他发誓要对国民党、对国会实施报复。他对左右下属说,人已过了河,要桥还有何用? 以袁世凯的所作所为,来诠释中国的一句谚语"过河拆桥",恐怕是再恰当不过的了。

袁世凯把大总统登基日选在了四天后的 10 月 10 日,也就是武昌起义两周年的纪念日。因为再往后拖,也没有什么好日子了,天气也要冷了。总之,袁世凯希望越早越好。

总统宣誓就职大典的地点,既不设在总统府的新华宫,也不设在众议院或中南海居仁堂,袁世凯精心选择的地点是故宫太和殿。其用心明眼人一看便知。

上午,袁世凯身着海陆军大元帅礼服,来到了太和殿。袁世凯站立于太和殿正中皇帝的"御座"前。这正是当年清帝登基的地方。按照惯例,总统就职,应向全体国民、议长、议员宣誓,议长、议员所处的位置,应在北座南向的居中处,相当于主席台。总统则应北向面对主席台宣誓。①而袁世凯根本就没把议员当作一回事,一开始,他将议员们安排到朝房里。这样,议员们既听不见他宣誓的誓词,连人都看不到。一时间,议员们都不知所措。后经两院竭力"争取",才临时将议员们安排到袁世凯高高在上、面对的正南面的下方,给人的感觉好像是议员在恭听袁世凯的谕旨。

袁世凯宣读誓词曰:余誓以至诚执行大总统之职务。谨誓。

同一天,黎元洪在武昌湖北都督府就任副总统。

大总统到手,大功告成,袁世凯认为,国会不但失去它存在的价值,而且是他建立封建独裁统治的绊脚石。于是,就开始向国会频频举刀。

其实,袁世凯在当上总统前,就已经对国民党议员进行了镇压,只不过不是那么明目张胆罢了。5 月,参议员谢持被军法处逮捕。7 月,袁世凯下令军警逮捕议员汤漪、易宗夔、张琴等人。令人啼笑皆非的是,汤漪是宪法起草委

---

① 当年孙中山在南京总统府宣誓就职,一边是各省代表会代表,即后来的议员;一边是来宾和官员。

员会的委员长,因汤漪的被捕,致使宪法起草工作停顿数日。这件事,在北京传为笑谈。8月27日,参议员又有多名被捕。

袁世凯如此视议员如同儿戏,照此捕下去,参议院今后就无法继续开会。于是,在林森的倡议下,参议院召开会议专门讨论此事。

参议院首先向会议报告了近日议员被捕之事。全院委员长林森随后发言说:"事态的确很严重,但我们在此开会恐怕无济于事。我建议,应由议长直接电陈政府,要求段总长即日出席本院大会。军警是归段总长管辖的,由他在会上向议员们说清楚。否则,一切都是徒劳的。"

众人均表示言之有理。陆宗舆又补充说:"只有段总长出席,恐怕还不得详情,最好请熊总理也来,方为妥当。"

议长即令秘书打电话给国务院和陆军部,要求二位长官前来参议院。一会儿工夫,熊希龄复电说有事,午前不能来。段祺瑞根本就不予答复。议员们面面相觑,不知如何是好。议员陈铭鉴又说:"二人不来,可由两院院长直接去见总统质问。"大家均表示赞成。会议就此散去,再无下文。

几日后的8月28日,参众两院议长去见了袁世凯。袁世凯竟答根本不知情况。请他保释议员,袁世凯也不答应。在场的总理熊希龄也称"不知情"。而就在两院为军法处逮捕议员之事而奔波之时,又有议员褚辅成等被捕。事后经了解,是这些议员坚决反对袁世凯的借款,并提出了弹劾案,故统统上了袁世凯的黑名单。

9月3日,参议院袁系党人以议长张继逾假未归,要求解除张继议长职务。全院委员长林森等国民党议员辩解无效,遂力主提名副议长王正廷为参议院议长,而袁党则不同意,非要推王家襄出任。结果在补选投票前,国民党议员十多人被袁党用金钱收买,最后王家襄以多数票当选议长。议长既失,从此,国民党失去了左右参议院的地位,袁世凯则更可玩弄国会于股掌之间了。

袁世凯的正式总统到手后,再施卑劣手段对国会议员下手。

1913年10月25日,袁世凯按捺不住对国会的不满,公开通电全国,说"在宪法起草委员会中,该党(指国民党)议员居其多数,阅其所议宪法草案,妨害国家者甚多","势必亡国灭种不止"。袁世凯手下的大将倪嗣冲也公开叫嚷,要求解散国民党,说国民党这"害群之马不除,天下安有永平之日"。张勋、姜桂题等军阀也大叫"国会专制",要"解散乱党"。

11月3日,袁世凯胁迫总理熊希龄副署,下达了解散国民党、取消国民党议员资格的命令,宣称"此次内乱(指二次革命),该国民党本部与国会议员潜向构煽,乱国残民"。限三日内"一体解散"。

同一天,北京军警数十人突然包围并搜查了位于北京彰仪门的国民党本部。时国民党代理事长吴景濂正在办公室,军警当着他的面,在党本部整整闹腾了一天,吴景濂也被看管不得随意行动。这一天,军警在办公室中细细翻查,将所有的议员证书、徽章全部收缴带走。而军警根据在党本部搜出的国民党议员名册,对北京全城的国民党议员进行大搜捕,被追缴当选证书、出席徽章的议员达350多人。第二天,继续进行追缴达80多人。几天下来,议员被没收证书、徽章达共计438人,已超过两院议员总人数的一半。军警在搜查中,为何很少抓人而专门盯住议员的证书和徽章进行追缴呢? 原来,袁世凯此举目的,就是想让议会的会议开不起来,而出席会议者,必须要持证书和徽章才能进出会场。失去了证书,议员就被剥夺了权利。不能出席会议,人数就达不到法定的一半数量,开会就无效。就这样,两院名存实亡,处于完全瘫痪的状态。

当时林森住在北京未央胡同寓所。当军警大搜查时,林森赶紧迁到了东城区青年会暂避。但这几个地方都被军警根据名册上的地址监视了起来,林森成为重点监视对象。林森每天坐着马车,在军警的"陪同"下,照例到彰仪门党的本部清理文件,办理善后,晚上再回到寓所。如此往返数日。

11月中旬的一天,接近中午时分,林森趁军警"陪同"的疏忽,悄然雇车溜到了西直门火车站,登上一列火车到了丰台。稍事停留后,又改乘津浦路快车南下。当袁世凯在北京全城大捕国民党议员时,林森已经安然地坐在南下的列车上,即将进入上海车站了。

袁世凯将国会一脚踢开后,国民党籍的议员纷纷为暴力所劫持。除一部分在京以乱党名义被捕杀外,大多数国民党议员仓皇逃离北京。而进步党以为国民党被驱,自己可以一统两院的天下了。但老袁同样不让国会有所作为。众议院议长汤化龙当上了教育总长,参议院议长王家襄做了中原公司董事长。其他紧跟袁世凯的,如进步党的不少议员,个个都捞了个差事,当上了国务参议、公府咨议、次长、司长、道尹、关监督,差的也弄个省都督的幕僚食客。不久,从中央到地方,一切立法、民意、监督机构统统被取消。作为中华民国成立后产生才两年多的立法机构,从此不复存在。而国会中以进步党为支柱的熊希龄、梁启超内阁,因国会解散,内阁对于袁世凯来说,也失去了存在的价值,也已是摇摇欲坠,不推即倒。到1914年初,熊希龄的"名流内阁"终于倒台。当时流传有一副对联曰:"名流内阁,名誉扫地;大政方针,大事糊涂。"

返乡助学　东京"入党"

　　林森到上海后,乘便回了福建老家一趟。林森出生在凤港乡,后随父亲迁居福州,但他的乡土观念很重,对老家的情感一直难以割舍。回到老家后,林森即与凤港家乡父老们商议创办一所小学之事。乡里经济落后,拿不出多少钱。林森就决定自己捐廉助学,把乡里一所庙宇改建成一所学校,称为凤港小学。在乡期间,他还亲自制订了教学计划。

　　林森这次回乡,还带回几件东西。第一件东西,是一座大时钟。林森将它安放在乡口渡头圣王亭横楣上,供过往行人掌握时间。此亭是过往行人必经之处,常常有人在这里休憩待渡。钟上刻有"敬受人时"四个字,下刻"中华民国二年秋里人林森刻"。第二件东西,是由黄兴书写的"国民始基"的大横幅一帧,林森将其镶在了镜框中,挂在学校的厅堂中,同时,还配了历史照片若干张,供学生们参观,以接受共和思想的教育。此外,林森还购买了雪布数十丈,规定凡入学儿童,必须剪去辫子,然后,每人才发给一段布料,五枚角扣,回去自制学生装,入学必须穿新衣。福建一带因天气原因,很多小孩都不穿鞋,林森为减轻学生负担,同意学生可以不穿鞋来学校上课。学校还规定,学生的学杂费全免,另外赠送课本。因此,报名入学的儿童很多。学校开学后,整个学校的开支较大,林森与校方商议后,自己再次捐出了一部分,其他均由学校负担。

　　凤港小学一直到林森任福建省长时还在办。后来,学生入学日渐增多,校舍不敷使用。林森以省长身份,在乡间选择了一块空地,再次捐廉购地,并把省长公署内废弃的旧屋木料拆下,运到凤港学校,由乡里出工,又扩建了校舍。以后,林森一直对这所学校备加关心,他在广州任职期间,每逢黄花岗七十二烈士殉难纪念日,他都要给学校寄些书报画刊。

　　林森奉派赴美国后,小学一度停办。1917年林森回国后,与族亲林叔向商谈复兴学校之事,又新建了校舍。学校复办后,本乡学生纷纷前来报名,就连邻乡的学童也来这里上学。林森于1933年回乡时,又与族亲林元铨一道,与乡人共同集资建校,兴建了一座大校舍。林森常对乡人说:"吾无财产,凤港小学即为吾与你们的共同财产,望你们共同爱护。"又说:"俗话说,千家富难济一家贫,乡贫吾不能济,唯有设立学校,教育子弟,使能自立,方为救贫之上策,故学校即吾乡之至宝也。"林森到重庆后,还常寄些钱给学校,同时写信勉励乡人继续筹款维持,不使学童辍学。林森每次回乡,必到该校视察。

林森在乡数月后,又回到上海。稍事停留即乘轮前往日本。第一站是东京。

当"二次革命"失败后,孙中山等人于 1913 年 8 月亡命日本,在东京与胡汉民、廖仲恺等人会合,认真地检讨了讨袁失败的原因。大家都认为,是因为国民党内人员混杂,内部争斗激烈,意见分歧太大,对于党的号令置若罔闻,才导致了议会道路和武装起义的一再失败。为了纯洁国民党的组织,更好地推动国内各地的反袁斗争,1913 年 9 月,孙中山决定在原国民党的基础上,重新组织一个政党,孙中山将其定名为"中华革命党"。

中华革命党在日本成立后,由孙中山亲自撰写了誓约书的内容,还作出决定,凡国民党员,无论在党的资格多老,必须重新填写入党誓约书,再加盖手印指模,以示甘愿服从孙中山实行的革命,对党忠诚不二。当天,即有曾任海军舰长的浙江永嘉人王统,第一个加入了中华革命党。以后又先后有戴季陶、陈其美、邓铿、柏文蔚等入党。均由孙中山亲任介绍人,并为主盟人。当时,国内的国民党人逃往日本的人不在少数,不少人都相继填写了誓约,加盖了手印。有的人对填写誓约书没有异议,但对加盖手印的方式持有不同看法,认为这样做似乎太过分,有当年的会党遗风,封建残余,太落后了,因而采取了观望的态度。但孙中山吃够了党内纷争的苦头,坚持非得这么做,不愿做任何让步。这一做法,也曾引起过党内的一些争论。

1913 年 12 月,林森因先期取得了护照,所以顺利到了东京。一位先到日本的江西籍议员十分高兴地对他说:"子超先生,我们都很欢迎你的到来,中山先生也一定会很高兴的。你如果去谒见了中山先生,第一件事,他就是要你填写誓约,加盖手印,履行重新入党的手续。对于这件事,你要有个思想准备,好好考虑一下。"之后,林森立刻来到东京曲町区灵南坂头山满别墅,谒见了孙中山。果然,两人一见面,孙中山就向林森说明了改造党的意图以及为什么要服从党的领袖的道理。林森态度诚恳而坚决,立即表示完全同意中山先生的主张,毫不犹豫地填写了誓约书,并当场盖上了自己的红色指模印。林森填写的誓约书编号为"二三一"号,也就是说,林森是第 231 个加入中华革命党的国民党党员。孙中山对林森的行动深表赞许。在林森之后加入中华革命党的还有冯自由(党证二四二号)、居正(党证二五五号)、胡汉民(党证四五〇号)、廖仲恺(党证四五一号)、谢持(党证七〇九号)、吴铁城(党证七一一号)、许崇智(党证七四一号)等著名的国民党人士。

几天后,孙中山就作出决策,派林森去美洲主持党务工作、邓泽如赴南洋主持党务工作。为了与林森在美国联系方便起见,孙中山特地将第六号密电码本交给林森,嘱其到美后一定互通消息。孙中山还亲书信函一封,介绍在美国各埠的同志,让林森持信先去见面,以便配合开展工作。

第 6 章　海外三年岁月

1914 年 1 月,林森受孙中山委派前往美国。此次赴美的主要任务,就是主持美洲的国民党党务,为国内的反袁斗争筹集款项。

林森到达美国后,冯自由立即请林森担任了副支部长。林森接任后不久,国民党美洲总支部接到了来自孙中山签发的命令,要求取消国民党名义,今后一律改称中华革命党等。鉴于美洲的具体情况,林森立即上书孙中山,要求仍沿用国民党名义。孙中山接到林森的报告后,即特许美洲总支部保留国民党名义。美洲总支部遂将筹饷局的对外称呼改称为"民国维持会",林森任会长。

因林森领导的美洲总支部整理党务有长足进步,团结侨胞效果显著,筹饷数量在海外的南美支部、夏威夷支部、澳洲支部、英荷支部、加拿大支部中始终处于第一位。孙中山为表彰林森的功绩,特授予美洲支部以"领袖支部"称号。

1914 年,林森(右)奉孙中山之命在檀香山开展活动时的留影

檀香山之行

1914 年 1 月,林森受孙中山委派前往美国。孙中山对林森十分信赖,也寄予了很大的希望。

林森此次赴美国的主要任务,就是主持美洲的国民党党务,而孙中山交代,党务工作最重要的,就是为国内的反袁斗争筹集款项。在海外为国内战事筹款,这是孙中山在辛亥革命前的老办法了。

林森赴美国,檀香山是必经之路。林森很早就向往檀香山,遂决定在途中到檀香山作一短暂停留,一来可以洗去征尘,饱览夏威夷风光,二来可以结识一些同志。

檀香山是夏威夷群岛中的一个小岛,景色宜人,风光旖旎。同时,它也是中国民主革命的发祥地之一,当年孙中山先生就曾在这里创办了兴中会。林森登岛后,举目无一熟人,只好先住进了一家当地人开的小旅店。因林森所持的是中国政府的官员护照,必须经檀香山的中国领事馆登记签证后,才能继续生效。因当时参加"二次革命"的许多国民党骨干分子逃亡海外,国民党籍议员也纷纷出走,同时,北京政府当局也在进行搜捕,所以林森南下时的行踪比较秘密,中国政府当局并不知道林森等议员的去向,所以在领事馆并没有备案。

为了顺利获取签证,林森从箱中取出几年前任南京临时参议院议长时曾穿过的燕尾服,戴着高顶大礼帽,足蹬锃亮的皮鞋,派头十足地来到了中国领事馆。林森递上名片,领事一看,上面赫然写着:中华民国大总统府高等顾问。方知来人就是大名鼎鼎的参议院议长林森。于是,很快就给办妥了一切过境手续。

手续办妥后,林森才去与诸同志见面。首先去拜访的,是当地一家华文报纸《自由新报》的记者吴荣新,吴荣新是经人介绍要去见的一名革命党人。双方从未有过交往,两人见面后,林森即呈上名片,吴荣新一看,先是露出惊异的表情,继而又是一脸的冷漠。林森立即察觉出吴荣新是看了上面的“大总统顾问”头衔,怀疑自己与总统袁世凯有什么瓜葛。于是,连忙解释道:“吴同志请不要误会,这个头衔,是专为出国时办手续用的,别无其他用场。我已在东京加入了中华革命党,是孙总理为我办的手续,党证是二三一号。”经这一番说明,吴荣新才明白过来。吴荣新和檀香山的国民党人,也是在几天前才完成了由国民党转入中华革命党的宣誓、入党手续,因此对从大陆或其他地方来的人都保持着高度警惕,因为檀香山方面还没有接到东京总部的指示,所以对党务方面的问题始终不与林森深谈,只是一般性地将林森带到檀岛党部及各处参观游览。直到几个星期后,吴荣新才接到东京孙中山的一封信,得知来人林森已被委派为中华革命党美洲党务的负责人,这才放下心来。

吴荣新立即要岛上的全体同志与林森见面,并热情招待,促膝谈心,大家相聚甚欢。聚会之后,诸人将林森接至华人办的一所学校居住,用膳则在广昌隆杂货店搭伙,并由华人教员杨耀琨专门负责照料。林森的生活和居住条件这才有所改善。一段时间后,冯自由也来到檀香山,二人遍游夏威夷列岛,很是惬意。

在檀香山,林森还遇上了这样一件有趣的事。

一日,林森在岛上邂逅了一个看相的术士。二人闲聊后,越谈越投机。术士表示要为林森看看相,林森欣然同意。术士端详了林森一番后,十分惊讶地说道:“先生的面相的确不同凡响,你日后必有大福大贵,看来是能坐到一国之元首的高位了。”林森则一笑了之,并没有当回事。几天后,林森将此事告诉了吴荣新。吴荣新一听大惊,遂又仔细地看了林森的面相,一会工夫才说:“子超兄的面相的确不一般,只是鼻子稍稍有点歪,只能做个副手。”林森开玩笑说:"我对看相也略通一二,在我们大陆,南相与北相不同,南方人的鼻子正不正,与相是无关的。"说完再次哈哈大笑起来。若干年后,此事还真是应验了,林森真是做了多年的"太平主席",只不过连个副手也不是罢了。

林森在檀岛逗留时间不长,不仅游遍了夏威夷全岛,还结识了当地的同志和朋友。之后,林森告别同仁,转赴美国。

上书孙中山保留国民党名义

大约是在 2 月初,林森乘轮船抵达美国旧金山。

美洲的国民党总支部,设在旧金山大埠。根据总支部的章程规定,每年的冬季,由各埠分部的党员,直接投票选举下一年的正副支部长以及各科的干事。1914 年 2 月时,美洲总支部的正副支部长是谢英伯和黄芸生。因二人到哥伦比亚大学读书,分别辞去了这一职务,众人遂推举冯自由为正支部长,同时主持工作。冯自由刚上任不久,适逢林森到达美国,冯自由根据孙中山的意图,立即请林森担任了副支部长。林森没有推辞,慨然应允。

就在林森接任后不久,旧金山国民党美洲总支部接到了来自东京的命令,是由孙中山亲自签发的。内容主要有三条:一、立即通令各埠党部,取消国民党名义,今后一律改称中华革命党;二、海外所有国民党党员,均须重新填写中华革命党誓约,并加盖指模;三、海外各党部,应立即设立筹饷局,筹集经费以应起兵讨袁之急需。

冯自由和林森接到命令后,立即召集核心人员进行紧急会商。大家都认为,对于后两条,马上就可以实行。但第一条"取消国民党名义",似有不妥。各地环境不同,内地用中华革命党名义,有利于发动号召;而海外则不同。如在美洲用中华革命党名义,必遭当局查禁,连组织都没有了,谈何去筹饷?

早在辛亥年间,同盟会就在美洲大陆成立了一个名为"洪门筹饷局"的机构,地址设在旧金山。后为了工作方便,更名为"国民救济局"。国民党人以此名称进行筹饷,一直进展顺利,收效良好。鉴于这个原因,林森马上上书在东京的孙中山陈述说,目前党的最大任务,就是讨伐袁世凯;而讨袁最重要的工作,就是筹集经费,如此方能起兵。为了顺利开展工作,美洲地区仍以沿用国民党名义为好。一来可以避免当局借口干涉,在当地政府办理登记也方便。再说,美洲地区人民对国民党的"国民救济局"称呼已经习惯,而且用慈善名义进行筹饷比较方便,再改名对筹饷会造成不利影响。基于这些理由,林森以国民党美洲总支部的名义,向孙中山建议,在美洲继续保留并沿用国民党这一名称。

孙中山接到林森的报告后,立即作出答复,特许美洲总支部保留国民党名义。

1914 年 7 月 8 日,中华革命党美洲总支部在旧金山正式成立,但对外仍用国民党名称。在《成立宣言》中特别指出,"凡在外国侨居者,仍可用国民党名义,内容组织则更张之"。这个条文,也是经孙中山先生特别批准的。

中华革命党美洲总支部成立之后,冯自由、林森与孙科委托国民党的法律顾问那文律师,请他代表国民党向当地政府登记为法人团体,以便开展募款工作。在那文的协助下,在美国注册的国民党英文名称为 Chinese Nationalist League 。但这一名称,仅限美洲各埠的党部使用。

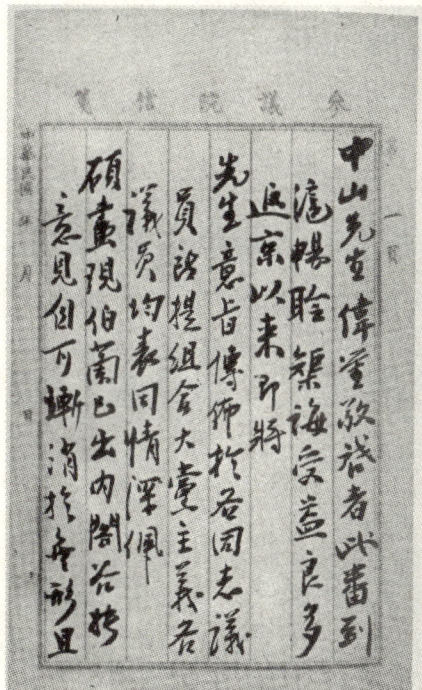

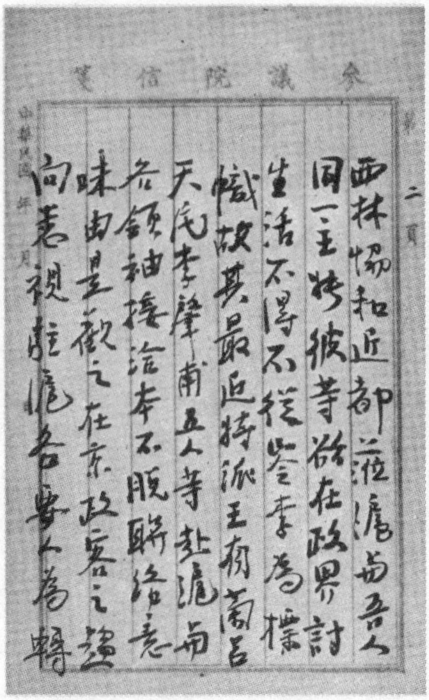

林森传

西林幗和近都㳂滬尚吾人
同一主旨彼寺俗在政界討
生活不得不稍覽李為標
幟故其最近將派王雨高去
天民李肇甫五人寺赴滬為
各領袖接洽李不贻聯絡意
味由是歡之在京政客之鍵
尚吾視荘滬各要人為輯

移耳兹庙政還參議員姻迫
各政團史湯覺大黨早巳成立
庶有競爭之實力此近庙筆
甫雁早加入吾黨要隨黃波
為進止回京時曾進府面商
內閣近情後次雖未涉及造覺
方略而巳表積同民黨真意共
護共和為巳任之心去滬子言外

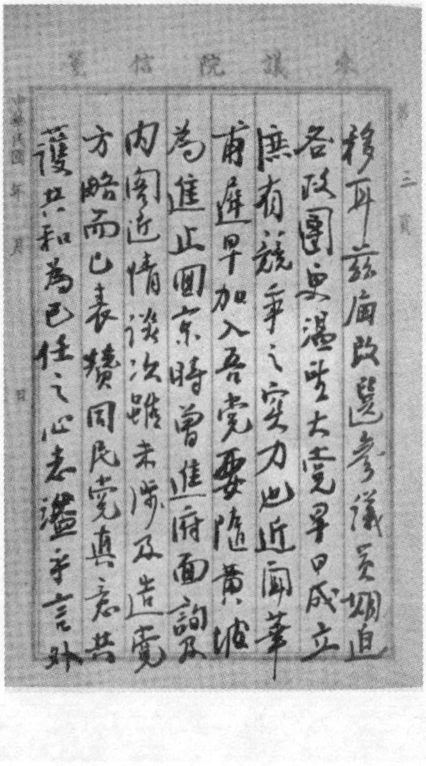

參議院信箋

第四頁

不久將派人往南京尚年甫
高雄一扣可望同一進行對抗
國家社會兩有裨益也最近
內閣變更有上政象姑列以供
參考
第一次　維政辭職
以伍代理總理
第二次　...
以兼謀長代理陸軍總長

中華民國　年　月　日

參議院信箋

第五頁

第二次提出孫東海為總理
國會通過後辭辭不受職
第三次提名伍秩庸通過後
即組俐新內閣
以上三種為新近之說究係若
辭職折疊版排面子救濟而不守
以決定哦此種內閣只是蝦龍
合混之怪相耳

中華民國　年　月　日

1914年12月，林森致孙中山的信

积极募饷　聚沙成塔

孙中山早年就曾以美洲为重点进行筹集军饷的工作,这次,对林森到美国从事这一工作寄予了莫大的希望。孙中山曾对林森说过,吾党此次最大目标,莫过于筹饷。

在林森到达美国前,就曾由美洲总支部长冯自由主持成立了一个组织,名叫"讨袁筹饷局"。林森到达美国后,孙中山自东京再次发出命令,要求"海外各党部立即设立筹饷局,以为起兵讨袁世凯之急需之用"。为方便工作起见,美洲总支部立即将筹饷局的对外称呼改称为"民国维持会"。冯自由提名由林森任会长,大家一致表示赞成。

维持会的组成人员为:

会　　长:林　森

副 会 长:温文炳

监　　督:冯自由

文牍书记:陈达三

英文书记:孙　科

司　　库:郑藻森

核　　数:梁树南

法律顾问:那　文(律师)

评议部长:汤汉弼

另设评议员 15 人。

"民国维持会"成立不久,黄兴、邓家彦、李书城等人先后来到美国旧金山。林森以美洲总支部名义组织了很大的一个活动,以欢迎三人的到来。另外还联络了美洲致公堂、黄江夏堂、黄云山公所等华人团体,举行了隆重的欢迎大会,场面甚是热烈。林森和"民国维持会"以及各党部,利用这一难得的机会,做了两件大事。首先,是在活动中吸收侨民报名加入中华革命党,包括原国民党成员履行手续重新入党,以扩大组织;再就是发动各侨埠大举筹饷,规定每一党员,每年至少捐助总收入中一个月的收入给"民国维持会"。该捐款活动,一直坚持到袁世凯政权垮台为止。

经决议后，"民国维持会"推举了谢英伯、邓家彦、冯自由、高铁德等人，分头出发各地，向全美各地侨胞募集讨袁军饷。党内同志积极响应，其他侨胞也纷纷慷慨解囊。林森自己则与部分成员不辞辛劳前往古巴哈瓦那及南美各岛。凡有华人居住的地方，都留下了他们的足迹。

南美的古巴，在林森此次到访之前，还从没有国民党的领导人来过，国民党的力量很弱，侨民与国民党往来也不多，对国民党没有什么认识，更谈不上为讨伐袁世凯捐款了。林森一到，立即走访当地侨民及党员，进行宣传演说。当时，古巴正在实行苛待华人的律例，林森到达古巴后，从华人处了解了这一情况，立即找到地方政府进行交涉，要求取消这一不平等的政策；同时，在华人中进行宣传，鼓励他们主动争取取消这一律例。后来，当局对律例进行了修改。

这件事收效很好，林森本人以及国民党在古巴华人中的威信大大提高。至此，林森才开始动员募捐。每到一处，大家对国民党来了这么一个高官，都兴奋异常，欢迎的场面热烈感人。结果，捐款工作进展顺利，林森在古巴共三个月，筹款成绩斐然。

因南美洲各埠尚有不少地方没有设立国民党分支部，故林森等人每到一地，就发动零散同志组织起来，建立通讯处，以便于党务工作的推行。此行之后，国民党在南美的组织力量加强了，党与侨胞的联系也大为增多。

由于林森主持的"民国维持会"工作卓有成效，由点点滴滴汇聚而成的军饷，源源不断地汇往日本东京，总数达日金一百二十万元。1916 年林森从美国回日本时，又向孙中山亲呈了日金十八万元。美洲总支部的筹饷数额在海外各地的总支部中居第一位。

1914 年冬，中华革命党美洲总支部举行改选大会，林森当选为正支部长，冯自由为副支部长。次年的 2 月 2 日，孙中山正式委任林森为支部长，冯自由副之。

几个月后，美洲总支部由林森主持，举行了隆重的"癸丑二次革命"纪念大会，会场设在旧金山士笃顿街西人大戏院。

会场的门外挂有一副林森亲撰的对联：

美洲八年战争　造就万年之幸福
中国二次革命　孕育三次之成功

场内悬挂了追悼"二次革命"殉难先烈及阵亡将士的挽联上千副。其中有一副是这样写的：

> 倘诸君尽是暴民　袁贼焉能有今日
>
> 若大众都为乱党　华侨从此得生天

这一天到会的中华革命党员和侨胞达三千人之多，是民国成立后旅美华侨空前未有的盛会。

孙科、黄膺白(黄郛)、冯自由等国民党要人都到会发表了演讲。会议开始后，冯自由发言说："诸君是否知道，当年，趾高气扬的袁世凯佩剑到参议院时，被参议院议长某君阻在场外，袁世凯被迫解除武装。那不可一世的一代枭雄大煞风景，几乎下不了台。你们猜，这位先生是谁？大家想不想见一面？"众人均表示不知道，也不明白。冯自由指着站在一旁的林森大声说："他就是逼老袁解除佩剑的林公林子超先生，当年的南京临时参议院议长。"冯自由的话音未落，全场响起一片热烈的掌声。

宣传与航空并重

林森在全面主持美洲国民党总支部的工作后，除积极筹款、整理党务外，另一项重要任务就是加强宣传。可以说，林森在辛亥革命前，在福建、上海和九江，是靠宣传"起家"，因此，虽然换了地方，他对此仍然是驾轻就熟。

当时，在美洲出版的华文报纸刊物，主要是日报和隔日报，如《少年中国报》、《自由新报》、《新民国日报》、《民气报》、《醒华报》、《民国月刊》等。《自由新报》社设在檀香山，《民气报》社址在纽约，《新民国日报》则设在加拿大的维多利亚，《醒华报》在加拿大的多伦多出版。此外，洪门致公堂(又称中华民国公舍)在旧金山还办了《大同日报》以及《纽约民国报》等。这些报纸均接受国民党美洲总支部的领导。

各报在林森及国民党美洲总支部的领导下，其宣传重点只有一个，那就是揭露袁世凯的独裁专制丑行，介绍并宣传中华革命党的主张，以及近期的活动情况，报道国内反袁斗争的动态。其他内容，也有不少中国民间习俗、华侨在美国的生活等等。既有政治新闻，也有生活情趣方面的逸事。因此很受美洲侨胞的欢迎。

1914 年夏秋之际，美洲总支部在贝市埠组织了一个名为"军事研究社"的组织。林森亲自出面,请冯自由担任社长。林森谓,冯先生懂军事,擅长军事理论,当教官最为适合。冯自由慨然应允。"军事研究社"的任务,就是将军事知识灌输给美洲各地的党员。授课方式采取函授形式,由冯自由编出军事教材,油印后,再以总支部和研究社的名义分别寄给各地同人。这些讲义中,有教授使用各种武器,制作炸弹、炸药以及炸弹的引爆、电气发火、化学发火、钟表发火的方法等等,很受学员的欢迎。

先后参加训练的,有来自美国的波代仑,以及加拿大的雷振打、沙士加寸、多伦多、加吉利、意莫顿、云尼辟各埠。受训者达数千人之多,在美洲华人社会中形成了一股学习军事的风气。不少人热心于军事学的研究,纷纷向更深的方向发展,有的从事军事理论学术研究,有的则将更多的注意力放在新兴的军事领域及航空技能方面。

林森在美国数年,接触到不少新的科学领域,深感航空技术在未来军事领域的重要。于是,他一方面鼓励华侨青年投身航空事业,一方面积极筹措,准备培养造就中国自己的航空人才。1915年初春,林森在"军事研究社"中选拔了一批青年人,进入了美国航空学校学习。后来,林森又增选了入航校的人数,规定:凡党员或党员子女,毕业于美国公立小学者,经各地党部审查合格后,均可保送美国的航空学校学习。后来,先后进入美国航校的学员,有杨仙逸(后成为中国第一代空军驾驶员,孙中山座机的主驾驶)、张惠长、陈庆云、黄光锐、李光辉、吴东华、谭南方、蔡司度等数十人,许多人成为中国航空界的著名人物。

1916年,林森(坐飞机者)在美洲试乘华侨飞机队的飞机

　　林森此举,开创了输送爱国青年进入航校学习的先河。以后,檀香山、日本等地的党员青年,均有进入航空学校学习的。不少人在航校毕业后,成为国内军事方面的有用人才。

　　这一年的 12 月 25 日,蔡锷在云南发动了起义,揭开了护国战争的序幕。孙中山于起义的当天就将此消息电告了林森,希望美洲方面加速筹款应急,尽快为国内培养军事人才。

　　1916 年春,中华革命党在国内的山东潍县组织了"中华革命军东北军"武装。林森在美国号召侨胞中的有志青年回国从军,投入反袁斗争。一时间,侨胞中报名者十分踊跃,不少军事研究社的成员都回国加入了"中华革命军东北军"。他们不用任何训练,立即就能上战场作战,因此,受到国内领导人的称赞。后来,在这支军队中,还专门成立了一支名为"华侨义勇团"的武装,专门吸纳从海外归来的战士。

激进的反袁行动

　　林森领导的美洲国民党,曾有过一系列"过激"的爱国行动。

　　1914 年夏秋之际,是大总统袁世凯的 55 岁生日。中国驻美国旧金山总领事馆,以及中华会馆、中华商会各董事,聚集在中华会馆馆址,共同为袁世凯做寿,场面相当奢华隆重。这一日,旧金山中华会馆的厅堂张灯结彩,正中悬挂着袁世凯的巨幅照片。纪念会开始后,来宾们纷纷入座。中国总领事首先发表讲话,然后宾主频频举杯。正在杯斛酒热之时,几个身着短打的人冲进了会场,为首的叫杨忠汉,是国民党美洲支部的成员。在众目睽睽之下,杨冲到台上,将袁世凯的照片一把扯下,往地上猛地一掼,又用脚在上面狠踩一通。立时,照片就已是"面目全非"。一时间,到会的嘉宾们个个面面相觑,惊骇万状,但没有一个人敢出面制止。杨忠汉等人践踏完,即扬长而去。来宾们随即一哄而散。事后,美国报纸有"黄兴在美中华会馆怒毁大总统像"的报道。事实上是这么一回事。

　　也是在这一年的夏天,袁世凯派陈锦涛(曾任南京临时政府的财政总长)、蔡序东等人到华盛顿,与美国政府财政部私下商谈借款事宜,数额是五千万至一亿美金。事情谈得已经有了眉目。消息传出后,在美的侨胞群情激昂,纷纷要求美洲国民党总支部出面制止。林森得知这一情况后,立即以国民党总支部名义致电美国总统威尔逊,称这笔款项未经国会同意,是袁氏擅自作出的决定,因而是非法的行为,中国人民不会同意。林森并以美国的现行制度为例质问美方:"如果贵国国会不通过这样的法案,国务院能自行其是吗?"

林森的电报发表后,美国、加拿大、夏威夷各埠支部及华人团体纷纷表示响应。中华会馆所属的一些华人团体也发表通电,向国民党表示声援。据统计,美国总统先后收到华人各界发来的反对电报信件达二百余件。在这样的情况下,威尔逊只好下令财政部停止与陈锦涛进行商借款项的谈判。威尔逊还回复了国民党总支部长林森一封信,说"借款之事,已饬所属慎重考虑"。袁世凯的借款从此泡汤。而袁世凯派到美国的代表陈锦涛,已在美国转了半年之久。就在他以为事情即将大功告成之际,忽然接到美国政府的一纸通知,内称"停止商谈"。他知道这是国民党人从中"破坏"所致,只好与蔡序东二人悻悻返国。此事的详情,《民口》杂志的第六号曾作了详细报道。孙中山在日本听说这件事后,很是欣慰。为此,他特别致函美洲总支部,对此行动"深表嘉许"。

1915 年 12 月,袁世凯的一个亲信人物、进步党政客黄远庸,游历欧美各国后,于回国途中将从美国东部抵达旧金山。许多华文地方报纸都刊登了这一消息。旧金山的国民党员听说后,对黄远庸的底细不清楚,遂纷纷前来向林森打探此人的背景,为何到美国来。林森对党员们说:"黄某人是进步党的骨干,有袁世凯的一号谋士之称。袁世凯解散国民党,剥夺各省国民党籍都督的兵权,视国会和议员为儿戏等等劣行,都是黄某人的主张。此人极得老袁的信任。"

12 月间,黄远庸到达了旧金山。在美国的康有为、梁启超等宪政党人,纷纷出面宴请黄远庸。一次,宴席设在旧金山的都板街上海楼酒菜馆。酒过三巡后,宾主饮宴正欢。忽然,有壮士三人闯到席前,拔枪就射。黄远庸连中数枪,应声倒地,当场一命呜呼。刺客则扬长而去。事后警方来人察看现场,进行搜捕后抓了一些人,但始终没能破案。这是国民党总支部的武装激进分子所为。

1918 年秋,另一进步党党魁、众议院议长汤化龙,也是在游历欧美后,准备取道加拿大的维多利亚归国。汤化龙当年是拥袁干将,袁世凯死后又组织了研究系,成为段祺瑞的积极追随者,一直是国民党人的死对头。一天,汤化龙与人在当地一家华人开的叙馨酒楼吃饭。国民党员、理发匠王昌(广东香山人)突然拔枪向汤化龙射击,当场将汤化龙击毙。王昌恐连累他人,在现场开枪自尽了。

这是两起发生在美洲的国民党人打击袁系势力的暗杀事件。

"恳亲大会"突发意外

1914 年夏秋之际,美国旧金山即将举行巴拿马运河落成典礼大会。为了加强团结,鼓舞侨胞们的情绪,林森主张在大会举行之际,召开全美各埠国民党同志大会,对外称之为"恳亲大会"。林森推举黄兴和钮永建为大会的正副名誉会长。林森要求除了总支部所在地的党员参加外,各埠党的分部都须派代表出席大会。会期定为一个星期。适遇冯自由赴日本谒孙总理,会务全由林森一人操办。

袁世凯得知美洲的国民党人将举行这次重大活动后,立即驰电驻美国公使领事等人,百般进行阻挠。但终未能得逞。

如此规模的大会,国民党在海外从来没有举行过,因此,是美洲爱国侨胞们的一件盛事。各地支部同志均一致表示赞成举行,并表现出很大的热情。"恳亲大会"的会期定在 9 月的一些日子,林森特意选定了其中的一天,作为国民党人游览会场的日子。巴拿马博览会的董事团对此十分支持,给了林森及国民党支部许多便利,并与林森协商,将这一天定名为"国民党日",将这一天的活动列进了整个博览会的日程表中。

"恳亲大会"开始后,全美各分部派来的代表陆续到达,就连英属加拿大各埠的党员也来了。因加拿大党员到美国要通过重重关津,手续十分繁杂。当他们克服困难来到会场时,全场报以热烈的掌声。

参加大会的总人数达到四百多人。大家欢聚一堂,畅聚友情,大快朵颐。开会前,林森又宣读了南美、中美、古巴、夏威夷、澳洲、加拿大各地党部发来的贺电贺信。会议闭会前,林森又特为宣布了孙中山先生的贺电,以及日本等地的函电。大会总共收到祝贺函件达数百份。

到了"国民党日"这一天,与会同仁齐聚会场照相留念。党外侨胞也纷纷加入到观礼的行列。人数越聚越多,场面甚为壮观。侨胞们说,这是自有华侨的历史以来,美洲最为盛大的活动。

这一天的晚上,美洲总支部大设宴席于都板街的江南楼。林森举杯向各位代表祝贺大会圆满成功。就在这时,一个人跑进会场,与林森耳语说:"唐人埠内某堂号与另一堂号发生了大规模械斗,双方均有死伤,现在事态正在扩大。"在林森身旁的人也听到了这一消息,一下就传遍了整个会场。与会者中有不少是隶属两堂的人,得知这一消息后,立即栗栗自危,坐不安席,会场立刻就出现了骚动。

华侨发生械斗情事,在美洲时常发生。每遇械斗,即使是亲朋好友,也是互不相让,视同死敌。就是在国民党员中,投在某堂号下借以保护的也不在少数。当发生械斗时,党员往往也参加进去,为自己的堂号而战。一时间,在场的不少党员都欲退场,以避凶锋,以免在现场动武;有的人则准备赶回去为自己的堂号助阵。

林森清楚地知道事情的后果。如果宴会就此一哄而散,国民党的威信将大受影响,今后的工作将极难开展;如果就在场外打起来,对国民党的团结将更为不利。这个恶果恐怕多年都难以消除。林森略经思索,即从容地说:"诸位,没有什么大不了的事。请大家不要惊慌,先饮下这杯酒,我还有话要说。"

会场的气氛稍稍地稳定了下来。林森看着大家喝下了这杯酒后,又说:"我要说的话,郑广池先生他知道。我就不说了,请他来代表我说吧。"

郑广池是何许人?林森为何唯独要他发言?

郑广池是国民党北加分部部长,出席大会的国民党正式代表,同时,他也是美洲最大堂号"秉公堂"的首领。"秉公堂"在美洲无人不知,势力很是强大。但郑广池同时对国民党的工作也很热心。当林森说了这番话后,郑广池很爽快地说:"诸位同志,我相信,凡国民党员,彼此都是兄弟手足,不管自己属于哪个堂号,都是以救国救民的国民党为依归的,决没有自相残杀的道理。我个人敢保证在座各位同志的安全,请大家安心愉快地喝酒吃菜。这就是我所要说的全部的话,也是我代表总支部林子超先生要说的全部的话。"

郑广池的话音未落,全场已是一片掌声,继而是一阵欢呼。大家又开始坐下,开怀畅饮起来。散席后,总支部又用汽车将各位党员送回寓所。事情终于得以圆满平息。各位党员回去向本堂号弟兄一说,械斗事件不仅没有扩大,反而因会上的融洽而收敛了许多。以后,美洲各党部及加拿大、古巴、澳洲各支部也先后召集了所属各埠的恳亲大会,以联络感情,扩张党务。这些活动,皆以美洲总支部为楷模。

"旅美"对日"外交"

1914 年夏,第一次世界大战爆发。西欧各列强都卷入了战争,因此无暇东顾中国。次年 1 月,日本政府则加紧鼓动袁世凯称帝,但作为交换条件,要袁世凯的北京政府接受《二十一条》,并公开对袁世凯许诺:若开诚交涉,则日本希望贵总统再高升一步。

《二十一条》的条件对中国来说,不啻就是丧权辱国的条约。其条件十分苛刻,其中心内容,就是要中国承认日本在山东继承德国的"权益",承认日本在南满和内蒙的居住、经营、筑路、开矿等权利,将旅顺、大连等铁路的租借期延长至九十九年。更为不能容忍的,是要求中国不得将沿海各港口租借或割让给他国、中国政府必须聘请日本顾问和军警,各项事务均由中日合办等等。

消息传出,国内舆论哗然,人心异常激愤。

在日本的国民党人组织了"欧事研究会",有的人主张暂时停止反袁的行动,以免妨碍袁世凯的对日外交政策。章太炎、谷钟秀、杨永泰等人,就是持这种论调的代表人物。黄兴、李烈钧、柏文蔚、陈炯明、钮永建五人也联名发表通电,表示要向全体人民引罪自咎,并愿意立即停止国内的革命运动,以实行"举国一致"的御侮政策。其时,黄兴居住在费城,钮永建住在纽约。林森在纽约听说了诸人的通电,清楚地知道他们对海外工作的目标尚不明了,于是,就打算与钮永建、马素、谢英伯、钟荣光等人,联名致电孙中山,主要就是想请示孙中山海外对日工作的意见,并提到可否暂停革命运动,实行所谓的"举国一致"行动,以免给人以口实。林森将这个电报的内容也告知了冯自由,以征询冯自由的意见。冯自由随即复电林森说,在清朝末年,总理从事革命时,就一贯主张以暴力革命来制止列强的瓜分。今天日本人强迫袁世凯政府签约,与当年列强胁迫清政府如出一辙。相信孙总理必然不会就此停止革命。如果你们执意去电,就不要署我的名字了。

后林森诸人仍将电报发给了孙中山。孙中山立即回复了电报,称:"袁世凯蓄意媚日卖国,如果不将他除去,就不能保卫国权。我党今天继续实行革命,道理就如同清朝时我们以革命制止列强瓜分一样。"

没多久,中华革命党本部根据孙中山的指示,致函海外各党部,不赞成停止革命行动的主张。此后,旧金山华侨各团体在中华会馆集会,统一了意见

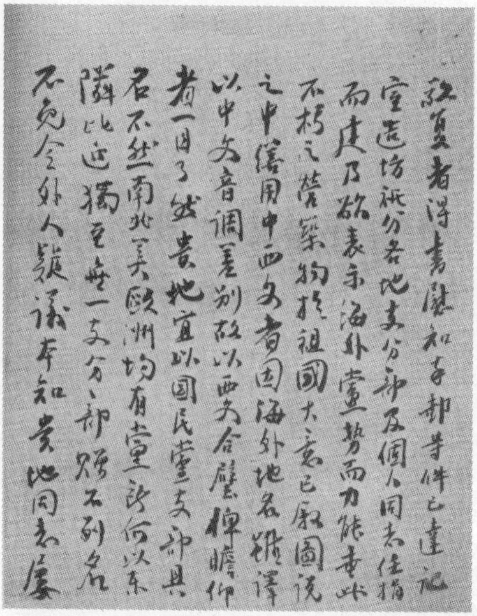

林森就筹款之事致国民党东京总支部的信

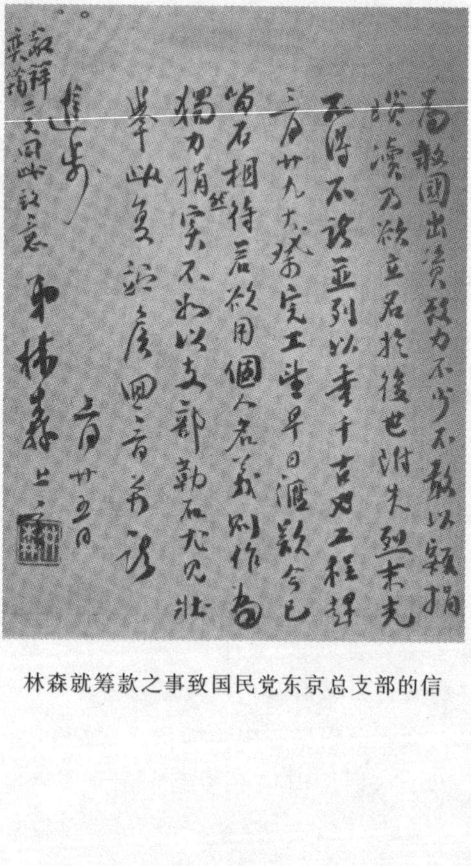

林森（中）与海外支部同仁合影

并作出决议，要求北京政府拒绝日本政府的无理要求，决不能在协议上签字。

　　但在 5 月 9 日，袁世凯的北京政府还是在《条约》上签了字。全国群情激昂。当时主张停止革命的党员顿时大彻大悟。林森从纽约急返旧金山，与冯自由、纽永建等党的领导会商。林森说，"我们有不少主张暂缓革命的人已经醒悟，目前国势危急，吾党还分为缓、急两派，各自为谋，实于国家大大不利。宜早日团结一致，共谋国是"。会后，决定派冯自由赴日本向总理孙中山请示。冯自由去日后，又被孙中山派往澳洲，林森几次电请冯自由回美国相助，但因孙中山在日本急需帮手，又将冯自由召回了日本。此后，美洲的国民党党务，均由林森一人全权负责。

摆地摊卖雨花石

　　美洲中华革命党（即国民党）总支部支部长这一职务，纯属义务性质，既无薪金，也没有任何待遇。冯自由当初任这一职务时，还有着报馆的 40 美元的薪水，应该说是不错的了。而林森呢，初到美国，无分文收入，生活无着，度日极其艰窘。他租了一间小屋独住，是一家华侨家的小客厅，除了放置几件必备的家具外，别无他物。林森吃、住、睡、办公都在这里。房间虽小，却很整

林森(左)与冯自由(中)等在国民党北美总支部合影

洁。林森常对人说:"有人说我们中国人不爱清洁,这不单是外人对我们的偏见,我们自己应该反省一下,痛改那种恶劣的习惯,为国家争回面子。改造国家和民族,这就要从一点一滴做起。"

后来,林森又搬到古里街的一家中国旅馆。为节约开支,他早餐经常不吃,中、晚两顿寄食在附近的《中国少年报》报社。后来,一位福建同乡询问他是否愿意去兼一所旧金山华人区小学的国语教员,以挣点生活费。林森正为生活犯愁,这正是求之不得的事,遂欣然同意。林森经过了解,才知道在美国的福建人及其子女,大都只会闽语,既不通国语,也不会英语,有的人家几代人住下来还是如此。林森想,他们将来一旦归国,恐怕不能适应国内的情况,就是在美国,也不会有好的前程。于是,林森立即来到一所华人社区小学担任了国语教员。林森是福建人,既会国语,又熟悉英语,既能与外界沟通,教学也得心应手。对于林森来说,既向这批学童灌输了中国传统教育的道德和学识,使其思乡爱国,又了解了华人的社会生活状况,自己又有了收入,一举数得。由此,林森生活拮据的状况得到了暂时的改善。

1915年,巴拿马万国博览会在美国旧金山举行,各国都不惜财力,想尽办法,竭力展示反映自己国家特点的展品。如日本不惜巨资,展示了一尊巨型富士山模型。中国的财力有限,标志物只是展出了一座人工制作的七层宝塔。林森的故乡福建省在中国馆中有一个专版的展示。在展览开幕的前一年,福建参加大会的商会代表,就托好友林森在美国就近代为布置,每月给予一定的报酬。这笔酬金,就成为林森在美国赖以为生的主要来源。

既然受朋友之托,林森就开始了构思。他先从老家福建选购了部分精美的漆器,又在福建馆中悬挂了一幅南京雨花台的巨幅山水画,又委托上海的友人从南京雨花台弄来两箱雨花石,让邮船上的国民党籍海员捎带到美国来。然后,巧妙地将这些雨花五色石子置于这座中国宝塔之下,在画的下方,也放置着从南京带来的雨花石。这个创意相当成功,既没花什么钱,又有特点,简朴而醒目,受到与会各国来宾的啧啧称赞。连在美国的国民党人看了都感到惊奇,说这样的构思太巧妙了,而且竟出自一名非美术专业者的支部长林森之手。

林森在美国还有过一段摆地摊的经历。林森不是南京人,在南京待的时间也不长,可他对南京闻名遐迩的雨花石还是颇有研究的。他对朋友说,民国初年我在南京时,就很喜欢雨花石这个小石头。雨花石又叫五色石,平时看是看不出名堂的,一定要放在水中才能露出它的芳容。要寻找漂亮的石子,最好是在雨天。一场雨之后,将石子四周的沙子冲掉了,雨花石就都从沙土中露了出来。

博览会结束后,林森就将展出用的雨花石几粒一份放在小水盆中,拿到街上出售。林森用英语不断地介绍,并一个劲地吆喝,引得不少美国人纷纷前来购买,不少旧金山的美国人和华人,都是慕其名而赶来选购雨花石的。有一段时间,林森每天要摆两个小时的地摊,赚点钱贴补生活。当年,在旧金山的街头,人们经常可以看到一位长须中国人在摆地摊叫卖雨花石,那就是中华革命党美洲总支部的支部长林森。

后来,博览会上雨花石卖完了,林森就托人从国内寄来。又因雨花石太重,邮寄不太方便,费用也高,林森就托从国内来的朋友直接到南京去弄,并特别吩咐要在雨后去挖。

时间久了,一些当地的党员实在看不下去了,堂堂支部长老是摆地摊,总不是个办法啊。于是就出面劝说林森不要再摆地摊了。林森这才撤了摊,并将剩下的石子分送给他人。后有中华革命党同仁到日本,向孙中山讲述了林森在美国生活窘迫的状况。孙中山很感动,为了表示对林森的关心,特令民国维持局一次性补给林森三千元美金,作为生活费用。

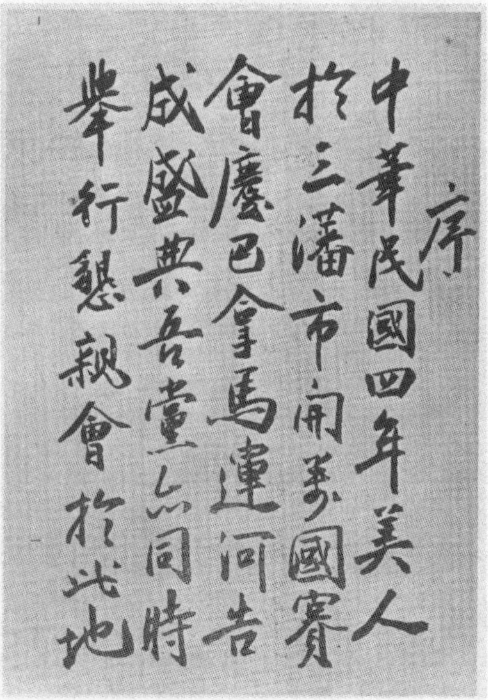

序

中華民國四年美人
於三藩市南委國賽
會慶巴拿馬運河告
成盛典吾黨以同時
舉行懇親會於此地

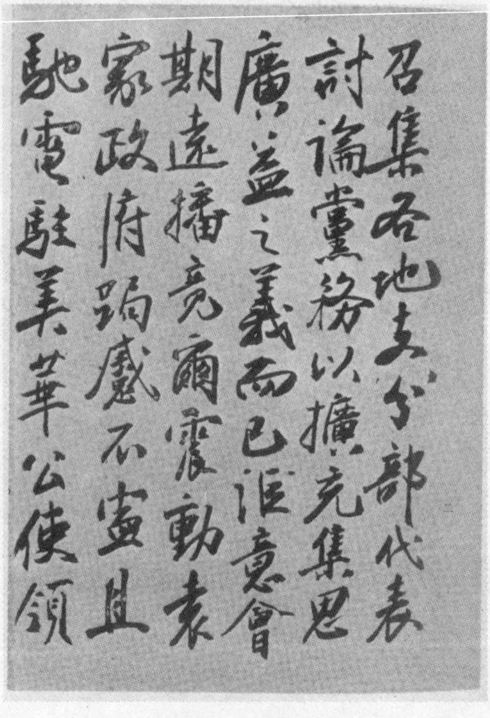

召集各地支分部代表
討論黨務以擴充集思
廣益之義而已迺意會
期遠播亮爾震動表
家政府跼蹐感不蜜且
馳電駐美華公使領

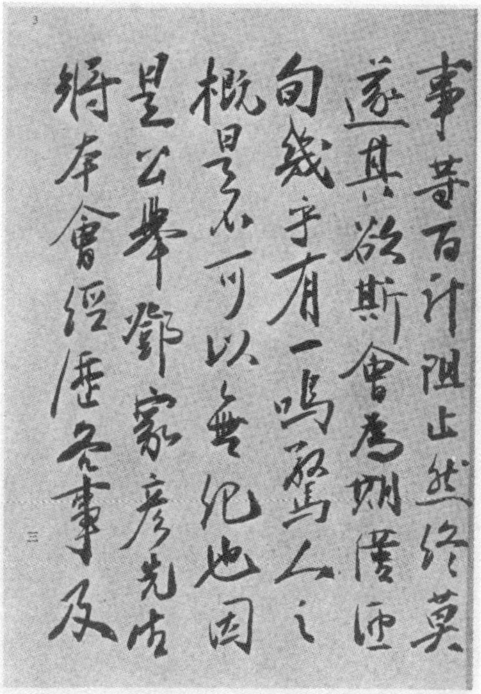

事等百計阻止然終莫
遂其故斯會爲期僅逾
旬幾乎有一鳴驚人之
概昌忌可以無記也因
是公擧鄧家彥先告
將本會經歷各事及

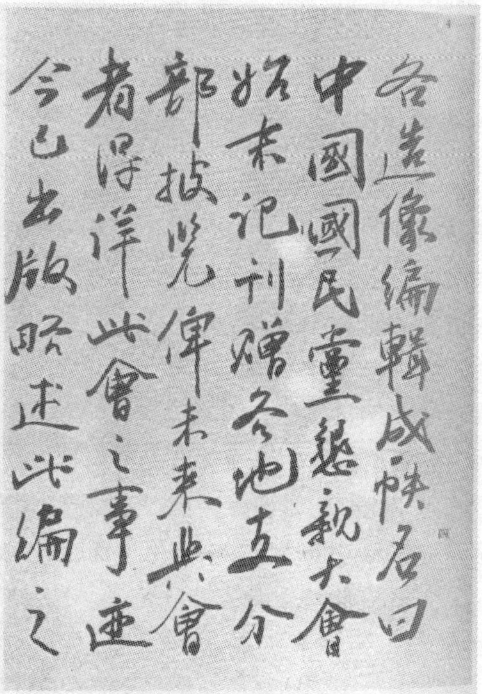

各造像編輯成帙君曰
中國國民黨熟大會
始末記刊贈各地五分
部披光偉末與會
者將詳此會之事連
今已出版略述此編之

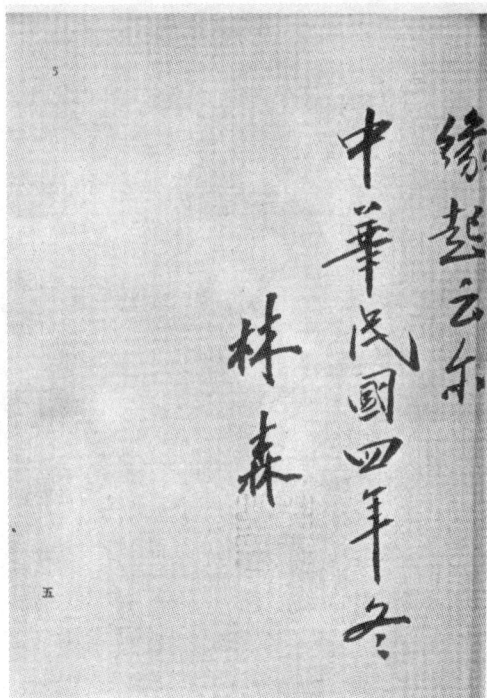

1915 年林森为《中华革命党始末记》题写的序

孙中山授予"领袖支部"

美洲总支部在林森的主持下,党务工作进展顺利,面貌焕然一新。支部与美国各埠的来往信件很多,作为支部长的林森,总是亲手动笔回信,从不要人代劳。有时一封信要写上数十页,其认真程度可见一斑。党员接到信后,一摸是厚厚一叠的,就会说:"此林支部长信也。"

美国首都华盛顿国会图书馆印行有参众两院条例,经某议员介绍,随时将最新出版的条例一套送给国民党总支部。支部同仁以卷帙浩繁,随便地堆置在办公室里。林森则于党部大堂两侧走廊添置书橱,将大量的书卷陈列其中。一可以随时翻看,充分利用资料,二来美化了环境,营造了气氛。

因林森领导的美洲总支部整理党务有长足进步,团结侨胞效果显著,筹饷数量在海外的南美支部、夏威夷支部、澳洲支部、英荷支部、加拿大支部中始终处于第一位。孙中山为表彰林森的功绩,特授予美洲支部以"领袖支部"

林森在海外的留影

1916 年林森（前排右二）与国民党古巴支部同仁合影

称号。以后,孙中山下达指令,"凡英美等处统由旧金山支部接洽,并给予支部长林森、冯自由以权宜处分权"。不久,孙中山又决定,将加拿大、古巴、夏威夷等支部的工作,统由美洲总支部进行督导。

林森于 1916 年 7 月 14 日自旧金山启程回国。在回国前,林森完成了《美洲三藩市民国维持会征信录序》一文,对在美的工作情况作了详细的叙述。林森归国前,美洲总支部同仁们都依依不舍。美洲总支部和民国维持会特意订制了大银鼎一座送给林森,以表彰他在美洲党务方面的功绩。

林森回国后,美洲的党务遂由陈树人等接管继续主持,"领袖支部"的名义也因林森的离开而随之取消。

第7章　辗转奔波 再任议长

袁世凯称帝失败后,国务总理兼陆军部长段祺瑞被迫同意重开国会。孙中山决定将林森从美国召回,参加即将召开的国会会议。张勋复辟后,共和制国家的象征国会和约法不复存在,林森等议员被迫离开北京到达上海,转赴广州,响应孙中山重开国会的号召,支持以孙中山为首的军政府和护法战争。孙中山特任林森为军政府的外交总长。广州正式国会参议院选举林森为参议院议长。这是林森自担任南京临时参议院议长、广州非常国会议长以来第三次担任议长之职。

为声援中国政府参加巴黎和会,广州国民外交后援会成立,林森当选为会长。五四运动爆发后,广州参议院议长林森通电反对《二十一条》的签订。

在广州期间,林森对孙中山的军政府以及护法运动给予很大的支持,对于军阀专权、视国家法律和国会为儿戏的行径表示了极大愤慨。

林森主张取消军政府,废总裁制改总统制,主持国会以无记名投票法选举孙中山为非常大总统。林森主持了孙中山的非常大总统就职典礼,代表国会向孙中山致授印玺。在孙中山出征期间,特意委托林森在广州代行大总统职权。

国会重开　议员被殴

　　1916年6月6日,袁世凯称帝仅83天后就暴亡于北京,短命的帝制即告瓦解。之后,在民国大总统的人选问题上产生了激烈的争论。袁世凯的北洋嫡系传人徐世昌、冯国璋、段祺瑞三人都想当总统,而且是互不相让。最后的争夺结果,却是南方军事强人、副总统黎元洪"渔翁得利",获得了总统一职,但政府的实权却操于国务总理段祺瑞之手。

　　黎元洪上任后,在法理问题上与北京政府产生了很大的分歧。南方军务院认为,黎元洪是根据1912年制定的《临时约法》并于以后公布的《大总统选举法》而产生的总统;而北京政府则认为黎元洪是依据袁世凯的《新约法》的规定"代行大总统职权"的。由此而拉开了新旧约法之争。

　　南方人士和旧国会议员二百多人在上海集会,坚决否认袁世凯私下订制的所谓《新约法》。6月9日,孙中山先生发表了《规复约法》宣言,并致电黎元洪,要求他"恢复约法,尊重国会"。全国要求恢复旧约法的呼声也日益强烈,并在军事上和政治上向北京政府施压。于是,北京政府的实权人物、国务总理兼陆军部长段祺瑞被迫勉强同意遵守1912年3月颁行的《中华民国临时约法》,并重新召开国会。

　　在这样的形势下,孙中山考虑到国会重开后,议员必须到会。而当年的两任议长林森,资历和声望在国内无人可以比拟,更重要的是在于,南方革命党一旦掌握国会,对军阀势力就会产生巨大的牵制作用,形势肯定会起变化。林森不出席会议,势必于南方不利。于是,孙中山决定将林森从美国召回国,参加即将召开的国会会议。这才有了林森交卸了美洲的党务,于7月下旬返国之事。

　　林森回国后,先在上海晋见了孙中山,随后即到北京国会报到,参加即将召开的国会开幕会议。

　　8月1日,国会在北京原众议院旧址正式揭幕。参众两院到会者共368人。黎元洪、段祺瑞都出席了会议。在第一天的会上,汤化龙、陈国祥当选为众议院正副议长,王家襄、王正廷当选为参议院正副议长,并追认段祺瑞为国务总理。同一天,黎元洪在国会还补行了大总统宣誓就职仪式。林森只是作为参议院的一名议员参加了这一会议。

北京国会重开之后,其主要任务就是制定新的宪法。在重开的国会中,议员情况发生了很大的变化。国民党议员虽然还占有多数,在反对段祺瑞政府上勉强保持了一致,但因组织涣散,观点不一,形同一盘散沙。因此,他们又分化成许多小的派别各自为战。林森与国民党议员张继等人,就成立了一个名为"宪政商榷会"的组织。而在"宪政商榷会"中,国民党议员又是党中有党,派中有派。在"宪政商榷会"中又形成了两派,一派态度比较温和,主张多与政府商量,循序渐进。而另一派,则以林森为代表,其他成员还有张继、居正、马君武、田桐等人。这些人比较激进,主张不与政府调和。因他们常常在一起聚会,故又称为"丙辰俱乐部",成为"宪政商榷会"中的激进派别。还有的人,则被段祺瑞使出的手段拉拢分化,如谷钟秀、张耀曾等人很快就投入了段祺瑞的阵营。

国会中还有一股比较强大的势力,即以原进步党的议员为主,组成了"宪法研究会"和"宪法讨论会",两会后来合并,又称"研究系"。他们以梁启超、林长民、汤化龙等人为首,内部比较团结,在拥护段祺瑞政府方面完全一致。他们在一些重大问题上与国民党的"宪政商榷会"始终是势不两立的。

林森在北京期间,曾上书孙中山,报告了北京政局变化的情况。报告称:"在京政客之趋向,悉视驻沪各要人为转移……政局多变,亦缘未有雄大政党操纵全局之故。是以在沪既决以大党为补苴,迅望奋励促成,以副众望。"林森报告的意思是,在国会中尚未有一个占绝对统治地位的政党,各政党尚在角逐争斗,或在观望中。林森对孙中山寄予了很大的希望。

"宪政商榷会"主张在制定的新宪法中,实行地方分权,省长由民主选举产生。这样,就将大大削弱北京中央政府的权力。国民党议员代表的是地方军阀的利益,而"研究系"则紧紧追随段祺瑞政府,迎合段祺瑞的主张,提倡中央集权,各省省长不须通过民选产生,而由中央直接任命。这主要代表了在中央掌权的北洋军阀集团的利益。双方在国会形成了水火不相容的局面,以致在 12 月 8 日召开的众议院会议上,在表决选举的问题上,两派议员先是互相辱骂,最后导致了一场"拳武行"闹剧。

第一次世界大战爆发后,北京政府内部就中国参战的问题,发生了激烈的"府院之争"。总统府及黎元洪反对参战,而段祺瑞为首的国务院则竭力主张参战,帝国主义各国也在分别拉拢各派势力。这一争端,首先殃及的,又是软弱无力的国会了。

1917 年 5 月 1 日,国务会议通过对德宣战案。段祺瑞率内阁成员集体前往总统府"面请"黎元洪核准。黎元洪则称"一俟通过国会,即将命令盖章"。为通过宣战案,在北京的督军团及段政府,以铺天盖地之势大宴国会议员,为段祺瑞进行疏通。段祺瑞甚至亲自出马,在北京迎宾馆摆下宴席招待国会议员。国会中各个派别的议员,几乎每天都接到宴请的帖子。

但当内阁将与德国绝交、宣战的议案交国会"讨论"时,仍遭到了许多议员的反对。全国各界人士也表示了强烈的愤慨。林森、马君武等议员公开宣布反对这一议案。孙中山则在上海致电参众两院,明确表示反对加入协约国参战,并致电英国政府首相乔治,要他不要怂恿中国加入协约国。

但段祺瑞仍一意孤行,于5月将议案强行交国会"讨论"。国会奉命立即开会,议员们开始举行秘密会议,专门讨论"参战案"。

会议开始后,督军团则在会场内外到处进行威胁,扬言如果国会通不过参战案,就解散国会。段祺瑞更是使出下流手段。就在国会讨论的过程中,也就是5月10日上午10时,会场外突然出现了声势浩大的"北京公民团"的示威队伍,胁迫国会通过参战案。段祺瑞用铜元雇来了军人、警察,甚至乞丐、失业游民三千之众,云集在众议院门口,公开打出了"陆海军人请愿团"、"五族公民请愿团"、"政学商界请愿团"、"学军商界请愿团"、"北京学界请愿团"、"北京市民请愿团"等旗号,将国会包围得水泄不通。在陆军部便衣人员的指挥下,"公民们"先是高呼口号,继而又散发传单,胁迫议员们通过宣战的议案。后在议员讨论这一议案时,暴徒们又冲入会场,见到议员就殴,议员当场被打伤三十多人。以后又将议员围困十多个小时。酿成了震惊全国的事件。林森等议员在现场,由于躲避及时,才幸免被辱。林森等国民党议员立即宣布罢会。

至6月12日,黎元洪在段祺瑞及督军团的胁迫下,下令解散国会。代理国务总理伍廷芳因不愿副署黎元洪的这一命令,随即被黎元洪免职。随后,张勋于7月1日在北京公然复辟,拥戴清废帝溥仪上台。从此,共和制国家的象征——国会和约法不复存在。在京的议员则分别南下,林森是到达上海的议员之一。7月份,许多国会议员还聚集在天津和上海两地进行活动,不断地发出通电。但充其量也只能是宣布一下"段政府解散国会的举动为非法"、表示"强烈抗议"而已,其他即再无任何作为了。

"非常国会"议长

1917 年 7 月 6 日,孙中山与廖仲恺等人,乘"海琛"号军舰并率海军第一舰队,从上海南下广东,开始护法战争的准备。孙中山率"应瑞"、"海琛"等舰,先行到达汕头,后又到广州。孙中山到达广州后,立即电邀在天津和上海的国会议员们南下护法,择地开会"行民国统治之权"。7 月 28 日,林森与在滞留上海的首批国会议员 50 多人,乘轮船启程赴粤,于 8 月初到达广州。众议院议长吴景濂、参议院副议长王正廷也先后抵达广州。林森与吴景濂、王正廷三人又共同署名电邀在津沪的国会议员赴粤。至 8 月中旬,先后到达广州的国会议员已达 130 多人。

1917 年 8 月 18 日,孙中山在广州黄埔公园隆重设宴招待国会议员。在这个会上,孙中山向议员们提出了重开国会之事,并请议员们进行讨论。因议员人数尚不够法定数量,孙中山建议国会就改称为"非常国会"。林森参加了这个会议,并表示完全赞同"非常国会"的提法。第二天,南下的议员在广州举行谈话会,讨论国会开会及组成政府事宜。会后,将议决结果致电西南各省,决定于本月 25 日在广州召开国会非常会议。

8 月 25 日,国会非常会议在广州隆重开幕。出席会议的议员达 120 余人。孙中山到会并致祝词。原众议院议长吴景濂主持会议,林森出席会议并作了发言。会议举行几天后,北京政府就通电宣布通缉在广州出席非常会议的原国会议员,林森亦名列其中。但广州非常国会的议员们对北京政府的通缉毫不理睬,于 8 月 30 日议决通过《中华民国军政府组织大纲》共 13 条,决定"为戡定叛乱,恢复临时约法,特组织中华民国军政府",并设大元帅一人,元帅三人。9 月 1 日,广州国会非常会议再次举行会议,选举孙中山为中华民国军政府陆海军大元帅,唐继尧、陆荣廷为元帅,以及军政府各部总长。以后,孙中山又特任林森署理军政府的外交总长。

当天下午,原众议院议长吴景濂、参议院副议长王正廷、参议院全院委员长林森,以及数十名议员,在黄埔公园举行大元帅授印礼。由林森代表国会将大元帅印授予孙中山。孙中山接印后即致答词曰:任职以后,惟当竭股肱之力,攘除奸凶,恢复约法,以竟元年未尽之业。这时,全场起立欢呼,向孙中山致意。

9 月 10 日,孙中山在广州正式就任陆海军大元帅职。孙中山宣称,要"戡定内乱,恢复约法"。当晚,广州全城上万人举行了盛大的提灯晚会,庆祝孙中山就职。大元帅府成立后,另两名元帅唐继尧、陆荣廷不愿居孙中山之下受其领导,所以并没有到广州就职。

就在非常国会在广州积极活动之时,北京政府的大总统冯国璋悍然下令,各省立即选派参议员到北京重组参议院。冯国璋指责孙中山在广州开国会、设立军政府,是"擅发伪令,煽动军队","联络马贼,预备起事",并宣布褫夺孙中山及有关人员的勋位和勋章。

广州非常国会亦不退让,于10月初通电宣告了北京政府国务总理段祺瑞的罪状,称段祺瑞"纵容军人干涉宪法,煽动诸将称兵京畿,胁迫总统解散国会,以酿复辟之变";"今复悍然下令召集参议院,修改国会组织法及选举法,毁法弄权"。

10月19日,广州国会非常会议举行会议,正式选举林森为参议院议长,取原议长王家襄而代之。王正廷仍为副议长。众议院议长为吴景濂,副议长新选为褚辅成。而北京政府方面,国务总理段祺瑞拒绝恢复国会,而口口声声表示要仿照民国元年的做法,成立临时参议院。果然,在11月10日,临时参议院就在北京开场了。14日,"选举"了王揖唐、那彦图为正副议长。北京临时参议院成立后,就形成了一南一北两个参议院的对峙局面。

辗转三地　再任议长

护法战争爆发后,湖南、四川等地的北洋军队纷纷溃败,湘潭、长沙、重庆等地先后被攻占。南军节节胜利。山东、河南、浙江、安徽、福建等省相继"独立"。孙中山制定了更加完备的北伐作战计划,准备会师武汉,大举北上。但随着战争的深入发展,抱着各自目的参加北伐的西南各省军阀,在控制了一定的地盘后,便拥兵自重,对孙中山的北伐战略采取了阳奉阴违的态度,有的还私下里与直系军阀进行妥协交易。首先,陆荣廷不顾孙中山的反对,通电与北军主和,并暗地与北京政府达成了停战两周的秘密协议。这一来,北洋军阀获得了喘息的机会,在段祺瑞重新上台后,又重整军备大举反攻,致使北伐军全面失利。

在这样的形势下,陆荣廷、唐继尧等人又拉拢国会议员,联合政学系排斥孙中山。1918年4月,在粤的非常国会议员纷纷依附于桂系军阀,以桂系的岑春煊等为首的势力,在议会取得了多数。4 月 10 日,就在国会讨论《修正军政府组织法》时,桂系军阀派军队包围了会场,并冲进议会,胁迫并殴打议员。结果,国会在武力威胁之下,以微弱多数通过了该组织法修正案。

该组织法改大元帅制为总裁会议制,林森等少数议员虽然反对这一动议,但因居于少数地位,无法改变原议,只得作罢。孙中山眼见国会已经被桂系控制,知道依靠军阀已不可能达到护法的目的。孙中山感慨地说,"吾国之大患,莫大于武人之争雄。南与北如一丘之貉也"。

5 月 4 日,孙中山愤而辞去大元帅职务,决定北上。正在上海的国会议员林森、陈家鼎、丁惟芬等 27 名议员,立即致电广州非常国会暨孙中山,竭力挽留孙中山继续出任大元帅一职,"不许辞职"。

就在孙中山辞职的数天后,非常国会以"二读"勉强通过了《修正军政府组织法修正案》,决定废除军政府的大元帅制,而以七名总裁取而代之。唐绍仪、唐继尧、孙中山、伍廷芳、林葆怿、陆荣廷、岑春煊七人为政务总裁,岑春煊为主席总裁。孙中山虽为七总裁之一,但实权被完全剥夺,总裁只是空有其名。改组后的军政府被桂系和滇系军阀完全控制,国会也被岑春煊等人所把持。5 月 21 日,孙中山愤而出走。行前,孙中山发表了临行通电和《告别粤中父老昆弟书》,要求国人以"护法为急务,贯彻始终,国会诸君负代表民意之责,使正式国会依期召开,以慰国人喁喁之望"。即日,孙中山乘日本大阪商轮"苏州丸"号离开广州,前往日本。护法战争宣告失败。

留在广州的参、众两院部分议员,于 1918 年 6 月 12 日举行国会会议开幕式,决定将护法事业继续下去。林森参加了这个会议。出席会议的参众两院议员有 240 人。吴景濂为会议主席。为将这一国会与"非常国会"加以区别,所以称之为广州"正式国会",又叫做"护法国会"。

7 月 11 日,正式国会两院在广东省议会召开会议。会议确定了参加护法议员的名额,其中众议院 240 人,参议院 102 人。并宣布了议员递补办法及除名标准。孙中山赴日本后,很快就回到国内。在上海,当他得知广州正式国会开会的消息后,立即致电勉励议员们要"力持正义,努力进行"。同时为了顾全大局,决定接受军政府的政务总裁一职,同时委派徐谦赴粤与广州正式国会接洽,并作为全权代表参加七总裁政务会议。

10 月 18 日,因参议院议长王家襄始终未到会,广州正式国会参议院选举林森为参议院议长。这是林森自担任南京临时参议院议长、广州非常国会议长以来,又一次担任了议长之职。

林森担任参议院议长之前,徐世昌已于一周前的 10 月 10 日在北京中南海怀仁堂宣誓就任了大总统职。徐世昌在就职典礼上声称,"愿以诚心谋统一之进行,以毅力达和平之主旨"。徐世昌一上台就表达了强烈的"和平"和"统一"的愿望。但在同时,徐世昌又指示国务院向各省督军下令,要求各省对军队加以整顿,并不得随意增募军队。很明显,这是对与北京政府不协调的南方各省所下达的禁令。

徐世昌还在北京总统府召开军事会议,加强了对南方各省的防范,并再次强调"各省不得增募军队,否则立即命其遣散;前敌司令严守现驻地,不得随意变更,如有南军来袭即击退之"等等。

10 月 31 日,广州正式国会两院议长林森、吴景濂、褚辅成就北京政府大总统徐世昌最近的一系列举动,发表对时局的宣言,指出"徐、段狼狈相依,师袁故智,僭号伊始,阴示好意,别布阴谋,近顷议和之声喧达全国,万一不审,堕彼奸谋"。宣言号召西南各省以及诸将帅不要被徐世昌的和议诡辩所蒙骗。

11 月 20 日,广州正式国会在林森主持下再次开会,决定了如下事项:要求解散北京的非法国会,徐世昌退位。以此两项为南北停战的先决条件。这一决定,由参议院议长林森和众议院议长吴景濂以及褚辅成共同面告军政府七总裁,要求遵照办理。但徐世昌及北京政府对和平并无诚意,一再向福建、陕西等地增兵。广州正式国会的两院议员共 115 人发表通电,就北方政府用兵之事通告外交使团,谴责其破坏和平的举动。

1919 年 1 月 6 日,孙中山致电在广州的林森等福建籍议员,主张在闽境的北军新增部队先行撤退,以此作为议和的前提。

次年 4 月 18 日,广州国会参众两院议长林森、吴景濂,副议长褚辅成发表通电,声明国会完全自由行使职权,实为和平中的根本问题。对于法律问题,林森等人主张要坚持到底,以符合护法之初衷。

林森任议长期间,宅邸在广州东山百子路。名为议长官邸,实际上只是一幢小屋,一间卧室,一间客厅,没用一个仆役。其议长生活,也同一般百姓无异。林森出门,也必须将门反锁。从东堤到西濠口议会办公处,约有数里之遥。林森一般是徒步行走,很少坐人力车。中午,则在五仙门的下等小饭馆用膳,一饭一菜,以二毫钱(即广洋二角)就打发了。

巴黎和会前后

第一次世界大战结束后,协约国为了巩固战后资本主义的统治,重新划分了殖民地和势力范围。1919 年 1 月,大战的各个"战胜国"在法国郊区的凡尔赛宫举行了"和平会议"。会议由英、法、美、意、日五国政府首脑和外长组成的十人小组主持会议。因中国也是一次大战的"战胜国",遂由北方徐世昌的北京政府和南方的广州军政府共同派出了以陆征祥、顾维钧、王正廷、魏宸组、施肇基五人为首的全权代表参加了会议。

会前,南北双方曾就会议代表的人选发生争执。1 月 6 日,孙中山曾就和会代表问题致电林森、徐谦、胡汉民等人,希望他们能设法疏通,使伍朝枢能以中国政府的代表之一出席巴黎和会。后孙中山也曾努力让谢持担任巴黎和会特使,但均未能成功。其中主要原因是,南方军政府没有得到国际社会的承认,西方国家认为南方军政府的代表不能代表中国发言。林森与徐谦等人则竭力推举孙中山为赴巴黎和会代表,以反映国民党的立场。北京政府在南方政府的压力下,委任了孙中山为赴巴黎特使,但孙中山以在上海专心著述为由,拒绝了这一委任。而南方推荐的其他代表,北京政府大多不同意。所以,林森等人虽然进行了不遗余力地奔走呼吁,但终因势单力薄,未能如愿。

2 月 18 日,林森召集广州各界举行国民大会,议商外交问题及应敦促政府采取怎样的行动。会上作出几项决定:一、克日成立外交后援会,以为国民之对外机关;二、国民宜推代表赴欧,向欧洲和会进行请愿,废除中日各种不平等条约及密约;三、电北京政府取消军械借款,至日人已交之 300 万元,即由国民筹还,以免日人借口;四、撤销北京国防军(即参战军);五、惩办与日人私订各种密约之罪魁,并将其罪状宣布中外。

3 月 2 日,为声援中国政府参加巴黎和会,广州国民外交后援会成立,林森当选为会长。

广州国会议员以林森为首,联合数百人共同发出通电,宣布了外交问题的意见,其要点为:赞成国际同盟;欧洲和会中国代表应与他国同有发言自由权,不受他国干涉;欧战发生后,因威胁利诱而成之中日密约,应交和会公断;中国对德宣战后,中德条约已失效力,德国在华利益当然交还中国,他国不能继有。

在巴黎和会期间,梁启超秉承段祺瑞旨意,秘密前往巴黎,进行有损中国、袒护日本的活动,以致中国代表对日交涉受到挫折。广州国会两院得到消息后,专门就此事进行了讨论。会议最后议决:由两院函请军政府,立即下令通缉梁启超,并将其在籍财产没收,另由军政府要求法国公使引渡;由两院电唐绍仪,请一俟和议复开,即要求北京政府将梁启超拿交司法,依法律所定外患罪处断;由两院全体成员通电全国省议会、商会、教育会、各报馆及除日使以外之各国公使、驻广州领事,申明梁启超在巴黎的卖国活动为全国人民所共弃;以两院全体议员名义电巴黎和会中国代表团,请严斥梁启超,并声明两院决定为其后援。接着,在林森主持下,两院全体议员通电全国,宣布了梁启超的卖国罪状。

4月30日,巴黎和会英美法三国会议决定,将德国在山东的一切权益让与日本。此决定列入《凡尔赛和约》的条款中。至此,中国对山东问题的交涉全部归于失败。

中国在巴黎和会上外交失败的消息传到国内后,全国民众群情激昂。而北京政府竟然准备在和约上签字。于是,终于爆发了波及全国的五四运动。

5月9日,广州国会参众两院联合召开紧急会议,议决要求北京政府释放被捕学生,维持各校现状,惩办曹汝霖、陆宗舆、章宗祥。林森代表参议院出席了会议。后来(1920年1月28日),广州参议院议长林森、众议院议长吴景濂致电军政府、各省督军、省长、省议会,反对山东直接交涉,电报称:日本挟其强权,蔑视公法,对于山东权利,强欲承认,我国人民誓死不能承认。讵日本竟通牒北廷,借交还青岛为名,诱我直接交涉,彼之狡诈百出,前此《二十一条》之胁迫,军事协定之奸谋,丧权辱国。这份电报的措辞十分之激烈。

追随孙中山重组军政府

由于广州军政府逐步被桂系所把持,对于国内一些重大问题,如南北议和等事项,与孙中山的政见屡有不合,甚至在财政上、军事上暗中资助直系作战,已彻底违背了孙中山护法的初衷。1919年7月,军政府又公开拘捕了国民大会的代表数人,更引起了孙中山等人的强烈不满。7月18日,孙中山在上海打电报给广州军政府,严厉责备这一举动是"若专恃武力,横事摧残,不惟粤人之所公愤,亦即为全国所不容也"。孙中山要求军政府立即释放代表。

8 月 7 日, 孙中山决定辞去广州军政府政务总裁一职。他在上海致电国会参众两院议长林森和吴景濂, 宣布辞去这一职务。电报的措辞比较激烈, 内容为"文决不忍与之共饬护法之名, 同尸误国之罪。兹特辞去军政府总裁一职, 以后关于军政府之行动文概不负责"。

广州国会两院及议长林森、吴景濂收到孙中山的电报后, 即举行两院联席会议, 议决要挽留孙中山。会后即致电孙中山, "务恳取消辞职, 贯彻护法始终"。广州军政府也致电孙中山, 挽留孙中山仍任政务总裁一职。

但孙中山不为所动, 他不仅没有打消收回辞职的念头, 反而又致电广州国会参议院议长林森并转议员刘治洲, 希望"诸公行使最高职权, 毅然取消误国之军政府"。至 9 月 9 日, 孙中山再电广州军政府, 表示了辞去军政府总裁的决心。孙中山说: "文志已决, 义不再留。救国文之本怀, 尽力则不必在军府中也。所有 8 月 7 日以后发出文电署有文名者, 概不能负责。以后希勿再加入文名, 以昭实际"。9 月 12 日, 林森以广州参议院议长的身份, 再次致函孙中山, 报告了国会准备制宪的情况, 并衷心希望孙中山能回心转意, 考虑一段时间再作辞职的打算。广州国会两院的议员们并联名致电在上海的国会议员, 请他们挽留孙中山勿再辞去军政府总裁一职。

孙中山已不再愿意与桂系把持的军政府共事, 去意十分坚决。同时, 孙中山在 1919 年的 10 月 10 日, 将中华革命党正式改组为中国国民党, 并公布了党的规约为: 中国国民党以巩固共和, 实行三民主义为宗旨; 还规定了国民党的本部设在上海, 设立总务、党务、财务三个部。以居正为总务主任, 谢持为党务主任, 廖仲恺为财务主任。

广州国会参、众两院根据孙中山的意愿, 决定在国会中开展倒岑、改组国会的行动。10 月 22 日, 两院举行联席会议, 议决改组军政府、弹劾政务总裁之一的主席总裁岑春煊。

在国会的压力下, 广州军政府召开了军事大会。岑春煊在会上被迫提出了书面辞呈, 参加大会的军政府人员立即作出一些姿态进行了"挽留", 但广东督军莫荣新则当即表示反对改组军政府。

10 月 27 日, 岑春煊发出通电, 辞去军政府政务总裁主席职务。但职务是辞掉了, 岑春煊仍以武力为后盾控制着广东的政局。

1920 年春, 桂系军阀为了谋求与北洋军阀政府的妥协, 停止拨发了国会的经费。议会断绝了经费, 议员们也失去了生活来源, 只得散伙出走离粤。林森率议员 521 人通电, 强烈指责政学系破坏国家制宪会议。3 月 29 日, 桂系把持的军政府发生严重分裂,七总裁之一的政务总裁伍廷芳与国会参众两院议长林森、吴景濂及议员多人,共同反对岑春煊与北方直系军阀相勾结。更令桂系措手不及的是,伍廷芳携带了军政府财政、外交两部的印信及关余银两悄然"出走"。

伍廷芳到达香港后,立即发表两道通电宣布,从此军政府的政务会议已不足法定人数,军政府政务会议的一切决议概属无效。伍廷芳并将财政、外交两部的印信、文件、余款全部携往上海。不仅如此,伍廷芳还表示要继续完全负责两部的全部事务。

广州国会也近乎瓦解。4 月 1 日,国会众议院副议长诸辅成出走香港。行前,他号召国民党籍议员到香港集中,以表示与岑春煊彻底决裂。林森此时则在广州进行策应。广州国会参议院、众议院秘书厅在参议院议长林森的指挥下,将两院的所有文件卷宗封存,然后分批运往香港,给岑春煊留下一个国会的空壳子。4 月 4 日,岑春煊派出宪兵搜查了国会两院。经翻箱倒柜后,才发现重要文件已是一份不剩。无奈之下,只得留下部分宪兵将两院严密监控起来。

在两院"出走"的同时,林森、吴景濂、褚辅成三人也发出联名通电,宣布岑春煊祸国殃民的罪状,并声明国会将另行择地继续开会,以贯彻护法救国之始终。

数日后的 4 月 6 日,岑春煊在广州召开了所谓的"两院联席会议",除了国民党议员以外的一些议员参加了这个会议。会议推选孙光廷为参议院主席,陈鸿钧为众议院主席,分别代行两院的职责。会上还发表了一个通电,宣布参议院议长林森、众议院议长吴景濂、副议长诸辅成等人"变志违法,带印潜逃,嗣后如假议长名义在外发表电文,一概认为无效"。

4 月,林森离开广州去上海。轮船在香港停留时,林森曾写信给海外友人,报告了广州的近况,称"森出走广州,实属迫不得已。桂派对伍博士尚不能见容,则其征服粤人有甚于英人处置印度。而魏邦平、杨永泰等为虎作伥,摧残民气,暗无天日,国会经费尽为莫荣新提去,至今三个月不付一文,其压迫国会更毒于袁氏,是以坐而待毙不如离去贼群,另图进取,可知中山先生之辞职,其见机之早实有过人之眼光。吾人护法,本以护约法为旨,今武人违法,视国家法律和国会为儿戏,南北皆然也"。林森此番感慨,对桂系已是愤怒至极。

4 月 16 日,林森、伍廷芳等人已辗转到达上海。国民党方面立即召开会议,决定采取进一步的行动,从法律上否定广州军政府的效力。林森等人到上海后,立即对桂系进行了反击。林森与吴景濂、褚辅成联名发出通电,宣布了岑春煊违法祸国的几大罪状,再次声明国会将另择地点继续开会。4 月 21 日,参众两院四议长林森、王正廷、吴景濂、褚辅成发表通电,宣布"因孙中山、唐绍仪离粤驻沪,唐绍仪的代表赵藩已辞职,伍廷芳也已离粤,广东军政府政务会议已不足法定人数,其一切决议事件,概属违法行为,当然不生法律效力,一切外交、财政事宜,仍应由伍总裁兼部长负责"。

孙中山在上海国民党本部发表了著名的演讲,称"现在的中华民国,只有一块假招牌,以后应再有一番大革命,才能够做成一个真中华民国"。

接着,林森在上海主持召开议员谈话会,决定将国会迁往云南,并发表宣言坚决不承认广州军政府及其桂系在广州召开国会的合法性。15 日,在上海的议员再开谈话会,正式发表移驻云南开会宣言,并再次声明广州政学系私选总裁及政务会议任免职官及其他一切决议,概属违法,因而是无效的。

6 月 13 日,林森、吴景濂、王正廷、褚辅成四议长联名致电孙中山、唐绍仪、伍廷芳、唐继尧四总裁,谓:"……和平固为国人所希望,而永久和平,仍当求之于法治。故保全法系,正所以巩固国基。倘能重开,深冀体念国民多数之心理,贯彻护法救国之初衷,庶国脉可保,正义能伸"。电报坚决支持孙中山移地重新成立军政府的主张。

以后,林森等人在云南进行了一系列拥护孙中山护法的活动。

7 月 10 日,已到达云南的国会议员们以参众两院的名义宣告国会在云南成立。8 月,国会在云南昆明召开联席会议,一致议决宣布罢免岑春煊的军政府政务总裁职务,并发表了通电。会后,林森、吴景濂、褚辅成即致电孙中山、伍廷芳、唐绍仪,称"岑春煊毁法误国,亟应免去总裁职务案,当付讨论,全体可决……"

8 月 20 日,已到达云南的参议院议长林森、众议院代理院长褚辅成,以及全体议员,通电声讨北京政府的大总统徐世昌,电文大致内容为:

> 徐世昌以三朝元老,僭居元首。卖国密约,徐所签订。军事协定,徐所主持。督团造反,驱逐总统,解散国会,徐实隐为指导。直皖战争,靡烂地方,重苦吾民,徐实从中挑拨。非法国会,全国唾弃,徐犹依为护符。肇乱武夫,罪不容诛,徐更恃为爪牙。种种逆迹,擢发难数……国会为民国主权所寄,天职所在,讵敢放弃。

10月30日,北京政府大总统徐世昌以岑春煊已宣布引退,收束军政府,取消自主,颁布命令宣布南北统一,并"责成国务院暨主管部院,会商各该省军民长官,将一应善后事宜,迅速妥善办理……"11月1日,林森、吴景濂、褚辅成立即发表通电,驳斥徐世昌的所谓统一令,称:

> 不解此项伪令,容与国法民生,有何关系?寻其究竟,不过借和平统一之美名,冀骗取大宗外债,以增国民之负担,为武人扩张军备之用,此应与国人共讨者也。今日和平统一障碍,第一为徐世昌,与其所卵翼之督军武人。徐果真爱和平,真谋统一,应即宣告退位。其余问题,依法解决,和平统一即可实现。

1920年11月,陈炯明率粤军回师广东,驱逐了桂系,赶走了陆荣廷,两广遂告平定。在粤军的支持下,孙中山再次回到广州重整军政府。为此,林森、吴景濂、褚辅成三人于11月5日发表通电,电贺陈炯明回师广东,对陈炯明寄予了莫大的希望。电文称陈炯明的回师,是"执事仗义回戈,趁除凶患,师直为壮,逆众溃逃。国家前途,实深利赖"。

1921年元旦,中华民国军政府在广州举行南京临时政府成立九周年纪念大会。广东军政府各界要人、国会议员、知名人士及群众1000多人出席大会。军政府总裁孙中山在军政府发表演说,称此次军政府回粤,在于继续护法,但护法断不能解决根本问题,根本在于"仿南京政府办法在广东设立一个正式政府",作为对内和对外的机关。孙中山还聘请林森和徐绍桢为广州军政府顾问。

支持"非常大总统"孙中山

林森等人在云南得知孙中山即将成立统一政府的消息后,于1921年1月2日赶回广州。到达广州的第二天,林森就致电众议院议长吴景濂及其他议员,请他们尽快赴广州开会。4日,孙中山与伍廷芳、唐绍仪等人联名再次致电吴景濂,要他尽早率在上海的议员来广州。数日之内,即有15省的议员到达广州。

1月12日,林森在广州主持召开了非常国会参众两院联席会议。出席会议的有全国20个省的200名议员。会议专门讨论了组织正式政府以及选举总统的问题,并作出了组织审查委员会审查议员资格的决议。在这次会议上,林森再次当选为续任的参议院议长。

广东咨议局旧址,孙中山在此宣誓就任"非常大总统"

　　林森任议长后,极力主张取消军政府,废除总裁制,选举新的总统。广州国民大会也推选代表向国会请愿,要求速选总统。海外华侨也以国民党各分支部的名义致电国会,请选举总统。对此,孙中山也就选举总统之事发表了自己的看法,他说,"此次费尽无数力量,才得以回粤,如不选举总统,西南根本没有发展之希望。我此次回粤,是抱了破釜沉舟与广东共存亡的决心的"。孙中山在一次宴请林森等国会议员时发表演说认为,"北京外交团将中国的关余交给北京政府,就是对中国西南判处了死刑,那里的人不成了土匪? 救济办法,唯有快选总统"。

　　4 月 2 日,林森主持召开广州非常国会会议。会议通过决议,决定取消军政府,废总裁制改为总统制。这次会议,为选举总统在法律上完全铺平了道路。议员周震麟也提出了立即选举总统、组织正式政府的议案。结果很快得到通过。国会会议之后,孙中山立即致电张静江、蒋介石、胡汉民、戴季陶、廖仲恺,告知国会已通过决议案,要他们速来广州会商大计。

　　4 月 7 日,林森主持召开了广州国会非常会议,以压倒多数通过了议员周震麟等人提出的《中华民国政府组织大纲》。之后,议员丁象谦当即根据组织大纲的第二条提出动议,选举非常大总统。这时,多数议员附议赞成。大会随即采取无记名投票法,进行选举。出席会议的议员有 220 名,孙中山以 218

票当选为中华民国非常大总统。选举结束后,粤军各部队纷纷前往国会向孙中山表示祝贺。在孙中山当选总统的当天晚上,广州市民举行了盛大的游行,并燃放爆竹庆贺。

4月10日,广州非常国会发表宣言,指出成立正式政府的必要,并强调选举孙中山为大总统的原委,同时敦请孙中山就任大总统,成立正式政府。孙中山即复电国会,表示"所有设施,当依人民之授权及国会之付托,以为准绳,务期振法制精神,成强国政府"。

海外华侨得知孙中山当选总统后,纷纷拍发电报给国会表示祝贺。短短数日,非常国会就收到纽约、加拿大、澳洲、菲律宾等地发来的电报达200份之多。

5月5日上午8时,议长林森专程赴孙中山寓所致送当选证书。9时半,中华民国非常大总统就职仪式暨授印典礼在广州国会举行。林森主持了典礼,孙中山向国会宣誓,正式就任非常大总统,并发表了就职宣言:

> 际兹拨乱返治之始,事业万端,所望全国人才,各尽所能,协力合作,共谋国家文化之进步,文誓竭志尽诚以救民国,破除障碍,促成统一,巩固共和基础,凡我同人,幸共鉴之。

非常大总统就职典礼后的合影。孙中山右侧为林森

随后,林森代表国会向孙中山致授印玺,并致词祝贺孙中山当选。仪式结束后,孙中山率众到北校场检阅部队。当晚,广州市民 20 万人举行提灯游行大会,以示庆祝。

孙中山当选为非常大总统后,桂系的陆荣廷联合张作霖、曹锟等 32 人联名发表通电,反对孙中山就任总统。广州国会则发表通电进行反击,声明"公举孙中山先生为中华民国大总统,国是大定,统一可期"。面对北京政府和桂系咄咄逼人的架势,孙中山不得不开始筹划北伐的计划。为筹措军费,林森被孙中山派往南洋筹款。

孙中山此次回广州重组军政府,主要是依靠了粤军陈炯明的力量。孙中山通过十年的教训,认识到一定要建立一支自己的军队。此次,孙中山把建军的希望寄托在了陈炯明的身上。在孙中山的授意下,广东省长朱庆澜将警卫军的二十个营改编为省长亲军,孙中山任命陈炯明为亲军司令。孙中山就任非常大总统后,又于 5 月 7 日任命陈炯明担任了广东省长和兼粤军总司令。陈炯明除掌握省政大权外,还统率了十几万军队。1921 年 6 月,孙中山下令讨伐桂系军阀陆荣廷,就是以陈炯明的粤军为主力的。孙中山得以在广东站住脚,也是靠了陈炯明的十几万军队。所以,孙中山对陈炯明是信任有加,在完成对桂系的讨伐后,孙中山命令陈炯明全权处理广西的军事善后事宜。

1921 年,林森(前排右一)与廖仲恺、胡汉民、孙科、汪精卫等在广州合影

孙中山在广州期间，军政府中的实力派人物，从自身利益考虑，眼见陈炯明的实力太强，主张削去陈炯明的兵权，这样自己就可以占有一席之地。而林森也向孙中山建议，应速免去陈炯明的省长职，否则，日后会成为军政府之后患。军事实力人物与林森都主张除掉陈炯明，其各自的出发点和目的则不同。但孙中山对陈炯明一直抱有幻想，始终没有对陈炯明下手。

由于孙中山与陈炯明政见屡有不合，常常发生一些摩擦。孙中山坚决主张北伐，非常国会为支持孙中山，也于8月10日通过了田维纲等50名议员提出的北伐请愿案，咨请孙中山宣布徐世昌的罪状，明令出师，以谋国家统一。但陈炯明则一再对孙中山加以掣肘。不仅如此，陈炯明还秘密派遣专使，与北京政府秘密接洽。当广州军政府的北伐军出师赣南时，在广东后方的陈炯明竟然断绝了前方的粮草军饷。孙中山愤急异常，但因手中不掌握军队，又无可奈何。10月23日，孙中山为北伐之事，亲抵南宁与陈炯明商议。孙中山恳切地向陈炯明表示，此次讨贼，义无反顾，倘北伐成功，我就不会再回广东。失败了，也无面目回广东了。总之，是不会回来了。广东作为后方，就全部交给你了。你的粤军就不必参加北伐了，只希望对前方给予支持，不要再加以阻挠。孙中山并明确向陈炯明提出，大军已出发桂林，加上林森在海外所筹之款，军饷约为三四百万元，连同弹药，希望每月按时给予接济。陈炯明当着孙中山的面表示应允，但孙中山率军到达桂林后，始终未见到陈炯明接济的一粒米一发弹，以致讨桂及北伐之役一再受阻。

1921年11月15日，孙中山从梧州出发前往广西桂林组织大本营，准备北伐。同一天，非常国会即召开会议，宣布支持孙中山北伐，并列举徐世昌、吴佩孚祸国殃民的罪状。林森则以非常国会名义通电，宣布北京政府发行的国库券为非法。为此，孙中山特为致电国会，对其通电行动表示十分赞赏。孙中山特意委托林森留守广州，并代行大总统职权。

在广州，林森利用自己的影响力，以国会议长名义致信海外的国民党同志，请他们踊跃为北伐捐款。林森在信中说：

> 徐世昌篡踞北京，吴佩孚决堤殃民，外交偾事，教育摧残，若不乘机讨贼，则大局不堪设想。孙大总统受人民畀以护法戡乱大权，不日将誓师讨逆，直捣幽燕，殄灭国贼。惟用兵中原，计程数千里，必须才智筹足饷糈，方免沿途居民受供给之重累。大总统曾邀集海外归来同志，设立中央筹饷局……森代表民意之识，不得不向我海外诸同志，渎陈国内情形，切望大众协力同心，踊跃输将，以副大总统救国救民之至意。

1922 年 6 月，陈炯明在广州公开叛变，嗾使部下 4000 人围攻总统府，孙中山脱险后，决定北伐军回师广东讨伐陈炯明。北伐战争也因此而中止。

在此期间，华盛顿会议于 1922 年 2 月 6 日闭幕。参加会议的中、美、英、日、法、比、意、荷、葡九国签订了《关于中国事件应适用各原则及政策之条约》（即《九国公约》）。条约贯彻了美国所主张的"中国门户开放"、"各国在华机会均等"等原则，还规定中国的关税由中国方面实收五厘，但须先行组织委员会裁减内地厘金；不讨论中国关税自主问题等内容。中国代表所提出的"取消领事裁判权，撤退外国驻华军警"、"收回租界、租借地"等案，都被诸国以种种理由而"不议"或"缓议"。

消息传出，全国大哗。广州政府国务会议立即议决，否认华盛顿会议的有关决议，称北京政府无权代表中国资格，对其所签字予以完全否认。2 月 25 日，林森主持国会会议讨论这一问题，并通电表示，北京政府在华盛顿会议上缔结的山东问题之条约，未经国会议决，概不发生效力。

3 月 14 日，林森主持广州非常国会开会议决：暂行新刑律二百四十条，侵害人民自由，应予废止。同时致电英国政府，抗议香港英国警察枪杀沙田华人事件。

1922 年 6 月 2 日，北京政府大总统徐世昌发布辞职令。直系的曹锟、吴佩孚、齐燮元、孙传芳等人立即通电，请黎元洪复职大总统。萧耀南亦通电拥黎，同时请孙中山"引退"。3 日，孙中山立即发表通电，反对黎元洪复任总统，而应由护法政府承继总统一职。同一天，广州非常国会也发出通电，声明中华民国合法大总统及合法国会均在广州。6 月 6 日，广州非常国会宣布了黎元洪的罪状：

　　一、毁法。黎于民国六年六月十二日竟下令解散国会，遂启南北连年战争；

　　二、叛国。民国六年宣统复辟，黎氏徇张勋之请，将中华民国统治权交付宣统，签字盖章，首先称臣；

　　三、辱国。宣统复辟则中华民国既颠覆，元首有殉社稷之义，黎氏竟逃往日使馆躲避，受庇外人治下，污辱国体，莫此不甚。

但黎元洪不顾广州国会和国内舆论的强烈反对，仍于 6 月 11 日进京，就任了大总统一职。

第8章　主政福建　被驱下台

林森奉孙中山之命就任了福建省长,而北京政府任命的省长是萨镇冰,一省同时出现两个省长。

孙中山希望林森在福建筹措经费,建立反攻广东的基地。但林森并没有领会孙中山的真实意图,没有同意廖仲恺在福建发行钞票。福建军界的许崇智对林森不予合作;另一地方军阀王永泉,也在觊觎省长宝座;而国民党人逼宫更甚。林森处处碰壁,一筹莫展。加上林森主持期间政绩平平,最终导致下台。林森退隐老家青芝山,度过了一段悠闲的时光。

1923年7月24日,孙中山电召闲居乡里的林森返粤,先后任大本营建设部长和广东治河督办。虽然是两个闲职,但他却倾注了极大的精力,在资金十分拮据的情况下,完成了一些水利工程项目,进行了一些改革,并做了一件他自认为是一生中极为重要的事,即修建"黄花岗烈士墓园"。

"驱李拒刘"　主政福建

1922 年 6 月,孙中山为平叛而被迫下令北伐各军回师广东,北伐之役遂告终止。同时,孙中山把相当一部分注意力转向了福建省,其意图是将福建作为反攻广东的基地,并为将来继续北伐筹款。所以,孙中山决定将福建省的事务交给林森全权办理。

1922 年前后的福建政局是一片混沌。

国内反对直系军阀的三派结成了反直三角同盟。三派即孙中山领导的南方军政府①,张作霖的奉系以及段祺瑞的皖系。三派的联系时而密切,时而松散,有时还发生武力相争。但无论联合还是战争,都是一种暂时的表面现象,背地里的斗争却从没有间断过,而且十分地激烈。因此,福建省的局势错综复杂,几派都想争夺这块地盘。因此,福建就成了皖系军人、背叛皖系的福建省长李厚基,孙中山的北伐军、受直系指使的陈炯明部队以及直系的嫡系武装角逐的场所。

因直皖战争失败而导致段祺端的下野,皖系的福建省长李厚基立即倒向了直系。陈炯明则与直系暗通款曲,以至彻底背叛了孙中山。因此,导致广东局势的突变。这时,奉孙中山之命回师广州的北伐军许崇智、黄大伟、李福林等部,此时也兵抵闽境。皖系首领段祺瑞痛恨李厚基的倒戈,也图谋打倒李厚基,遂派徐树铮前往上海,与孙中山联络共同倒李。孙中山则派胡汉民前往南平市与闽北镇守使、徐树铮手下的大将王永泉会商作战计划。于是,王永泉、孙中山的北伐军,加上段祺瑞的老皖系,共同向直系的李厚基发起了攻击。

就在联军向李厚基发起攻击之时,北京政府的民国大总统黎元洪则于 9 月 13 日特派萨镇冰会办福建军务,同时兼任福建省长,免去了李厚基的省长一职。而皖系的徐树铮则成立了福建"建国军政制置府",徐树铮以制置府总制的名义,下达了福建省的各项委任。徐树铮号称以"建国铨真"官制,任命王永泉为福建"总抚",委以管理军民两政之权。又分别任命了王永泉、许崇智、臧致平、李福林、黄大伟为建国军第一至第五军的军长,俨然以福建省长自居。

---

① 其中有与直系勾结,受直系策动的陈炯明武装。

9月27日,王永泉宣布福建独立,并向李厚基发出最后通牒,逼他交出福建省的军政大权,限于24小时内离闽。王永泉的上司徐树铮也通电宣称,在延平成立的"建国军政制置府",不日将移驻福州办公。

在皖系大张旗鼓地加官封爵的同时,孙中山北伐军的许崇智、黄大伟、李福林部也予以积极地响应,即刻通电讨伐李厚基。10月初,联军向李厚基发起三路攻势。10月1日,王永泉通电就任闽军总司令,随即率军占领10余座县城。广东方面的北伐军黄大伟、李福林部与之相呼应,快速向纵深推进,压迫李厚基部。李部纷纷溃败,成团成营地向北伐军缴械投降。至10月上旬,王永泉和北伐军会攻福州。在两军的猛烈攻击下,李厚基抵挡不住,急向北京政府告急。北京政府方面遂急调萨镇冰南下应付局面,同时准其调动海军一同南下。另一方面,北京政府陆军部紧急接济李厚基军火,炮弹10万发、子弹30万发由军舰运抵福建。10月10日,萨镇冰率一支舰队抵达福州。但到了12日,福州还是被联军攻占,萨镇冰采取了一种"坐山观虎斗"的态度,并没有对李厚基给予多大的支持。南北两军在福州"会师",相处一城,倒也相安无事。唯有李厚基成了丧家之犬。他因财政的积欠,闽人要追究他的责任,只得到处躲藏,与省财政厅长费毓楷等人一道,逃入日本领事馆不敢出来一步。不多久,在日本人的保护下才离开福州,逃至马尾船政局。结果还是被海军方面发现逮捕,软禁在"海容"军舰上。

这一消息传到北京后,北京政府为之震动。中央委派的简任大员、一省之督军竟然被海军扣押,而海军是萨镇冰统属的,萨镇冰也没有加以制止。这岂不有"逆命"之嫌?为此,北京政府方面专门派了调查团到福建。李厚基的母亲史氏又找萨镇冰求情。后交纳了50万元现金才得以开释,随即乘军舰赴厦门转往南京去了。

李厚基被驱后,北京政府的总统黎元洪立即宣布由萨镇冰会办福建军务。15日,黎元洪又下令特任萨镇冰为福建省长,并令其尽快就任。第二天,萨镇冰火速就任了该职,并电告北京政府就任的情况。萨镇冰是福建人,在福建名声尚可。北京政府派他到福建,是考虑以"闽人治闽"比较能被当地人所接受。果然,京沪福建同乡会首先通电拥护萨镇冰及其海军入闽"暂维大局",或请其督理福建军务,维持治安。

北京政府原来想以和平手段来解决闽事战端,但因政府内部意见不一,主战派占了上风。黎元洪遂于10月24日下令讨伐徐树铮,又重新起用了李厚基,任为讨逆军总司令,萨镇冰反而屈居为副总司令。而广州大本营方面也在积极备战,孙中山特派林森、汪精卫、居正、蒋介石四人到福州犒赏三军。

此时,福建地方反对徐树铮在福州设制置府的呼声日益强烈,旅沪福建同乡会也致电王永泉、许崇智,要求取消制置府并要徐树铮离闽。福建乃至全国,到处是一片"废督裁兵"、"联省自治"、"闽人治闽"的呼声。孙中山根据这种形势,立即采取措施,命汪精卫在福州举行各界公民大会。10 月 31 日,大会举行。在会上,公众一致推举王永泉为福建总司令,林森为福建省长。一个管军务,一个管政务,实行军民分治。而孙中山早在 9 月 17 日就任命了林森为福建省长。孙中山委林森主持福建省政,也是意在迎合"闽人治闽"的愿望,同时也可填补该省权力的真空。林森在就任福建省长后,即致电孙中山,表示"唯闽省反正后,所有中央政府直辖之各行政机关,均由省政府统辖以维现状。现在钧府各部未行职务以前,可否仍由森暂行兼管……"孙中山即复电指示,"著暂兼管"。而对福建省长一职,当地人亦有不同意见。福建自治军的张贞等人致电孙中山,要求孙中山任命黄展云为省长。但孙中山坚定地回电表示,"海外华侨同志多瞩望于林子超,或借此望华侨接济……"等等。孙中山致函王永泉,要求他"与子超共济。子超为最忠于我党主义,力倡民治之一人……"

11 月初,徐树铮在各方的压力下,只得离开福州前往上海。第二天,福建各界公民大会立即通电,宣布"建国制置府"已经取消,今后将实行"闽事闽人自决"的方针,并要求各方军队停止进入福建。萨镇冰倒是很识时务,立刻就辞去了"讨逆军"副总司令之职,以表示和平解决福建问题的诚意。但对于省长一职,萨镇冰还是有所恋栈的,加上他也认为自己任职的"合法"性,因此就没有表示辞职的意思。

而在 11 月 8 日,林森根据孙中山军政府的任命,正式宣告就任省长一职。第二天,王永泉也就任了总司令一职。林森随之发布了施政方针五条,即:一、筹设自治机关;二、公开财政;三、免除苛捐;四、整顿金融机关;五、维持教育事业。

几乎在同时,北京政府大总统黎元洪特派刘冠雄为福建镇抚使。黎元洪的任命一发表,立刻遭到福建省各界人士的一致拒绝。福建旅沪同乡会就致电刘冠雄,称:"闽人仇公(刘冠雄),无异仇李(李厚基)"。福建各界大会也致电刘冠雄,态度强硬地表示:"闽人为自己计,唯有誓死相拒"。但刘冠雄对此是置若罔闻,于 12 月 15 在南京宣布就任了镇抚使一职,并发表"通告闽人书"。随后乘"通济"号军舰抵达马江。当刘冠雄到达马江的消息传开后,福

林森(左二)参加友人婚礼时在福州西湖留影

建各界群情激昂。国民党福建支部与闽海道尹层层发动,工作甚至做到了流氓、乞丐阶层。福州市连日举行各界各团体大会,纷纷通电拒绝刘冠雄入闽主政。学生组织亦警告刘冠雄,如来闽将采取不利于他的行动,但刘冠雄仍于 12 月 27 日乘军舰抵达厦门。

"倒林拥萨" 遭遇逼宫

在"驱李拒刘"风潮中,福建省实际同时存在着两个省长:一个省长是北京政府任命的萨镇冰,省长公署设在南台中洲;另一个省长,则是原为公民大会推举、后由孙中山加委的林森。

孙中山对林森主闽寄予了很大的期望,其中很重要的一条,就是筹措经费,建立反攻广东的基地。孙中山曾亲自致函林森,要他"在闽组织革命力量,促成大举";"目前万事,自以筹款为最要,望兄放胆做去,匆慵瞻顾……"

但林森并没有领会孙中山的真实意图。

林森一上任,面对的是一个几近枯竭的省财政。有人建议发行钞票来应急。但林森认为,无基金而滥发纸币,将贻害地方无穷,所以立即加以拒绝。

而其时,孙中山的经费拮据,军费无着落,以致到了捉襟见肘的地步。广州大本营负责财政的廖仲恺奉孙中山之命赴福建,与林森商洽筹款之事。但具体怎么个筹法?能否像孙中山当年在海外发动捐款的方法来筹款?福建不是海外,民间又有多少余钱?就是有又有谁肯捐?林森与廖仲恺商议后,两人分歧很大。林森认为以此办法在福建根本不可行。廖仲恺则主张试一下,但林森坚决不同意。在福建筹不到钱,廖仲恺无法向孙中山交代。但怎样去筹措,廖仲恺心里也没底。此时此刻,广东方面的军械、军饷几乎要断绝,已到了火烧眉毛的地步。情急之下,廖仲恺认为只有一条路可走了,那就是在省内增印钞票。这也是廖仲恺的最后一着了。廖仲恺想,林森跟随孙中山多年,这点事应该是能办得到的,哪怕是少发一点也行。没想到,林森对发行钞票一事甚为冷淡,并明确向廖仲恺多次表示:"闽省经济贫瘠,财政已近枯竭,局势也不稳定,一旦发行钞票,势必人心浮动,如此这般,局势更加不稳。我哪还有精力去发行钞票?"又是一口加以拒绝。虽经廖仲恺一再劝说,林森就是不为所动。为此,廖仲恺心中极为不悦,两人不欢而散,廖仲恺空手而归。

廖仲恺回去向孙中山汇报后,孙中山即向林森询问了情况。作为补救措施,林森根据孙中山的要求,在福建省发行了 300 万元的军需公债券,并委托廖仲恺、魏怀二人到南洋的小吕宋去销售。这总算给了孙中山一个交代。

林森两次拒发钞票,是从福建的稳定考虑的。但即使如此,林森的省长位子也没能坐得稳。廖仲恺来闽时,福建军事长官们也得知廖仲恺此行是为发行钞票而来,因此也竭力主张发行一批钞票,想就此得到一些军费的补充。不想被林森坏了好事,因此,整个福建军界对林森也是极为不满。这件事之后,粤军在福建的领导人许崇智对林森主持省政也不予合作,以致林森处处碰壁,一筹莫展。

另一地方军阀王永泉,表面上服从孙中山的领导,但因他也觊觎福建省长的宝座,与北洋军阀们暗通曲款。林森明知如此,却也奈何他不得,在福建陷于孤立无援的境地,因此,主持省政几个月来没有什么作为。但与李厚基的当政却有天壤之别。李厚基在福建,是"暴虐不堪,民不聊生",福建地方深恶痛绝。而林森主政,却还是"政尚廉平"的,他先后在福州办了几所光复小学和中学,以省长名义取消了"省邮电差价"。一次,省长公署拆除旧房,林森

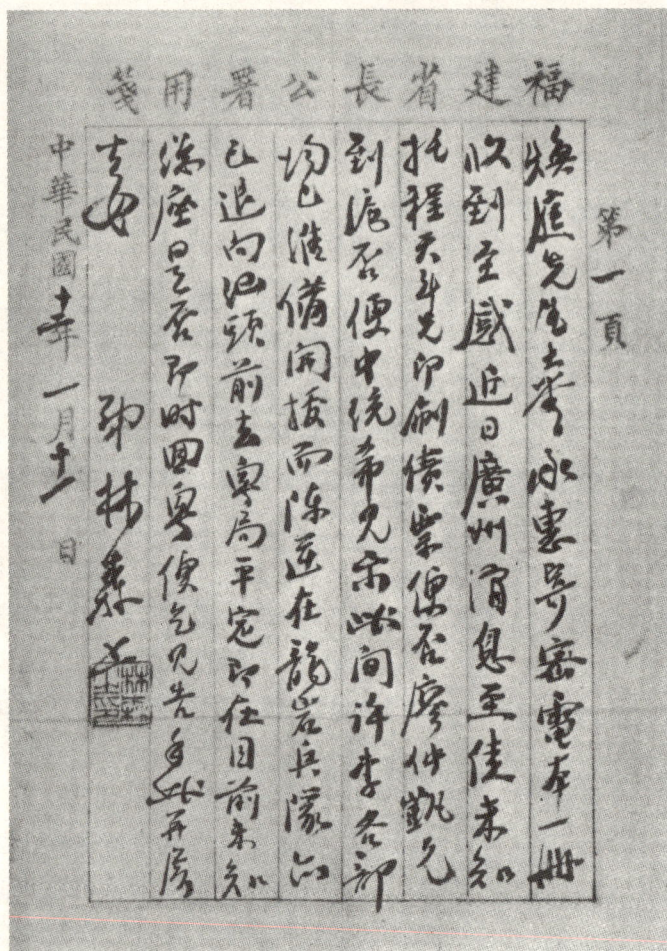

林森在福建省长任上写给林焕庭的信

将拆下的旧料运到乡下，用于扩建校舍。他在政治上虽然无所作为，私人生活却是平民化的。在省署中，林森没有雇专门的仆役，连林森在内，也只有门房、杂役共四五个人用餐，每天也就一两元钱就打发了。因此，林森在福建的"政声"还是不错的。

就在此时，一股"倒林"的风潮却悄悄地涌现了。有人提出：既然林省长主持福建无甚政绩，不如换人。

1923年初，掌握北京中央政府大权的直系军阀曹锟、吴佩孚等人，公开提出了"武力统一"的口号。他们在英、美等国的支持下，一面准备对奉系的张作霖开战，在南方，则勾结陈炯明反对孙中山，进攻福建、广东等地。为了夺取福建省的地盘,命令所属的第一师师长孙传芳、第二师师长周荫人为福建援军的正副司令,率大军从湖北经江西向福建挺进,屯兵于福建边境一带。而地方军阀为了对抗直系的"武力统一",也打出了"省自治"和"联省自治"等旗号。此时,孙中山因广东方面吃紧,急调驻闽的讨贼军许崇智部立即回粤讨伐陈炯明。许部回粤后,王永泉即成为福建省的最高军事长官。

　　许崇智在闽期间,清楚地知道国民党福建支部长黄展云的自治军兵力很弱,不足以战于沙场。而林森一介书生,空有一省长之名,手上没有一兵一卒,更是无力保护福建。许崇智就派了闽海关的监督吴梅臣与萨镇冰磋商,想与萨镇冰一道,并联合王永泉,共拒孙传芳,以保境安民。萨镇冰倒是一口答应了,但王永泉自有他的小算盘。这时,对王永泉来说,粤军一旦离闽,王永泉就会陷于孤立无援的境地。江西边境有孙传芳的虎狼之师伺于前,背后又有北洋海军在海上。王永泉实在有点左右为难。这时,又有人向他献计,建议搞"联刘(冠雄)抗孙"。联刘,就是拥刘冠雄出任省长。但王永泉又碍于刘冠雄是北京政府派来的福建镇抚使,自己还是南方革命政府麾下的一员,打的是孙中山的旗号,"联刘"太过分了,恐会引起消极影响。而福建主政的是省长林森,要与一文弱书生合作,王永泉也很不情愿。因此,王永泉对于孙中山任命林森为福建省长一事一直是耿耿于怀。自林森到福建任职后,王永泉一向与林森不甚融洽,但由于林森是公举民选的,又是孙中山委任的,自然是不好出面反对。所以经再三考虑,王永泉觉得还是与持中立态度的萨镇冰搞海陆军方面的合作。考虑再三,王永泉决定与提出"倒林拥萨"的始作俑者黄展云联合。

　　黄展云为国民党在福建的一号人物,任国民党福建支部支部长,在当地资深望重。他认为自己当年驱逐李厚基有功,福建省长应是非己莫属。但孙中山却任命了林森为福建省长,黄展云心里很不服气。他心里想,你林森虽是闽人,但长年在外,声望和实力远不如我,凭什么你来当省长?因此,他依靠在闽省经营多年的资本,处处对林森加以牵制。非但如此,黄展云还勾结地方势力,欺侮林森这个本地的"外乡人"。他经常纠集地痞流氓,制造地方局势的不稳,以此来为难林森。

　　另一国民党要员、闽海道尹陈群,曾留学日本警政学校,在福建警界是稳坐一把交椅,他也以为自己干个福建省警务处长是板上钉钉的事。但林森主政后,却把这一位子给了资历、地位都低于自己的陶叔惺。这一来,陈群对林森自然不满意了。

由于林森是孙中山亲自任命的,三人又同是国民党员,所以陈群也不便当面说出来。此时,福建国民党内部已是矛盾重重。

背地里,陈群向王永泉进言说,国内局势多变,直皖在中原逐鹿,战云密布,无暇顾及福建;孙传芳虽陈兵边境,但因各方的反对,故仍在观望,不敢贸然出兵。倒不如将福建改为自治省,与北京政府任命的省长萨镇冰合作,拒绝一切客军外人干涉省政。言下之意,当务之急,就是不让孙中山的军队进入闽境,如能挡住孙中山的广东武装,孙中山委派的林森自然就站不住脚了。如此,福建可保无虞。王永泉听从了陈群的建议,决定开始"倒林拥萨"。

而此时的福建省长林森,则认为若求福建局势的相安无事,必须与海军加强联系,依托海军的力量。在林森看来,在历史上,海军在福建一直是支举足轻重的武装,辛亥年各省光复时,海军起了关键的作用。林森采取的步骤是,派遣粤军参谋长杨子明,与其堂哥、时任海军总司令的杨树庄暗中联络。但事不机密,被福建的国民党人林寿昌获悉,随即将林森与海军联络的情况密报了黄展云。因为杨树庄是北京政府的海军总司令,所以黄展云一口认定林森在与北京政府的刘冠雄联系。抓住了林森的"把柄",于是,黄展云就放手掀起了"倒林"风潮。

在"倒林"风潮中公开出面的,是福建学生会,也就是当年林森亲手创建的组织。领导学生会的是毛一丰、陈则敬、林梅生等人。他们在圣庙路明伦堂内召开各界大会,公开提出了拥戴萨镇冰为自治后的福建省长,很明显,就是不欢迎林森任省长了。这还不算,他们还表示"欢迎"林森出任福建全省公路督办。要林森下台,还给他一个"官"。会后,林寿昌等人组织参加会议的人员,集体前往省长公署请愿,高呼"请林省长让位"的口号,并要求林森出面表态。省署政务厅长刘通出面答复说:"林森担任省长一职,是孙中山先生任命的,要等孙先生另下命令后才能将省长交卸。"但这批国民党人始终不肯让步,非得林森出来答复。当林森得知国民党人在省署外及大街上举行示威后,非但没有辞职的表示,反而强硬地说:"我奉命而来,不能违命而去。我的生死进退,唯以孙总统之命是听。"

但福建的国民党人"逼宫"更甚,甚至鼓动士兵到省署围困了几天几夜。面对如此局面,林森只得致电孙中山告知情况。孙中山接电后十分恼火,第二天即致电痛斥了黄展云,说"你这么干,将有灭顶之灾"。黄展云遭党的总理孙中山训斥后,十分懊丧,他一方面要承受来自全省各界要求林森下台的压力,一方面又要面对上级组织的严责。于是,他给孙中山发了一电为自己辩解说："北军海陆军,大军压境,闽省全境告急,王永泉虽拥兵在手,但不足以进行抵抗,已陷于孤立,非得求助于萨镇冰。只有拥萨上台,才能有效拒敌,稳定全省大局。而林森在这方面毫无作为,如果再让林森在台上,于福建全省大局有百害而无一利。林森再不卸任省长,我对福建政局亦无能为力了。"

孙中山权衡利弊,只得电令林森交出省长一职。林森接获孙中山的电令后,立即派福州警备总司令部参谋长岑诗炯前往中洲海军公所,请萨镇冰进城就任省长职。

1923 年 2 月 8 日,萨镇冰正式就任"联省自治"后的福建省长,与北京政府委任的省长"合二而一"了。同一天,林森也宣布辞去福建省长一职。

林森辞职后,萨镇冰立即致电北京参众两院闽籍议员以及北京、上海、南京的福建同乡会,声称"福建公民在省议会开会,公举镇冰为福建自治省长,坚辞不获,俟筹备就绪,即日就职"。

3 月 4 日,孙中山下令准许林森辞去福建省长一职,"调大本营另有任用",任命萨镇冰为福建省长。

萨镇冰当上省长后,立即与王永泉、刘冠雄联名致电北京中央政府,表示拥护之忱。北京政府也给孙传芳发来电报,命令其"讨闽军队立即停止前进,所有福建省的善后事宜,均责成萨镇冰、刘冠雄、孙传芳妥为协商办理,彼此相安,毋再生枝节"。

林森的下台,使福建地方各方共同发起的"倒林拥萨"风潮终于结束。福建省的反直三角同盟也彻底瓦解,从此成为北京政府的一统天下。孙中山对福建省以至对林森的期望也归于破灭。

赋闲"青芝寺"　隐居"啸余庐"

林森任省长期间,没有修建、设立专门的省长公馆,他本人就常住在福州市区的省长公署中。在卸去福建省长一职的当天,林森即把行李从省长公署中搬了出来。其时,同盟会员、同乡林右簃先生正在连江老家青芝山百洞一带治理山水,已渐成佳境,风景甚好。他知道林森喜好山水,遂邀请林森回到连江县老家一住。林森正处在万般无奈之中,加上他萌发了隐归山林的念头,于是,立即欣然前往,回到了连江县官头镇青芝山青芝寺的老家。当地的报纸以"一肩行李,省长搬家"来形容其简朴。

林森（右）在福州市鼓山涌泉寺留影

　　青芝山位于闽侯海门，距闽侯百余里、连江城二十里，是岭南山脉进入闽北之余脉，层峦叠嶂，森林茂密，以武夷第一、太姥第二、青芝第三而著称于世。林森常年奔波在外，这一次，总算可以在家乡悠闲一番了。

　　青芝寺是青芝山上的千里佛教古寺。林森搬到青芝寺百洞山后，暂时住在寺旁的梅花楼。这是一幢林家的老屋，虽然简陋了一点，却十分整洁雅致，周围的环境很是幽静。林森生性好静，这正合了林森的脾性。林森的隐居生活也很简单，平日只有一名仆人作伴，为林森做饭洗衣，其他事情林森总喜欢自己动手，不愿去麻烦别人。林森除云游于绿水青山之间外，隔三岔五地还要处理一些信件，文墨之事总是自己把笔。再就是看一些古书佛经，偶尔也出去与附近的寺僧野老攀谈聊天。

　　青芝寺一带风景名胜很多，尤以石景见长。但因长年疏于治理，显得日益破败。林森来这里居住后，陆续捐了一些钱进行了维修。一段时间后，游人逐渐增多，幽静的地方也变得嘈杂起来。林森为求清静，就在青芝寺附近的一个当地人称之为"虎洞"的地方，又找了一块空地，准备建房居住。此处位于青芝山的莲花峰下，桃园洞旁，名为鲤鱼园，是一大片乱石杂地。因这里的土地多属私人所有，林森不愿以官势压人，就通过塘头镇乡绅林伦镇，花了45个银元，向村民林九指及林氏家族买下了这块地。林森还在此地立了一块碑，并立有契约定为"陶江界"①。该碑至今犹存。

在这块空地上，林森自己设计，盖了一幢"别墅"。该建筑看似是一幢楼，以谷筛为窗户，用麻竹一劈两半，作为水槽引山泉入屋使用。楼内陈设很简单，墙壁上镶一些古色古香的瓷盘，并用牛角及麻竹头做成插花的花瓶，挂在墙上，很有一点韵味。屋外的空地中，林森自己种了不少的花草树木。屋的四周，依岩石的自然形状，又建了一道矮矮的土垣，将小屋围了起来。朝正南方向，开有一个用竹子搭的内门，额头由林森自书"啸余庐"三字，有"虎啸之余，退休终老还乡"之意。屋内中堂屏风上，用红漆书写了一个大大的"心"字，两侧悬挂了用竹子雕成的楹联："室雅何须大，花香不在多"。屋外围墙的大门门头上，还刻有"常关"二字，意思是我的门是经常关闭的，不想与外人交往。"啸余庐"前面有一座天然石门，上镌有林森诗友陈彦超所题"不为五斗米折腰"五个字。林森的"青芝老人"名号，就是在这段时间里开始自称的。他曾书有多幅中堂赠予友人，字画上就开始落款"青芝老人"四字。而林森这一年才56岁。

从虎洞口到"啸余庐"的一条小径上，有两块大石头交拱，行人必须弯腰才能通过。路边的摩崖上则刻有"折腰"两字。大概是人们经过此处时有切身体会，就刻了这么两个字。这对林森来说，也是很有意味的。林森此时的处境，刚从省长位子上下来，现在退隐山林，正可寓意为"折腰"。

林森隐居在"啸余庐"中，终日作画写字，闲暇则种花养草。这段时间，林森倒是度过了一段惬意清静的时光。

林森与青芝寺也为后人留下了一些轶闻逸事。

国民党"一大"后，林森虽然以党的元老身份被选为中央执行委员，却没有实际职务。会后，林森又回到青芝寺赋闲。这一次回来，林森还请了一位私交甚笃的青芝寺住持觉非长老，在"啸余庐"作伴居住，念经诵佛。

1925年11月，林森应谢持、张继等之约北上，参加"西山会议"。会后，遭到处分的林森心灰意冷，又回到了青芝寺。他与族人林伦镇、林右簏、陈彦超

————————

① 林森系陶江林系族人。

位于青芝山的林森藏骨塔

等人游山寻胜,终于在青芝寺附近选了一块地,并于1926年建了一座骨塔,由福州城中著名的石匠蒋元臣制作完成,据说造价是3000银元。塔形似坟状,方形,青石制成,高约7米,塔上由林森手书"参议院议长林森藏骨塔"十个字①。之所以刻这十个字,是因为这是当时林森任过的最高职务了,也是他当时最看重的一个职务。林森选这十个字,说明他再也没有东山再起的意念了。

为了行人走路方便,林森又倾其所有雇人铺设了两条由"啸余庐"至骨塔,再至半山亭的石板小道,重修了"虎洞"、"一片瓦"、"一线天"、"桃源洞"、"蝙蝠洞"等名胜。又因这里缺水,林森诸人又踏遍青山找寻水源,先后觅得"泽"、"勺"两眼泉水,并架设水槽引至"啸余庐",并勒石以志。

骨塔建成后,林森已在南京就任了国民政府的立法院副院长。林森将夫

---

① 有史料说这十个字是胡汉民所书。

人郑氏的遗骨也移埋于塔旁。又请人在塔前筑了一个小池塘,池水常年清澈如镜,池中立有一块巨石,远看似一游鲤跃波,因此得名"朝天鲤"。后林森将青芝寺及骨塔事务托付给僧人代为看管。但林森万万没想到的是,数年后他竟当上了一国之元首。

1933 年福建爆发反蒋事变时,已是国民政府主席的林森曾奉蒋介石之命前往说项,结果是无功而返。事毕,林森对政途倍觉失望,就又回到青芝百洞山蛰居了半年。因感慨于隐归恨晚,遂又刻了"晚归"二字于木鱼石上。这时,林森对佛更加虔诚,又书写了"佛在心头"四字刻于路旁石上。此次回乡,受林森感染,随行的参军长吕超也捐资在狮子岩旁建了一座亭阁,林森为之题写"松风阁"作为阁匾。之后,林森又倾囊雇人修了青芝山"第一亭",修葺了"半山亭"诸名胜,修成了松风阁至三玉蜍的石径。

1934 年,林森在南京连任了国民政府主席。但就在这一年,青芝寺的前殿遭火焚毁,寺僧无力修复,林右箴等即电林森,请其设法筹资建新寺。林森得知后心急如焚,但这是一笔不小的数字,实在没有办法,只得屈尊"请示"蒋介石并与其商洽。出乎林森意料的是,蒋介石二话不说,大笔一挥批了一笔款。于是,才新建了这座大雄宝殿①。殿建成后,林森亲自题写了一副楹联,缀在大殿的前柱上。联云:

> 前殿涌祥光,迓白马载经,声教千年方暨讫;
> 名山开法会,翔青芝献瑞,神灵百洞尽皈依。

在南京,林森又雇名工巧匠,用紫檀木雕制了大殿中所有的佛像。特别是青芝大殿的如来佛像,是用一整块檀木根雕成,造型生动,做工精细,人们称之为"红如来"。1935 年,林森又将一尊额头上缀有几粒宝石的汉白玉观音佛像运回了青芝寺,安放在东觉岩下供人们观赏,人们称之为"白观音"。两佛像并称为"青芝二宝"。

林森对这一"佛家圣地",可谓是殚精竭虑,不遗余力,也极有感情。他虽然人在南京国民政府,但每年春秋两季,只要政务稍闲,必往此小住数日,平时则常以书札问询青芝情况,并常寄书画照片馈赠乡邻老友。但自抗战爆发,林森率国民政府迁往重庆后,就再也没有回来过。

林森在青芝山拓展风光,增添胜迹,一直被后人传为佳话。

---

①　该殿系林森亲自设计,在殿两侧盖了通楼,以方便外地来客住宿,为中西合璧式样。

"大本营"建设部长

    1923 年 3 月 2 日,海陆军大元帅大本营在广州成立,孙中山就任大本营大元帅一职。7 月 24 日,孙中山电召闲居乡里的林森立即返粤,同时免去了谭延闿的建设部长一职,特任林森为大本营建设部长。至 1924 年的 6 月,孙中山又任命建设部长林森取代姚雨平为广东治河督办事宜。林森未到任前,由前财政部长叶恭绰暂时代理。

    广东一带的水患一直就十分猖獗,但因南方战事频仍,官方没有资金和精力去整治,这已成为孙中山的心病。林森任建设部长后,孙中山特意委任他兼任治河督办,就是让他把主要精力放在治水上。但任何一任建设部长去治理水患,无钱就寸步难行,林森亦不例外。当时,广东省财政入不敷出,不可能拿出多少钱来治水。林森只好又采取海外募捐的老办法,向民间殷实富户征集钱财,出不起钱的,就出劳动力。林森任建设部长和治河督办期间,对于水利建设倾注了极大的精力,在资金十分拮据的情况下,总算搞成了一些水利工程项目,如在北江芦苞建了一座规模较大的钢铁活动水闸;在西江肇庆朱隆建起了防水石坝,以调节苍梧东下的洪水;还对珠江进行了浅淤疏浚,以利于航运等等。

    林森在建设部长任上,很想成就一番事业,但无奈战争不断,资金多用于军费开支,根本就不可能在建设上有多少投入,加上各方面的牵制也太多,林森遇到了许多困难。即使如此,林森除了完成了一些水利工程项目外,还做了一些自己力所能及的、有利于社会进步的事。如林森向孙中山提出书面报告,建议在广东民间实行殡葬改革,以天葬(即火葬)代替土葬。为此,孙中山深表嘉许,特准了林森的建议,并在繁忙的事务中抽出时间,督饬大本营军政部长程潜、广东省长杨庶堪,将广州永济药库废址改建为天葬的场所。

    林森任建设部长时,直系军阀曹锟在北京上演了先驱逐黎元洪,后进行贿选总统的丑剧。1923 年 6 月上旬,曹锟鼓动流氓组成了公民团,在天安门举行集会,要求黎元洪即日下台。非但如此,曹锟还唆使军人数百人聚集到黎元洪住宅索饷,结果,黎元洪被迫出走。紧接着,曹锟又进行总统的"贿选"活动。北京甘石桥俱乐部为曹锟贿选,每人发了 5000 元的支票,规定在总统选出三日后立即兑付现金。此次共发出支票 573 张,议员们居然也厚颜无耻地前往领取。曹锟另花了 40 万高价收买了国会议长。结果,国会召开总统选举会,到会议员 590 人,曹锟以 480 票的高票"当选"为总统。众议院议长吴景濂卖身投靠直系,亲自乘专车前往保定,向曹锟呈送了"总统"当选证书。

10 月 10 日,曹锟在中南海怀仁堂正式就任总统。对于曹锟的"当选",国内自然是一片"颂扬"之声。直系的吴佩孚极尽吹捧道,"我大总统,功在国家,法统重光,遂作华盛顿之第二,共和有庆"。冯玉祥致电称,"群情鼓舞,各界欢腾,天日增辉,风云绚彩"。孙中山则指出,"这是文明之国家所认为奇耻大辱也","故中国人民认曹锟之当选总统,为一种篡窃叛逆行为,在理在势,皆须反对而讨伐之"。孙中山明令讨伐,谓曹锟贿选是"非法窃取总统,罪迹昭著";并下令"护法各省军政长官将此次附逆议员一律查明,通缉惩办,以昭炯戒,而立国纪"。

林森曾任过议长,对于吴景濂这位议长的卖身投靠行径自然是愤慨异常。于是,广州大本营建设部长林森与总参议胡汉民、秘书长杨庶堪、外交部长伍朝枢、内政部长徐绍桢、财政部长叶恭绰一道,联名致电孙中山,历数曹锟祸国殃民的累累罪行,吁请全国军民同志奋起"诛彼元恶"。

督建黄花岗烈士墓

林森卸任福建省长之职后,应孙中山之召回到了广州任建设部长。在部长任上,林森还做了一件他认为在自己的一生中极为重要的事,即修建黄花岗烈士墓园。

黄花岗烈士墓园的建设由来已久。孙中山自 1895 年至 1911 年领导的 10 次武装起义中,规模最大、影响最深、最为壮烈的一次,莫过于 1911 年 4 月 27 日(即农历三月二十九日)举行的广州起义了。起义失败后,革命党人潘达微冒着生命危险,将起义中牺牲的、暴露在野地的七十二名烈士的遗骸集中收殓,并葬于广州北郊的黄花岗(原名红花岗)。故后人又称为黄花岗起义。当时仅是每人薄棺一具,无任何碑文记载起义之事及死难者的姓名史迹。因据当时的统计,牺牲烈士共七十二名,所以又称之为黄花岗"七十二烈士"。

孙中山于 1912 年 4 月 3 日卸任中华民国临时大总统后离开南京,于 5 月 15 日(农历三月二十九日),也就是广州起义一周年的纪念日来到广州,率领各界人士数十万人,到黄花岗祭悼烈士英灵。孙中山主祭并致祭文,还亲手

20 世纪 20 年代,林森(后排左十一)在广州黄花岗与同仁合影

栽种了四株松柏于墓前。当时的黄花岗,荒郊寒野,黄土覆盖。在孙中山的力倡下,广东省政府拨出资金 12 万,打算在黄花岗修建一座公墓,后因政局动荡不定,使工程一再受阻。直到 1917 年时,烈士墓前才竖起了一座小小的石碑,但仍是一片荒凉。

在死难者中,福建省籍的烈士就达十多人,仅次于广东。其中,有不少是林森创建的福建学生会的故旧至友,所以林森对他们怀有很深的感情。

1918 年,林森在任参议院议长后,就与福建同乡、滇军师长方声涛①共同倡导建一墓园,以纪念死难烈士,而更深一层的动因,是以辛亥精神来激励后人。二人一道募集了部分资金,于 1919 年开始筹划建烈士墓园之事,并向海内外国民党人士募集款项。林森本人则在广州到处奔波选择地块。用了不到一年的时间,终将墓园稍稍整修了一下,使其初现轮廓。

林森自幼偏好艺术,他不是设计师,也不是工程师,但他却亲自参加设计和监理。在烈士墓园的设计方案中,都含有他独到的设计理念。从墓园牌坊,到墓冢外形,从墓园的总体设计,以至一碑一序、一台一坛、一道一圈、一塔一炉,林森事必躬亲,极尽心思,煞费苦心。即使在任福建省长的几个月期间,他仍然十分关注墓园的建设。自卸职省长一职后,只要在广州,他每日必

---

① 七十二烈士之一方声洞之兄。

到工地,俨然是一位监修工程师。

林森与邹鲁等人经过详细的调查考证,确认在广州起义中牺牲的烈士不止七十二人,而是八十四人①。但由于最初已经习惯称作"七十二烈士",所以也就延续了下来。

在修建烈士墓园的过程中,林森曾亲自上书孙中山,汇报了墓园建设及筹款的情况:

> 黄花岗烈士墓将次完竣,因森不忍先烈暴露,故不自量力,并将红花岗温生才四烈士等之墓,亦同时修筑。所有费用只向国内同志募捐,立意不向各衙署开口。因虽口言护法者,未必与吾党宗旨相合,故不愿借用其力,恐污先烈名誉。现两处工程告竣在即,故以余力筹筑七十二烈士纪功石坊一座,专向海外同志募捐,表示吾党在海外之能力,聊表先烈之功于万一。此项建筑图说公函已由森寄发海外各支分部同志,求其赞成,限期捐助。查南北美洲及加拿大各埠,共有八十余处支分部,每处捐助美金一百五十元,即合华银三百元,八十余处共计缴来即可成事。虽不敢比美华盛顿之纪念功坊,而留此大建筑于国内,表示国民党之魄力。想各同志亦多赞成此事。各地和尚以出家孤力,尚能建高塔以留千古,此为先烈纪功,合力而成,应不难收众擎易举之效。

黄花岗烈士陵园(今摄)

---

① 另有一说是八十九人。

孙中山对林森建纪功坊的建议深表嘉许,亲自题写了"浩气长存"四字,落成后刻于纪功坊石壁之上。以后,资金逐步到位,建设工程也分阶段完工告竣。

在林森的悉心经营之下,经过几年的建设,墓园终于在 1924 年初完成了它宏伟的主体工程。建成后的黄花岗七十二烈士墓园,其纪功坊系由七十二块方石垒成,上方屹立着一座由美洲华侨赠送的仿纽约自由女神像,头戴七束光芒冠冕,左手挟书,右手举槌,正对着七十二烈士墓亭顶端的一座自由钟,体现了中国民族资产阶级为自由而奋斗的精神。自由女神像基座的两侧,站立着两只展翅欲飞的自由鸟。同时,林森为了将黄花岗烈士事迹传播于世,激励后人,还与胡汉民、邹鲁等人,共同主持出版了《黄花岗烈士事略》及《黄花碧血集》等史料书籍。

但在墓园建成不久,有人却认为,整个结构有点像公园,太轻松了,理由是内有茶水亭、水池、音乐台等类似娱乐的设施,有失庄重;纪念坊上的自由女神像,也是外国人崇拜的偶像,而七十二烈士墓是典型的中国人的墓地,放一尊外国人的塑像,有点不伦不类。他们提议改为坟场的式样。结果在 1930 年的 5 月,广东省政府决定,重修黄花岗墓园。

经过改建,墓园内原有的设施如音乐台、石茶台、石香炉、石柱灯等,都予以拆除;将纪功坊上的自由女神像,换成了圆形的中华民国青天白日国徽;墓道也进行了改建,开辟了一条南墓道,入口处建了一座宏伟古朴的牌坊,上嵌孙中山 1921 年手书的"浩气长存"四字,以此作为正门。整个烈士墓园的改建

20 世纪 30 年代,国民政府主席林森在广州祭扫黄花岗烈士墓

工程及周边设施,一直到 1937 年 3 月才正式竣工①。这一年的 4 月 27 日,也就是黄花岗起义 26 周年之际,已担任国民政府主席的林森亲往广州,偕各省市代表隆重祭悼黄花岗七十二烈士,并对黄花岗七十二烈士墓园重修竣工表示祝贺。

为了纪念在辛亥革命中牺牲的其他烈士,在福州南公园,林森还主持督建了祝栗主烈士墓和烟台山先烈碑亭。

---

① 中华人民共和国成立后,纪功坊上的自由女神像又重新恢复,取代了国民党的党徽,七十二烈士墓亭上的四面三角形内的国民党党徽也被去除。1966 年"文化大革命"中,黄花岗纪功坊上的自由女神像被一把火炬所取代。到 1981 年 9 月,一座高 2.8 米的自由女神像被重新雕刻制作,取代了火炬竖立在纪功坊上,基本恢复了林森督建墓园时的历史原貌。

第9章 国民政府五常委之一

　　1922年9月,孙中山开始改组国民党,同意李大钊等共产党员以个人名义加入国民党,并委托林森、廖仲恺等九人为国民党临时中央执行委员会。以后,林森以此身份自始至终地参加了国民党的改组工作和国民党"一大"的筹备,并担任了国民党第一届中央执行委员。

　　1924年1月国民党"一大"召开。林森是孙中山亲自指定的代表之一,也是主席团成员之一。林森对于共产国际帮助孙中山改组国民党是持支持态度的。他在一次发言中称,国民党"有此成绩者,实以得俄人鲍君(即鲍罗廷)之力为多"。这是林森对于党内争论的一次难得的表态,而对党内的大多数争论则采取了超然的态度。

　　孙中山逝世后的1925年7月1日,国民政府在广州成立,以林森等十六人为委员。之后,委员之间进行互选,选举汪精卫、胡汉民、谭延闿、许崇智、林森五人为常务委员。

　　上海"五卅"惨案之后,广东各界120多个团体,举行了援助沪案代表会,林森任大会主席,会议对上海"五卅"惨案进行声援。廖仲恺被刺后,林森也发表声明予以谴责。在整个廖案的处理过程中,林森作为国民政府的五名常委之一,明确表示了谴责的态度。

改组国民党　参加"一大"

孙中山自 1912 年 4 月卸去了临时大总统一职后,又领导了"二次革命"和"护法运动"。但一次次都归于失败。到头来,仅保留了一个民国的空名,而民国实实在在的东西则早已丧失殆尽。孙中山逐步认识到,这是由于国民党缺乏一个明确的纲领。而其时的国民党已陷入了一片混乱的状态,许多地方的党组织已经瘫痪,根本就不能有效地领导革命运动。因此,孙中山一直就在酝酿改组国民党,尤其是在苏联十月革命胜利后,孙中山在共产国际的帮助下,开始注意研究苏联十月革命的经验,进而总结辛亥革命以来的教训,并付诸了实际行动,最终走上一条新的道路。

1922 年 9 月,孙中山开始了改组国民党的工作。4 日,孙中山在上海召开国民党各省负责人会议,研究国民党的改组计划。接着,由孙中山亲自主盟、张继介绍,李大钊、陈独秀、蔡和森、张太雷等共产党员,以个人名义加入了国民党。1923 年 1 月,孙中山与到达上海的苏联政府特使越飞举行了多次会谈,于 26 日发表了著名的《孙文越飞宣言》。这个宣言,标志着孙中山联俄政策的确立。

紧接着在 10 月,孙中山特聘苏联代表鲍罗廷为政治顾问,协助国民党的改组工作。同时,孙中山委托林森与廖仲恺、邓泽如、谭平山、孙科等九人为国民党临时中央执行委员会执行委员。以后,林森就以国民党中央临时执委的身份,自始至终地参与了国民党的改组工作。

10 月 10 日,国民党在广州召开恳亲大会,专门讨论了党的改组事宜。会上,孙中山特派林森、胡汉民、孙科、廖仲恺等 11 人为党务讨论会委员。孙中山在会上归纳了国民党党务失败的原因,是党中缺乏组织,党员革命精神消失,党的基础未固;党的基础在军队,而国民党没有一支有力的军队。孙中山还在会上作了题为《国民党员不可存心做官发财》的讲演,重申要"以党治国"。孙中山认为,所谓以党治国,并不是以党员来治国,而是以党的主义治国。

10 月 25 日,国民党临时中央在广州举行改组特别会议,并筹备召开党的全国代表大会。林森积极参加了筹备国民党"一大"的事务。在会上,廖仲恺代表孙中山宣读了由他亲自指定的国民党中央委员的名单。临时中央执行

林森与孙中山等人合影

林森（前排右五）与孙中山（前排右六）、宋庆龄（前排右七）等在广州大元帅府合影

委员为：胡汉民、林森、廖仲恺、邓泽如、杨庶堪、陈树人、孙科、吴铁城、谭平山。林森位列第二。候补执行委员为：汪精卫、李大钊、谢英伯、古应芬、许崇智。鲍罗廷为顾问。

孙中山还曾在广州大元帅府召开了重要会议，林森以建设部长身份，与大本营的各位部长次长以及各军总司令60多人参加了这个会议。会议决定，要在最短的时间内，成立中华建国政府，以及出师北伐、统一财政等。

至10月28日，国民党中央临时执行委员会正式成立。中执会的第一次会议决定，立即着手进行国民党的改组工作，并起草宣言、党纲、党章草案；办理各分部登记，设立国民党广州市党部；统一宣传机关，出版《中国国民党周刊》等。在这个会上还决定，将于1924年1月在广州召开国民党的第一次全国代表大会。代表的产生办法是：每省6个代表名额，3人选举产生，3人由孙中山亲自指定。海外支部名额为12人。会议并推选中央执行委员林森、邓泽如、吴铁城等人负责筹备召开党的全国代表大会的工作。

在国民党"一大"召开前，中共中央发出了"十三号通知"，要求共产党员积极帮助国民党改组，并通知各地的共产党组织，争取每省有一人当选为国民党代表，出席即将举行的国民党"一大"。11月，在广州的国民党本部发表了《中国国民党党纲草案》，国民党临时中央执行委员会亦发表了《中国国民党改组宣言》和《中国国民党章程草案》等文件。宣言总结了国民党成立以来的成绩和失败的教训，要求在这次国民党的改组中，要"符合民众所渴望"，而且要"分子淘汰，去恶留良"。林森以国民党中执委名义，参与了文件的筹划和起草工作。

1924年1月20日，中国国民党第一次全国代表大会在广州隆重召开。各省及海外代表应为196人，当天到会代表为165人。这些代表中，有一部分并没有通过选举，而是由孙中山亲自指定的，林森就是其中之一。还有一些是由各省市区的国民党党部推选的。中共党员李大钊、谭平山、于树德、毛泽东、林伯渠、王烬美、夏曦等人以个人名义出席了大会。另一中共代表陈独秀因故未能出席会议。加入了国民党的中共党员，约占了"一大"全体代表的14%。

在大会的开幕式上，孙中山致开幕词说，此次国民党改组，有两项任务，一是改组国民党，要把国民党再来组成一个有力量有具体的政党；第二就是用政党的力量去改造国家。实际上，孙中山说的这两点，就是大会的宗旨。孙中山最后号召大家"团结起来，为党为国，同一目标，同一步骤，像这样做去，才能成功"。致词完毕，即指定胡汉民、汪精卫、林森、谢持、李大钊五人组成了主席团,在开会期间以主席名义轮流主持会议。

孙中山在会上还盛赞俄国的十月革命是"立志稳健、眼光远大","经验多而成功快",中国要"学习俄国的好榜样"。孙中山在大会上还特别强调了民生主义的原则,称"共产主义与民生主义毫无冲突","本党与之联合,将来必能得中俄互助之益";"本党既服从民生主义,则所谓社会主义、共产主义与集体主义,均包括其中"。孙中山在一封批示中也称,"俄国革命之所以能成功,我国革命之所以不能成功,则各党员仍不明三民主义之过也,质言之,民生主义与共产主义实无别也"。

林森主持了1月22日的全体会议,并以会议主席名义指定谢持、谭平山、廖仲恺、孙科、李大钊、毛泽东、于右任、丁惟汾、汪精卫等19人组成党章审查委员会。

1月23日,国民党"一大"通过了《中国国民党第一次全国代表大会宣言》。苏联驻北京代表加拉罕向国民党"一大"发来了贺电。为此,孙中山复电称,"本会深信,全世界之自由民族必将予同情,而俄国人民来此先声,尤为吾人所感激。中俄两国行将共同提挈,以进于自由正义之途"。

在国民党"一大"举行期间,国共两党人士曾就共产党员跨党加入国民党之事发生过一次激烈的争论。先是由国民党员方瑞麟提出一个动议,要求在党章中加上"本党党员不得加入他党"的条文。此议一经提出,马上就得到十多人的附议。但李大钊代表共产党员立即发表了针锋相对的意见,他义正词严地指出,"本党总理亦曾允许我们仍跨第三国际在中国的组织,所以我们来参加本党(指国民党)而兼固有的党籍,是光明正大的行为";"有我们在中国国民党的组织与国际的组织中间作了联络,使革命运动益能前进,是本党所希望亦是第三国际所希望的"。

李大钊发言之后,国民党员黄季陆、江维藩立即发言,坚决反对李大钊的跨党主张。但国民党员廖仲恺发言认为,"此次彼等(指共产党员)之加入,是本党一个新的生命"。而汪精卫则说,"党员跨党一层,可不必过虑,如党员违纪一律绳以党纪"。最后,大会否决了方瑞麟的动议,通过了共产党员、社会主义青年团员以个人资格参加国民党的决议案。林森在这场争论中并没有明确发表自己的意见。

1月30日,国民党第一次全国代表大会选举出国民党中央执行委员24人,林森与胡汉民、汪精卫、谭延闿、张静江、廖仲恺、居正、李烈钧、邹鲁、戴季陶、覃振、柏文蔚、王法勤、石瑛、于右任、杨希闵、叶楚伧、石青阳、丁惟汾、熊克武、恩克巴图，以及共产党员李大钊、谭平山、于树德等人当选。林伯渠、毛泽东、瞿秋白、邵元冲、李宗黄、张国焘等国共两党人士共 17 人当选为候补委员。

国民党"一大"及其改组工作，也是林森与中共人士的首次合作。

1 月 31 日，国民党第一届中央执、监委员会第一次会议在广州举行。孙中山任主席，并推定廖仲恺、戴季陶、谭平山为常务委员。会议议决了国民党总理及各部的设立，各部部长由国共两党成员共同担任。2 月 6 日，又通过了一系列议案，其中有《海外党务方案》，明确了中央党部在海外增设海外部，统辖海外 18 个总支部，由林森担任部长。

另外会议通过的《各省党务计划进行案》、《中央执行委员会及上海、北京、哈尔滨等执行部组织及预算案》等决议明确规定，广州为中央执行委员会所在地，其余特别区如上海、北京、汉口、哈尔滨、四川，则派遣中央执行委员去各该地组织执行部，指挥监督各地区党务。中央执行委员林森与廖仲恺、李烈钧、戴季陶、邹鲁、柏文蔚、谭平山，以及部分中央监委、候补中执委等，直辖广东、广西、云南、福建等地的党务工作。其他国共两党的中委、监委等则各有所属地区。

其时，在孙中山的主张下，中共党员实际上已经参加了国民党改组，以及国民党的"一大"。对于孙中山的联俄联共政策，在国民党中引起了不同的反响，其看法很不一致。国民党的广东支部长邓泽如以及林直勉等人就曾上书孙中山，要求弹劾共产党，反对国民党的改组。戴季陶听说国民党将改组并容纳共产党员参加国民党"一大"时，立即致电广州方面，表示要辞去临时中央执行委员职务，即使孙中山派廖仲恺去上海劝说也无济于事。林森在这场激烈的党内纷争中采取了观望的态度。

党内争论　作壁上观

国民党"一大"的召开，标志着国共合作的建立，也正式确立了国民党"联俄、联共、扶助农工"的三大政策。国民党已成为在孙中山领导下的工人、农民、小资产阶级和民族资产阶级的革命同盟。在国民党改组的初期，林森就担任了国民党的五名临时中执委之一。以后，根据国民党党章规定，林森又当选为国民党第一届中央执行委员（共 24 名），已经处于国民党的核心领导层。此时的林森，发表言论并不多。由于诸事均是孙中山一手策划，所以从

1924 年 6 月 29 日，林森（立于孙中山身后者）陪同孙中山在黄埔军校阅兵

林森的言行看，是支持并参与了国民党的改组和"一大"的筹备，赞同了孙中山的主张，积极追随了孙中山先生。对于共产国际帮助孙中山改组国民党，当初林森也是持支持态度的。他在不多的一次发言中称，国民党"有此成绩者，实以得俄人鲍君（即鲍罗廷）之力为多"。这是林森对于党内争论的一次很难得的表态，对国民党的改组是持赞成的态度的。

1924 年 6 月，孙中山在苏联和中国共产党的帮助下，创建了黄埔军官学校。共产党员周恩来、熊雄先后担任了政治部主任，聂荣臻任政治部秘书，恽代英、肖楚女、叶剑英等任军校教官。16 日，在广州的黄埔岛举行了隆重的开学典礼，林森与廖仲恺、胡汉民、汪兆铭等人，随孙中山夫妇前往学校参加观礼。以后，林森也曾多次以中执委名义到学校进行视察。

国民党"一大"召开后，国民党党内对于联合共产党以及共产党员加入国民党一事的争论，从来就没有间断过。但孙中山关于联共的态度一直就是很明确的。1924 年 2 月 16 日，孙中山在大本营的一次讲话中曾经以十分严厉的口气警告党内反对共产党的言行，他说，"反对中国共产党即是反对共产主义，反对共产主义即是反对本党之民生主义，便即是破坏纪律，照党章应当革除党籍或枪毙"[①]。1924 年 3 月，孙中山又在一次讲话中说，"有好造谣生事者，谓本党改组后，已变为共产党。此种谰言，非出诸敌人之破坏行为，即属于毫无意义之疑虑"；"至于社会主义青年团之加入本党，前年陈炯明叛变，本

---

① 冯自由：《致孙中山先生函稿》，上海《档案与历史》1986 年第 1 期。

党一度顿挫后,彼等认为共同革命,非有极大之结合,事不克举,故欣然同趋一致,以期有益于革命实行";对于共产党和青年团的加入,国民党应"来者不拒,所以昭吾党之量能容物,而开将来继续奋斗之长途"。

慑于孙中山在党内的绝对权威地位,国民党内的大多数人尚不敢公开反对孙中山的主张。但在 6 月 18 日,国民党中央监察委员邓泽如、张继、谢持三人,还是向孙中山呈了一文,并致函国民党中央执行委员会,表面上虽然不是公开反对孙中山的主张,只是要求弹劾共产党和社会主义青年团加入国民党,声称他们加入国民党,"确于本党之生存发展有重大妨碍",国民党内"绝对不宜党中有党"。这些主张,显然与孙中山的主张是背道而驰的。几天后,谢持和张继二人专门就"共产党加入国民党,而在党内进行社团活动"一事,向苏联顾问鲍罗廷提出措辞强硬的质问。

7 月 3 日,国民党中央执行委员会举行第四十次会议,讨论邓泽如、张继、谢持提出的"弹劾共产党"案。会议争论激烈,始终没能取得一致意见。最后,只好作出了一个不置可否的决议,一、将发表一个表示党的态度的宣言;二、决定召开中央执行委员全体会议讨论办法;三、呈请孙中山决定。并决定一旦孙中山作出决定后,立即由汪精卫、邵元冲二人起草党的宣言。实际上,会议是把悬而未决的问题踢给了孙中山。林森参加了这次会议。这是一次很重要的会议,在会议上,林森是支持弹劾,还是反对,或是其他什么态度,目前尚没有资料来证实。但从林森后来的行动看,林森在这次会议上的态度应该是清楚的。即林森并不主张联合共产党,但林森长年无条件地追随孙中山,而又深知孙中山的一贯主张是什么,当然就不好发表反对孙中山的意见了,而是采取了一种超然的态度。

孙中山接到会议的呈文后,态度十分明确。汪精卫、邵元冲二人立即根据孙中山的指示,起草了党务宣言。其内容为:三民主义之革命,为中国革命运动唯一之途径。革命之基础,自以联合全民共同奋斗,始能益显其效力。故凡有革命勇决之心及信仰三民主义者,不问其平日属何派别,本党无不延纳,许其加入。中央执行委员会着重声明,本党既负有中国革命之使命,即有集中全国革命分子之必要。故对于规范党员,不问其平日属何派别,惟以其言论行动能否一依本党之主义政纲及党章为断。如有违背者,本党必予以严重制裁,以整肃纪律。

孙中山已经明确表态,但国民党内的一些人,对于"联共"等问题老是纠缠不放,甚至在孙中山的面前反复争辩。一次,孙中山气愤地说:"我的话,你们就是不愿听。如果再不听,我就开除你们;要不然,你们开除我好了。"①
8月19日,国民党中央执行委员会在广州召开第二次全体会议,讨论"国民党
内的共产派问题"。国民党中央监察委员张继、谢持不顾孙中山的意见,再次
提出了"弹劾共产分子"的意见书。候补中央执行委员、中共党员瞿秋白在会
上立即进行了反驳发言。双方互不相让,会议只好决定"以后再议"。

8月21日,会议继续进行。汪精卫作折中发言说,现在,党内对这一问题
有三派意见:一是与共产派合作有害;二是合作有益;三是共产党跨党参加国
民党并无害,但在党内有秘密团体则有害。最后,会议以国民党中央政治委
员会名义,向全党发表了关于"容共"的训令。实际上,这就是孙中山的主张。
之后的一段时间里,由于孙中山力主推行三大政策,国民党党内的关于这一
问题的争论,才暂告缓和,直至孙中山逝世。

广州国民政府五常委

1924年10月,北京政变发生。在北京成立了以直系冯玉祥、奉系张作霖
和皖系段祺瑞三派共同把持、由段祺瑞为临时政府执政的中央政权。中国共
产党为揭露段政府,并宣传孙中山的革命主张,早日结束分裂的局面,争取国
家的和平统一,于11月发表了《第四次对时局的主张》,重提召开国民会议,
"废除一切不平等条约"等主张。全国各团体纷纷发表宣言,支持中共主张和
孙中山北上,召开国民会议。一时间,国民会议运动在全国蓬勃发展起来。
孙中山于11月13日由广州抱病北上,途经香港、上海,并取道日本赴天津,于
12月31日到达北京。

1925年1月28日,孙中山在病榻上下达手谕给侍奉在侧的汪精卫和陈
友仁,要求将国民党中央执行委员会政治会议由广州迁到北京,并指定吴稚
晖、李石曾、汪精卫、于右任、陈友仁、李大钊、邵元冲为委员,鲍罗廷为顾问。
此时,在孙中山指定的几名委员中,主要是国民党内的左派和共产党员,以及
持比较温和观点的人。值得注意的是,林森不在其中。

由于孙中山是抱病启程,到北京后不久,即因患肝癌于1925年3月12日
逝世于北京铁狮子胡同行辕。生前曾留有遗嘱和《致苏俄遗书》,嘱咐国民党

---

① 1956年11月11日林伯渠在纪念孙中山九十诞辰大会上的讲话。

一定坚持实行三大政策,将反帝反封建斗争进行到底。

3月12日,即孙中山逝世的当天,北京治丧处即告成立,由林森和于右任、吴稚晖、宋子文、孔祥熙、李石曾、汪兆铭、邹鲁、孙科九人组成。同日,胡汉民发表通电,成立广州孙中山哀典筹备委员会,由留在广州的胡汉民、伍朝枢、廖仲恺、许崇智、吴铁城等人组成。孙中山的治丧活动,在中国历史上是空前的。全国的十七个省上百个市,包括了香港、台湾等地区,以及海外的许多国家。参加悼念活动的,包括了党、政、军、工、农、商、学、教师、报人、僧人、华侨等各界人士。据北京孙中山治丧处统计,从1925年3月19日至4月2日,短短十多天,北京各界到中央公园祭吊者就达74万人之多,团体1254个,收到花圈7千多件,挽联近6千副。仅4月6日,北京治丧处就发出谢吊函件2.3万件。林森等人为了治丧事宜,夜以继日地工作。

孙中山逝世后,林森撰写的挽联为:"一人千古,千古一人。"

4月13日,在北京的部分国民党中央执行委员,不顾广州中央执行委员会的决议,擅自在北京的帅园开会讨论召开国民党第二次全国代表大会的地点问题。国民党中央执行委员丁惟芬任会议的主席。会上,共产党员于树德发言力排众议强调,北京处在帝国主义及军阀势力之下,根本无集会的自由,会议应在广州举行。但这一动议遭到大多数与会者的反对。居正等人提议进行唱票表决,丁惟芬只好同意。结果,石瑛、居正、石青阳、李烈钧、覃振、邓家彦赞成在北京开会,于树德等四人反对。结果,会议否决了广州中央委员会的决议。于是,在北京开会的决议竟获得了通过。接着,又讨论不许共产党跨党的问题。于树德愤而退场。对于北京方面的擅自集会,广东方面持坚决的反对态度。耐人寻味的是,林森对此又没有表示明确的态度。

在广州的国民党中央执行委员会于5月18日举行第三次全体会议,议决:接受总理遗嘱,以总理遗教为最高指导原则;重申了1924年8月二中全会关于容纳共产党之决议。

5月28日,广州政府军政要人在颐养园开会,决定大本营采取委员合议制,以胡汉民、杨希闵、谭延闿、许崇智、刘震寰、程潜、伍朝枢、古应芬、林森为委员。暂不设委员长。后来,广东革命政府相继平定了商团叛乱,以及东征陈炯明的军事胜利,打垮了杨希闵、刘震寰等军阀,使广东革命根据地日趋稳固。国民党中央执行委员会政治委员会决定"改组大元帅府为国民政府"。1925年7月1日,国民政府在广州正式成立。由于孙中山的逝世,其在国民党党内的地位无人能够取代,国民政府的组织形式遂采取了委员会议制,推

1925 年 7 月 1 日广州国民政府成立,图为各委员在广州第一公园举行
就职典礼后合影。右一为林森

选汪兆铭、廖仲恺、胡汉民、张静江、谭延闿、林森等十六人为委员。之后,委
员之间进行互选,选举汪兆铭、胡汉民、谭延闿、许崇智、林森五人为常务委
员,汪兆铭为主席。

　　上海"五卅"惨案之后,全国各地成立了"五卅"后援会。广东工农兵学商
各界 120 多个团体,于 6 月 16 日举行了援助沪案代表会。已回广东的林森任
大会主席,并发表了演说。汪精卫、廖仲恺等人出席了大会。会议议决成立
"广东各界对外协会",由广州的 25 个团体各出一人为执行委员,决定对上海
"五卅"惨案进行声援。

　　1925 年 8 月 20 日上午,国民党中央执行委员、国民政府委员兼财政部长
廖仲恺,与夫人何香凝乘车前往中央党部参加国民党中央执行委员会第一百
零二次会议。在党部门口,廖氏等人刚一下车,早已埋伏的大门附近的几个
杀手突然冲出,举枪就射。廖仲恺身中数枪,于中午 11 时在医院去世。与廖
仲恺同车的国民党中央监察委员陈秋霖亦受重伤不治身亡。当天,国民党中
央执行委员会即发出讣告,要求各级党部下半旗致哀三天。

　　廖仲恺是国民党著名的左派政治活动家,共产党人的好朋友,是国民党
内拥护孙中山改组国民党,实行三大政策,实行国民革命主张的代表人物。
廖仲恺被刺后,国民政府立即召开了紧急会议,组成了一个特别委员会。另
外还成立了一个廖案特别法庭,由朱培德、吴铁城、陈公博、周恩来等人为检
察委员。8 月 31 日,黄埔军校举行追悼党代表廖仲恺大会。林森与国民党中

执会主席汪精卫等人一道出席了大会。蒋介石在会上发表了十分激动人心的讲话,他说:"党代表之死,是一般反革命派用反共产的口号打死的";"帝国主义用反共产的口号来离间我们的同志,中伤我们同志,所欲谋杀的不止廖先生一人,汪先生和本校长都在内的。如果党代表死后,我们还不彻底觉悟,便中了敌人的奸计了"。林森在会上也发言谴责了这一暗杀行径。

9月1日,是廖仲恺的安葬日。这一天,广州送殡团体超过了一千个,人数竟达到 20 万以上,是中国历史上极为空前的一次悼念活动。这一天的送葬活动,由林森全权代表主祭。林森并以国民党中央执行委员会的名义,下令全市机关下半旗志哀,并停止办公一天。

刺杀廖仲恺案,其实就是国民党右派打击国民党左派、反对孙中山国共合作主张的一个重要步骤。国民党右派的代表人物谢持因其一向力主反共,遂被指为廖案的嫌疑人。后在蒋介石和许崇智等人的保护下,谢持才得以离开广东到达上海。在整个廖案的处理过程中,林森作为国民政府的五名常委之一,态度是十分明确的,即持谴责的态度,而且是站在广东国民政府以及国民党左派一边的。此时林森的言行,至少在表面上还是拥护国共合作的。

第 10 章　西山会议派的"首领"

1925 年 9 月,林森、邹鲁、戴季陶等人商议,决定召开国民党一届四中全会,并于 1925 年 11 月 23 日在北京西郊的香山碧云寺举行。会议决定另立国民党中央,对外发表的通电、一些文件的署名等,林森总是排在第一位。

北伐军节节胜利,广州国民政府北迁武汉,在国共两党共同领导下,继续执行了孙中山的三大政策。而北伐军占领南京后,蒋介石于 4 月 18 日在南京成立了国民政府,与武汉国民政府形成了对立的局面。

南京国民政府在国民党中进行"清党"反共时,也没有忘记当年的西山会议派,蒋介石不能容忍另一个中央的存在。北伐军一占领上海,蒋介石即下令查封环龙路 44 号西山会议派成立的"中央党部"。此后一直到 1927 年 6 月,南京的国民党中央党部才决定恢复西山会议派林森等人的国民党党籍。

率"国民代表团"北上

"廖案"尚未处理完毕,也就是在追悼廖仲恺大会之后不久,林森虽然从表面上看是与广州国民政府和国民党左派保持一致的,但毕竟政治观点与许多国民党左派人士不能统一,广州的政治气候也使林森等人感到不能在广州立足。恰于此时,广州国民政府拟派"国民外交代表团"北上宣传。于是,林森、邹鲁等人立即率领"国民外交代表团","奉命"北上。代表团由邹鲁实际负责,以林森为团长(即总代表)。1925 年 9 月中下旬先后离开广州。林森于9 月 18 日率代表团启程,行前,广州市各界还举行了一个 8 万人的欢送大会。

林森诸人北上的第一站是上海。一到上海,林森立即与在沪的戴季陶、谢持、叶楚伧、邵元冲等国民党要人会商。结果,大家一致同意另行召开国民党的第一届中央执行委员会第四次会议,会址初定在北京,主要议题就是商讨"反对共产派"的事宜。

此时,孙中山的儿子孙科也到了上海。孙科一向不同意联合共产党,到达上海后,立即出钱成立了一个名叫"国民委员会"的秘密组织;同时,在上海、南京、北京拉拢青年,组织了一个公开的组织"孙文主义学会"。这些组织,就成为日后西山会议的"群众基础"。

聚集在上海的国民党人士商妥之后,决定谢持先行由津浦铁路北上入京准备,林森、邹鲁则溯江西上,经南京、九江、武汉等地进行联络,以扩大影响,造成声势。一行人西行经过数省,10 月 14 日,以林森为总代表的代表团到达北京。次日,北京国民外交代表团召开了欢迎大会。会上,林森发表了演说,他慷慨激昂地说,"我们此次进京,主要有两大任务,一是宣传并揭示广东沙基惨案的事实真相,二是决心秉承孙中山国民外交,打倒帝国主义,废除不平等条约,以求中国解放之政策"。

林森到达北京后,立即与张继、谢持、石瑛、邹鲁、茅祖权、傅汝霖等国民党中央执行委员会合,前往北京国民党执行部,要求执行部的负责人、共产党员李大钊、于树德以执行部的名义,向全国的党员发出通告,邀请各地的中央执行委员进京开会。李大钊以广州国民党中央执行部没有同意开这个会而加以拒绝。北京执行部的另一负责人于树德,对这一要求,当时没有作明确表态,暗中却予以坚决的抵制。林森等人数次前往交涉,均无效果。以致在

10 月 26 日,一批反共的国民党员激进分子,冲到北京翠花胡同的国民党执行部,与其他的一些左派党员发生了流血冲突。

冲突发生后,林森也没有办法处理这件事,只好发表了一个声明,说明了冲突的情况,并退一步地提出了将会议改在张家口举行的建议。林森又致电上海国民党执行部,并要求他们转告广州中央和海外各个党部,通知国民党中央执行、监察委员立即到张家口集中,举行全体会议。林森等人将会议地点选在张家口,是想取得北方驻军冯玉祥的支持。但此时的冯玉祥正在苏联的支持下进行军队的改造,并聘请了苏联的军事、政治人员为顾问团,其政治态度是倾向联合苏俄和共产党的,所以对林森等人的提议立即加以婉拒。林森无奈,与诸人商议后,只好放弃在张家口开会的想法,决定不顾北京国民党执行部的反对,仍在北京召开"四中全会"。林森又会同北京的"国民党同志俱乐部"、"民治主义同志会"等组织,向李大钊、于树德提出,要求他们让出国民党北京执行部的办公机关,作为在京的中央执行委员的办公处。但北京执行部断然加以拒绝。

会议的召开已是在北京的林森等国民党中执委们确定的事,但因各方阻力重重,会址却总是定不下来。最后,由叶楚伧提议,将会议地点放在北京西郊的香山碧云寺召开。此议一经提出,立即得到在北京的中央执行委员们的一致赞成。11 月 16 日,在北京的国民党中央执行委员们发表了一个通电,内容为:

> 上海执行部转在沪各委员同志鉴:据林委员森等寝(二十六)电,于十一月八日在张家口开中央委员会全体会议。现委员等已于本月铣(十六)在总理灵前集会,决定于本月梗(二十三)日在北京香山碧云寺总理灵前开正式中央执行委员会全体会议,除分电外,特此电知,务希到会。林森、石瑛、居正、石青阳、邹鲁、戴季陶、邵元冲、叶楚伧、张继、谢持、茅祖权、吴敬恒、傅汝霖等。铣。

碧云寺位于北京西郊的香山,又称西山,明代是朝廷权臣魏宗贤的生祠。孙中山先生在北京铁狮子胡同行辕病逝后,其灵柩先放在中央公园社稷坛内供人们瞻仰,后于 4 月 2 日移厝西山碧云寺。西山会议选在这里举行,其用意是再明显不过的了。

10 月 18 日,林森主持召开了预备会议。会议推选中央监察委员吴敬恒为主席。吴即在会上以主席身份陈述了自己的意见,他表示,对于党内纷争,我们应采取缓和的态度。这一提议,得到了戴季陶、叶楚伧、邵元冲、沈定一的一致赞同。吴敬恒所说的缓和态度,就是对于广州国民党中央和国民政府的汪精卫等人,亦以劝告为主,而不能用弹劾的办法。而对共产党同志,则宜邀李大钊等人"进行切实的协商,万勿使之成为片面的分裂行动"。

吴敬恒的提议,立即遭到党内一些反共激进分子的强烈反对,以致演变成一场拳武行。11 月 19 日上午,由冯自由、马素、彭养光等人,纠集于 1924 年 4 月在北京组织的"国民党北京同志俱乐部"的数十人,手持棍棒,分乘汽车三辆,直冲到西山香云旅社戴季陶等人的寓所,将戴季陶和沈定一等人一顿饱打,致戴季陶受伤不轻。戴季陶不堪受此凌辱,立即于第二天离京南下。行前亦发表声明称,只在一定的主张下,才可以同意会议的有关议决。吴敬恒虽然没有受到皮肉之苦,但经此惊吓,从此再不敢出席会议。

另一反共坚定分子张继,在孙中山丧事之后即赴河南,不想在汤阴的火车上,与国民军的宪兵发生口角。张继是河北人,早年的同盟会员,膀圆力大,颇会一些武功,民初时,曾跳上讲台将一名演讲的保皇党人一把扔下了台。加上他在国民党中的地位,所以不大买这帮宪兵的账。对方不知张继的身份,两句不合就动起手。张继再有能耐,哪里是众宪兵的对手,几招一过,就被殴致伤。只得又回到北京疗伤,就住在碧云寺附近。林森与邹鲁得知张继也住在北京,遂去碧云寺往访,谈及举行会议之事,张继直言说:"因病不能参加会议的准备,君等的主张,就是我的主张。诸事全权委托两位兄弟代为签名可也。"

当西山会议即将举行之时,广州国民党中央执行委员会针对林森等人将在北京西山另立中央擅自开会之事,决定将于 12 月 14 日在广州召开国民党的第四届全体委员会议,并于 1926 年元旦举行第二次全国代表大会。会后,国民党中执会即致电北京执行部于右任、李大钊、王法勤、丁惟芬、于树德等人,严厉批评了在北京的林森等中央执行委员无视中央的行为。电报强调,全国代表大会及中央执行委员会或全体会议,只能在广州开会,已经决议在前,何得违反前议?此举显然未得北京执行部之同意;熊克武因通敌被捕,听候审判,何得通电请其来京,公然违反中央决议及政府令?以上三点,以中央委员而举动若此,实为可耻。

广州国民政府也致电北上的国民运动代表团总代表林森,表示"本日决议取消邹鲁代表职权及名义,着北京执行部查办"。由此可见,广州方面对林森与邹鲁还是区别对待的。

西山会议如期举行

但在北京的国民党中执委们，不顾广州国民党中央和国民政府的一再反对，仍决定如期举行会议。1925年11月23日，会议终于在北京西郊的香山碧云寺孙中山先生的灵柩前举行。其名称为"中国国民党中央执行委员会全体会议"，也就是"国民党四届一中全会"。

会议应到会的国民党中央执行委员为：林森、居正、邹鲁、覃振、石青阳、石瑛、戴季陶、叶楚伧，候补中执委邵元冲、沈定一、茅祖权、傅汝霖，中央监察委员谢持、张继，共14人。但戴季陶等人虽参与了会议的策划，但他认为与广州中央公开唱对台戏时机尚未成熟，加上前些日子遭到痛殴，就借故没有出席会议。吴敬恒受到惊吓，只开了一次预备会议，以后就托病不出。邵元冲则在会前不知去向。在北京的李大钊、谭平山、于树德、林祖涵四人是共产党员，被排除在外不许出席。结果到会的只有12个人。而国民党的中央执、监委员法定人数为51人，出席西山会议的连四分之一都不到。但在开幕式上，会议竟然还发布了一个通告，要求广州的中央执行委员会自即日起停止职权。

开幕式由林森任主席，叶楚伧、茅祖权、邹鲁、覃振为记录。会议开始后，林森第一个发言，紧接着，邹鲁、覃振、沈定一、谢持等一个接着一个发言，个个慷慨激昂。

会议的第二天，又发表了一个通电，声言本次集会"不受广州中央执行部拘束"，广州中央"限制本会议开会地点等议决无效"；而"国民党第二次全国代表大会的开会日期，应由本会决定"等等。

11月27日，广州国民党中央执行委员会对西山会议进行了猛烈的反击。中执委汪精卫、谭延闿、谭平山、林祖涵、李大钊、于右任、于树德、王法勤、丁惟芬、恩克巴图，候补中执委毛泽东、瞿秋白、韩符麟、于方舟、张国焘等人立即发表通电，严斥西山会议派，谓：全国代表大会及中央执行委员会全体会议，须在广州开会，任何人不得违反决议。若在北京开会，外受军阀之压迫，内则有反动分子利用军阀从中作梗……"并决定于"12月11日在广州开中央执行委员会全体会议，明年元旦开第二次全国代表大会"。同时致电北京方面，要"林森诸同志尊重决议，速来广州开会，勿持异端"。

西山会议开了10天，共举行了22次会议，于1926年1月4日闭幕。会议的实际主持和操作人是邹鲁、谢持、覃振等,其宣言和决议案等文字工作则出自沈定一之手。而一些对外发表的通电、一些文件的署名等,林森则总是排在第一位。这主要是因为林森资历老,又跟随孙中山多年,会议往往以他的牌子作号召。

会议决定另立国民党中央,并发表了公开背叛孙中山三大政策的宣言,通过了一系列重要决议案,其部分内容为:

推举林森、覃振、石青阳、邹鲁、叶楚伧为国民党中央常务委员;

开除共产党员陈独秀、谭平山、李大钊、于树德、林祖涵、毛泽东、韩符麟、于方舟、瞿秋白、张国焘的国民党党籍;

不准共产党在国民党势力范围内主持教育行政,担任官吏;不许共产党参加群众运动,如青年运动、农工运动等;

中央执行委员会暂移上海,通电停止广州中执会职权;

解除鲍罗廷顾问职务等等。

国民党内遭惩戒

会后,由林森主持,将国民党中执会移驻上海办公。林森先派叶楚伧回上海准备,于 12 月 14 日以中央执行委员会名义,在环龙路 44 号上海执行部原址成立了国民党的中央党部,并开始办公。不久,广州方面的周佛海、黄季陆、桂崇基等三十八名国民党的重要干部先后到沪,所谓的国民党中央立即"健全"了机构,成立了组织部、宣传部、青年部、工人部、商人部、海外部、妇女部。接着,邹鲁、谢持、居正也由北京抵达上海,以常委名义主持上海"中央党部"工作。同时,在北京另行成立了国民党执行部,地址在北京南花园 1 号,由林森、邹鲁、覃振为常委,傅汝霖为北京特别市党部筹备主任,张继为直隶省党部筹备主任。商议事情的地点则在林森的竹竿巷住所。

拥护广州国民党中央的另一执行部,则仍在翠花胡同 8 号办公。两个执行部一左一右,泾渭分明。

由此,上海的"国民党中央",以及部分省市的执行部,正式形成了与广州国民党中央分庭抗礼的局面,开始了全面的反共活动。

西山会议派另立中央后,在全国也得到了一些支持。支持者以国民党南京执行部为代表。他们致电西山会议,表示拥护会议主张,还在报纸上刊载

"开除江苏省党部共产派党籍启事"。广东中华全国孙文主义青年会广州分会也通电拥护西山会议,反对在广州召开国民党"二大"。叶楚伧主编的上海《民国日报》则连篇累牍地刊登文章,公开支持西山会议派的反共声明,反对广州的国民党中央执行委员会。从 11 月 27 日至 12 月 22 日不到一个月的时间里,该报共发表文章 12 篇,完全充当了西山会议的喉舌。

广州国民党中央和国民政府针对西山会议派的反共活动,发动各地党部进行了猛烈的反击。国民政府下令免去邹鲁的国立广东大学校长职务,还对各地党部及报刊进行全面策动,进行舆论宣传。接着,即决定于 1926 年元旦在广州举行国民党的第二次全国代表大会。会期十九天。这次会议的中心议题,就是弹劾西山会议派。国共两党代表汪精卫、谭延闿、丁惟芬、谭平山、恩克巴图、经亨颐为大会主席团主席,吴玉章为秘书长。

会议通过了惩戒西山会议派的《弹劾西山会议决议案》,宣布西山会议的举动,"纯属违法,足以危害本党之基础,阻碍国民革命之前途,非加以严重之处分,不足以伸党纪而固吾党之团结"。大会议决,将策划西山会议的谢持、邹鲁二人,永远开除党籍;林森、居正、石青阳、石瑛、覃振、傅汝霖、沈定一、茅祖权、叶楚伧、邵元冲、张知本等十二人,因附和邹鲁、谢持参加西山会议,实属违反纪律,但此十二人虽非西山会议主谋者,略迹原情,予以自新之路,由本大会予以书面警告,指示错误,纠正其过失,限于两个月内,复函中央执行委员会。若不接受本大会警告者,是为有意背叛本党,即与谢持、邹鲁同类,中央执委会可径予开除其党籍。其他西山会议参加者的处分轻重不一,如戴季陶由大会予以恳切训诫,促其反省。内列名北京"国民党同志俱乐部"者,统限两个月内盖章具函中央执行委员会声明脱离关系,否则概予以永久开除党籍之处分。会议还提出了"严防右倾分子"、"打倒西山会议派"等口号。

大会还选举了新的国民党中央执行委员会。汪精卫、谭延闿、胡汉民、蒋中正、谭平山、宋庆龄等三十六人为中央执行委员,毛泽东、邓演达等二十四人为候补委员;另选举了中央监察和候补监察委员等。在随后举行的二届一中全会上,汪精卫、蒋介石、谭平山、谭延闿、胡汉民、林祖涵、陈公博、甘乃光、杨匏安当选为中央执行委员。

广州国民党"二大"的召开,申明了国民党党纪,对林森在政治上是个沉重的打击。

西山会议派再立山头

在广州国民党中央执行委员会对西山会议派的邹鲁、林森等人进行了严厉处分的同时,国民政府亦发布命令,禁止西山会议派在上海召开国民党的"二大",称"凡有敢在上海、北京等处假冒本党最高机关名义以遂其叛党营私目的者,不问首从,一概拿交法庭,照叛逆论罪";"凡列名伪会者,务于 3 月 29 日以前声明背签,否则届时定按名通缉"。

但西山会议派依然我行我素。1926 年 3 月 29 日,上海的"二大"在吕班路建国中学礼堂正式揭幕,其名称与不久前国民党中央在广州举行的会议一模一样,也叫"国民党第二次全国代表大会"。由于会址在法租界内,而会议又标榜"反共",租界当局就没有加以干涉。大会主席由张继担任,黄季陆为秘书长。出席会议的有 27 个省的 108 名代表。会议规定,凡有共产党党籍者,一律不得参加会议。

大会推选张继、谢持、林森、邹鲁、沈定一、覃振、傅汝霖组成主席团。会议在听取了各地方党务的报告后,就开始了以"对付共产派"为主要议题的讨论,专门提出了"期望共产党之痛改前非,努力从事反抗帝国主义、打倒军阀之工作"的要求。并通过了《肃清共产分子案》等决议。会议历时三天,选举了林森、邹鲁、居正、谢持等 25 人为国民党中央执行委员,候补中执委 39 人,中央监察委员 7 人,候补监察委员 5 人。在这些中执委、中监委中,西山会议的始作俑者吴敬恒、戴季陶、叶楚伧,以及暗中资助金钱的邓泽如,都未当选。有意思的是,吴敬恒、戴季陶、邓泽如三人在广州的"二大"上,则被选为中执委,唯独叶楚伧两个"二大"都没份。非西山会议派的胡汉民、李烈钧、朱霁青,也在两地当选。林森则名列上海"二大"中央执行委员的第一位。

在上海举行的"二大",虽然吸收了各地的国民党名流多人参加,并将他们拉入了中央执行委员会的领导机构,却忽视了一个最为重要的方面,那就是没有"团结"当时尚未露出真容的军事实力派人物入伙。

4 月 10 日,上海"二大"闭幕。之后便例行举行二中全会,选举了谢持、邹鲁、沈定一三人为常务委员,林森虽名列中执委第一位,却没有当上常委,这倒是值得玩味的。在会后决定的部长人选中,居正为组织部长,桂崇基为宣传部长,黄季陆为工人部长,张星舟为青年部长,黄复生为妇女部长,邹鲁为

1926 年 3 月，林森在北京西山碧云寺参加孙中山逝世一周年追悼会时摄

商人部长（兼）。因林森长年在海外工作，关系很多，又比较熟悉海外的工作方式，能拉到经费，故会议用其所长，任其为海外部长。但此时，林森却托病不愿意出山了，连后来的会议都没有参加。该部的"部务"只好由孙甄陶代理。上海国民党中央还创办了《江南晚报》作为其宣传机关和喉舌。

广州、上海两个国民党"二大"的召开和两个中央的严重对立，标志着国民党内部左、右派之间的反共联共之争，已经更加尖锐化。而这时，距孙中山逝世仅仅一年。

但就在西山会议派在上海举行所谓的"二大"之时,上海国民党执行部却在其眼皮之下召集了在沪的国民党员 1000 余人开会,坚决反对西山会议派在上海举行的"伪代表大会"和选举出的"伪中央执行委员会"。

西山会议召开后,广东的军事实力派人物蒋介石也一步步地走向反共。先是在广州制造了"中山舰事件",其目标就是针对共产党。后来,汪精卫开始消极,不久即离开广州。汪精卫一离开,蒋介石立即召开了国民党的中央政治委员会会议和国民政府联席会议,由谭延闿任国民政府主席,蒋介石自任中政会主席和军委会主席。在北京和上海的西山会议派人士已经看出,蒋介石即将成为同路人。

不久,"整理党务案"发生。蒋介石在国民党的第二届中央执行委员会第二次会议上,以"改善国民党与共产党间的关系"为名,提出"共产党应将加入国民党的共产党员名册交中执会主席保管","加入国民党的共产党员,在高级党部任执行委员时,其数额不得超过各该党部执行委员总数的三分之一","不得充任本党中央机关之部长"等等。会后,中共党员谭平山、林祖涵、毛泽东等人纷纷辞去国民党中央组织部长、代宣传部长和常委会秘书的职务以示抗议。

蒋介石虽然不屑与西山会议派的这帮文人搞在一起,广州的国民党中央也已对西山会议派的人进行过惩戒,但蒋介石对西山会议派人士又进行了分化瓦解。蒋介石与戴季陶是在日本留学时的好友,蒋介石念当年同窗之情,给了戴季陶一笔钱。戴季陶随后即完成了《孙文主义哲学基础》和《国民革命与中国国民党》两书的写作。其主要论点,就是反对阶级斗争,反对国共合作。蒋介石立即将其捧为国民党内的理论权威,并同意戴季陶在上海设立了"季陶办事处"。戴季陶的两本小册子问世后,蒋介石号召青年人必读。

对于孙科,蒋介石知道在西山会议上他虽然没有怎么出头,但会议的经费却是他资助的。蒋介石利用吴铁城的关系,将孙科从上海拉到广州,给了他一个建设厅长的官职,以后又加封交通部长。

而对张继,蒋介石则给他写了一封言语恳切的长信。张继被蒋介石的"诚恳"所感动,立即以蒋介石的意志为转移,对西山会议派的态度很快就冷淡下来。

叶楚伧是上海《民国日报》的主笔,经蒋介石一拉,也与西山会议派脱离了关系,到广州担任了中常会秘书。邵元冲也跑到广州,当上蒋介石任校长的黄埔军校教务主任和青年部长。北京的西山会议派的执行部,只剩下邹鲁和林森二人在维持局面。但没多久,邹鲁也溜回了上海。政治和权力欲望极为强烈的人,一个个都溜走了,北京只剩下林森这个"忠厚长者"一个人在南花园1号看家撑台面。后来执行部经费几乎没有了来源,搞得林森穷困潦倒,竟然要为吃饭而发愁。后来,林森在北京实在坚持不下去了,也只好去了上海。至此,西山会议派人士各奔东西。上海的中央党部也是名存实亡。林森目睹世态炎凉,又一次受到了刺激,对政治真正地开始淡漠,并逐步消沉下去。

解除封杀　恢复党籍

蒋介石在掌握了军政大权后,虽然力图将共产党人排斥出国民党的领导机关,但国共合作的局面表面上仍在维持。到1926年春,广州国民政府肃清了广东境内的反革命势力,实现了两广的统一。不久就开始了将国民革命推向全国的北伐战争。7月,国共两党组成的国民革命军出师北伐,蒋介石担任了国民革命军总司令。

随着北伐战争的节节胜利,部分国民党中央执行委员和国民政府委员到达武汉。武汉成为国共两党进步人士聚集的地方。12月,广州国民政府也迁往武汉。

武汉国民政府在国共两党共同领导下,继续执行了孙中山的三大政策,使武汉地区出现了生机勃勃的局面。中共党员毛泽东、夏曦、郭亮、董用威、吴玉章、李汉俊等人,活跃在湘鄂一带。国民党左派人士邓演达则以国民革命军总政治部主任身份坐镇武汉。1927年2月,在武汉的国民政府委员和中央执、监委员举行了扩大的临时会议,决定国民政府和中央党部在武汉开始办公,以武汉为临时首都。接着,又举行了国民党二届三中全会,选举了以国共两党人士为主的国民党中常委,汪精卫、谭延闿、蒋介石、顾孟余、孙科、谭平山、陈公博、徐谦、吴玉章当选。而邓演达等国民党左派人士则担任了国民政府的部长等要职。在当时来看,武汉国民政府几乎为清一色的"左派分子"。

北伐军占领南京后,蒋介石于4月18日在南京成立了国民政府。在该政府成立的前后,蒋介石就已在南京和上海公开对共产党人和进步群众进行了清洗。国内形成了武汉与南京两个国民政府严重对立的局面。

南京国民政府一方面在国民党中进行"清党"反共,同时也没有忘记当年的西山会议派,蒋介石绝对不能容忍哪怕是毫无作为的另一个中央的存在。

北伐军一占领上海,蒋介石即命令国民革命军东路总指挥白崇禧部查封环龙路 44 号的西山会议派成立的所谓中央党部。这件事完成以后,6 月 6 日,南京的国民党中央党部才正式发出通令,取消"打倒西山会议派"、"严防右倾分子"、"打倒国家主义派"等口号。胡汉民以中央政治会议的名义,在南京中央党部举行的总理纪念周上,再次宣布废止以上口号。6 月 10 日,国民党中央执行委员会通过了张静江的提议,决定"恢复西山会议派的张继、谢持、林森、覃振、邹鲁、居正、石青阳、傅汝霖、何世桢等人的国民党党籍"。国民党中常会联席会议也议决,恢复"因纯粹反共而开除党籍之同志"林森、石瑛、茅祖权、沈定一等 18 人的国民党党籍,立即启封上海环龙路 44 号中央党部。到此时,对西山会议派的封杀令已全部解除,双方隔阂也全部消除,宁、沪之间的联合也趋于成熟。

很快,长沙发生了"马日事变"。紧接着,武汉国民政府的汪精卫于 7 月 15 日开始反共。国共合作正式宣告全面破裂,轰轰烈烈的国民革命运动终于归于失败。于是,三个中央、三方的执、监委员们"忽然发现",他们在反共"清党"方面取得了惊人的一致。既然政治观点统一了,就应该互相谅解,共谋合作大计。于是,三方自然地走到了一起。蒋介石、李宗仁、胡汉民等发表通电,对武汉方面以前的"容共"举动表示谅解,欢迎汉方的重要人物赴宁执掌"权柄"。汪精卫也向南京方面一再作出姿态,表示对共产党"防制过迟","至深内疚"。至此,宁汉沪三方已完全"殊途同归"。

由于三方的隔阂已不复存在,武汉国民政府的汪精卫、谭延闿、孙科、陈公博等人平安地抵达南京,准备召开统一后的国民党二届四中全会。这时,西山会议派的人士记起了过去被汪精卫开除党籍的旧仇,遂竭力反对由汪精卫主持开这个会,并强烈要求汪精卫引咎辞职。汪精卫迫于压力,只好宣布"引退"。这时,蒋介石和汪精卫两巨头均已"下野",亲西山会议派的孙科立即提出了成立特别委员会的主张,南京方面表示赞成。

9 月 11 日,宁、汉、粤三方代表在上海戈登路召开了为期三天的谈话会,商讨三个中央党部、两个国民政府的改组办法。出席会议的三方代表共 31 人。蒋介石、胡汉民、吴稚晖等为数不多的几个人没有参加会议。经过讨价还价,三方决定以"大局为重",成立国民党的中央特别委员会,以统一党务。特别委员会由宁、沪、汉三方各推委员 6 人组成,另各推候补委员 3 人以及共推委员 14 人组成。宁、汉两个国民政府合并后的人选,由特委会决定。辞职后的汪精卫还主持起草了统一宣言,说明"组织中央特别委员会,代行中央执行监察委员会职权,改组国民政府,并于三个月内筹备第三次全国代表大会,而从前峙立之三党部,均不复行使职权;从前三方面互相攻击之言论,皆成陈迹,不得复引为口实"。这是一次比较重要的会议,但林森又"因病"未能参加。

1927年9月16日,国民党中央特别委员会在南京成立。从此,过去对峙的三个国民党中央党部,"均不复行使职权"。上海中央的西山会议派人士再次融入了国民党的"大家庭"中,其代表人物、原中执、监委员林森、邹鲁、许崇智、居正、谢持、覃振6人,以及候补委员茅祖权、刘积学、傅汝霖3人参加了这个特别委员会并任委员。南京中央的代表有李宗仁、李煜瀛、蔡元培、王伯群、伍朝枢、李烈钧,以及候补委员叶楚伧(此时已不算是西山会议派人士)、褚民谊、缪斌9人;武汉中央有谭延闿、孙科、何香凝、于右任、朱培德、程潜6人,候补委员顾孟余、甘乃光、陈公博3人。另14人由三方共推。会议决定改组国民政府,推选47人为国民政府委员,谭延闿、胡汉民、蔡元培、李烈钧、汪精卫为常委。另成立了以蒋介石等67人为首的军事委员会,以蒋介石、汪精卫、胡汉民等14人为主席团成员。并任命蔡元培为大学院院长,伍朝枢为外交部长,孙科为财政部长,王伯群为交通部长,王宠惠为司法部长。党政大权分配完毕后,林森从当年的常委"跌落"。倒是早已"背叛"西山会议派的谢持,与已"下野"的汪精卫一道,担任了特委会的三常委之一。

接着,国民党中央特委会又于9月19日开了第三次大会,推定了中央党部各部的委员。共成立了组织、宣传、工人、农民、商民、青年、妇女、海外八个部。林森照例担任他的海外部的委员,另一委员是邓泽如,而且排在林森的前面。

再次置身度外

特委会成立不久,汪精卫一派又认为原武汉国民党方面未能取得党政实权,遂鼓动武汉政治分会攻击特委会代行中央职权是违反党章。汪精卫还指责特别委员会被西山会议派所把持,遂将旧事重提,对西山会议派人士再次进行大肆攻击,并要求召开二届四中全会,同时策动各地方军政人士向中央施压。

1927年11月22日,南京各界举行讨伐唐生智胜利大会。会上,通过了"打倒西山会议派"、"取消特委会"等议案。国民党中央党务学校代表谷正纲发表演说,高呼"打倒西山会议派"等口号。会后,党务学校学生举行了游行,当队伍行至复成桥时,与军警发生冲突。结果,学生被打死 2 人,打伤 57 人。惨案发生后,南京各界组成了"一一·二二"后援会,要求缉凶,并指西山会议派的邹鲁、居正、谢持、覃振等人为惨案的主使者。12 月 5 日,邹鲁、谢持等人为了讨"清白",向国民政府提出提案,称别有用心者"妄造黑白,诬指邹等四人为主使"。谭延闿则称,"若单纯共产党暴动,悉行拿捕,自属易办,此事发动,由上海有人主持,实党内之争为人所乘,拿捕愈加纠纷"。此事终于不了了之。

在汪派的不断攻讦下,特委会只得决定收场。特委会根据李济深所提出的调停办法,决定在四中会全召开之前,暂停特委会的职权。同一天,外交委员会决定,"派遣"西山会议派的许崇智、张继、居正"出使"日本,任命张继、居正为驻日代表。所谓被西山会议派把持的特别委员会仅存在了一百天。

特委会结束前,西山会议派的"中坚人物"邹鲁、居正、谢持、许崇智、傅汝霖等人联名发表了《告同志书》,称:

> 特委会之产生,是汉宁沪三方中央党部之正式决议,除第三次全国代表大会开会外,断不能以一方之意思变动。一方之第四次全体执行委员会议欲凌驾三方成立之中央特别委员会,无一毫容许之理由……"他们还发表宣言表示,"自中央特别委员会成立,党权统一,党部完整,更无派别存于其间。况清共为党员应尽之责,既已一致,即无彼此,不图今日吾党同志仍有以西山会议派为攻击之资……

表示了对国民党内的一些人再次攻击西山会议派的强烈不满,但也对特别委员会的解散表示无奈。值得注意的是,西山会议的"代表人物"林森,在这场颇为激烈的争论和相互攻讦之中,几乎是销声匿迹。

以后,随着邹鲁、许崇智、居正等赴日本转欧美"游历",所谓的西山会议派也渐渐地淡出了政坛,成为历史名词。但在日后,国民党的一些右派人士却给林森戴上了一顶"反共先知先觉"的桂冠。正因为林森当年有了这么一段"反共经历",所以,也为他日后当上国民政府主席增添了筹码。

第 11 章　国民政府主席之争

蒋介石对西山会议派解禁后,林森在国民党中常会第一七〇次会议上被补选为中央政治委员会委员,算是正式"复出"了。但在一些重要的人事安排上,都没有林森的份。根据《中华民国政府组织法》的规定,蒋介石兼任了国民政府主席,同时又是国民党的中常会主席。蒋介石终于将党政军大权揽于一身。

蒋介石迫于党内的压力,于 1931 年 12 月决定"下野"。而在胡汉民、陈铭枢等的力荐下,林森从孙科、于右任、蔡元培等几名候选人中脱颖而出,成为国民政府主席。1932 年 1 月 1 日,林森宣誓就任。这一年,林森已是 65 岁。

在修改后的《国民政府组织法》中明确规定,"国民政府主席不负实际政治责任,更不兼任陆海空军总司令,亦无提请任免五院院长及指挥五院之权"。

"复出"后的失落

特别委员会解散后,由谭延闿、丁惟芬、陈果夫接管了特委会机关,国民党中央常务委员会也随之恢复了工作。1928 年 1 月 9 日,蒋介石宣布复职,并准备主持召开国民党的二届四中全会。很快,全会即于 2 月 2 日开幕。会议对宁汉两方的决议案进行了审查,特别申明"凡与联俄、容共政策有关之决议案,一律取消";"凡因反共关系开除党籍者,一律无效"等等。

这次会议,再次将西山会议派的反共经历统统一笔勾销,也为今后西山会议派人士的复出再一次打开了绿灯。在 9 月举行的国民党中常会第一七〇次会议上,林森即被补选为中央政治委员会委员。

在二届四中全会上,推举戴季陶、丁惟芬、于右任、谭延闿、蒋介石五人为国民党中央执行委员会常委①,谭延闿、蔡元培、张静江、李烈钧、于右任五人为国民政府常委。会议还推选了国民政府委员和军事委员会委员,谭延闿为国民政府主席,国民革命军总司令蒋介石兼军事委员会主席。在这几项重要的人事安排中,都没有林森的份。

1928 年 8 月,国民党又召开了二届五中全会,增选了胡汉民、孙科为中常委,常委数增加到七人。林森仍被排除在外。

10 月,南京国民政府公布了《中华民国政府组织法》,规定:国民政府总揽中华民国之治权,由行政院、立法院、司法院、考试院、监察院五院组成;国民政府主席兼中华民国陆海空军总司令。这样,国民革命军总司令蒋介石自然就兼任了国民政府主席,同时又是国民党的中常会主席。蒋介石终于将党政军大权揽于一身。

在新设立的五院中,原国府主席谭延闿根据蒋介石的旨意,"毫无怨言"地屈就了行政院院长一职。其他各院院长为,王宠惠为司法院院长,戴季陶为考试院院长,蔡元培为监察院院长,胡汉民为立法院院长。国府委员共有 16 人,林森总算有了一个国府委员的名义。原西山会议派的中坚人物,只有林森一人担任了国府委员。在 18 日召开的国民党中常会第一七七次会议上,又通过了增选林森为立法院副院长,冯玉祥、张继、孙科、陈果夫分任行政、司

---

① 胡汉民应是当然人选,但他不在国内未能选出。

1928 年 10 月，林森（前排左九）与国民政府委员在国府大堂合影

法、考试、监察院副院长的决议。以后，林森又陆续兼了诸多职务，如国民党党史编纂委员，排名第二的侨务委员会常委（后升任侨务委员会委员长），革命勋绩审查委员会主任委员，革命债务调查委员会委员，中山县训政实施委员会委员，中山陵园管理委员会主任委员，迎接孙总理灵柩专使。清一色的闲职。虽然如此，林森也算是正式"复出"了。

10 月 10 日，新任国民政府主席蒋介石、五院院长和国府委员们在南京国民党中央党部大礼堂举行宣誓就职仪式，蒋介石任典礼的主席。先由吴稚晖授印致训词，然后由蒋介石受印致答词。再由各位委员宣誓受任。这一天到会宣誓及观礼的人，足有千人，林森亦以立法院副院长身份忝列席末。这个仪式，在国民党的历史上是一次重要的活动，从此，蒋介石担任了国家元首，从幕后走到了前台。

国民政府主席和五院院长就职后，报纸争相对这些当选者进行宣传。各报都刊登了五院正副院长的履历，将这些人任过的官职一一罗列。在介绍林森时，竟然没有登林森的几任参议院议长以及孙中山军政府外交部长、代行大总统职这些重要的职务，反而杜撰了一些司长、处长之类的头衔，令林森哭笑不得。有人劝他在报上发个更正声明，林森不屑一顾地说："听他去吧。"

蒋介石就任后，即于 10 月 16 日在国民政府礼堂亲自主持召开了国民政府改组后的第一次国务会议。林森以国府委员身份，与其他委员冯玉祥、孙科、陈果夫、谭延闿、王宠惠、何应钦、李济深、胡汉民、戴季陶等一道出席了会议。蒋介石利用这次会议，在组织上将政府机构进行了完善，如通过了五院的组织法,进行了一些人事调整,但他仍没有忘记通过了一系列反共条例。

1929 年 3 月,国民党在南京举行第三次全国代表大会,重申了开除取得二届国民党中央执行、监察委员和候补委员资格的共产党人的党籍,并对邓演达等人作出开除党籍或停止职权的处分。会上,还特意追认了第九十七次常委会关于恢复西山会议派人士林森、张继、谢持、邹鲁、居正等 11 人党籍的决议。

会议选举了蒋介石等 36 人为中央执行委员,以蒋介石、胡汉民、谭延闿、孙科、戴季陶、于右任、丁惟芬、陈果夫、叶楚伧 9 人为中常委。当选的中执委、中常委中"新贵"云集,唯独将"元老"级的老常委林森"遗漏"。为了安抚"元老",蒋介石特为遴选了一批人担任了中央监察委员,其中资格最老的,就数当年孙中山时期的南京临时参议院议长林森了。其他还有与西山会议派决裂较早的张继,与西山会议素有瓜葛的吴稚晖、邓泽如,下肢残废的"卧蚕"张静江,老资格的南京临时政府教育总长蔡元培。而西山会议派的中坚人物邹鲁、谢持、覃振等人,则无一人选其中。国民党党政权柄分配完毕,座次排定,林森虽为中央监察委员,却是更加地失落了。

弹劾蒋介石遭通缉

1930 年冬天,国民党中央指定林森与陈耀垣等"出国考察"。1931 年 2 月 28 日,林森与陈耀垣从上海启程。林森此行有三个任务:一是"视察"党务,二是"慰问"侨胞,三是募集建国民党中央党部的款项。林森行程的路线是:菲律宾、澳大利亚、美国、德国、英国、法国等欧美国家以及东南亚诸国。

就在林森于海外奔波之时,国内政局发生了重大变化。因蒋介石与国民党一号元老胡汉民就召开国民会议之事发生激烈争执,胡汉民不肯屈服于蒋介石的淫威,坚决反对蒋介石大权独揽。蒋介石于理于法均不占上风,而且根本就辩不过胡汉民。情急之下,就动起武来,竟然于 1931 年 2 月底将身为立法院长的胡汉民诱至官邸赴宴时加以扣押,先关在城中的孔祥熙公馆,后又押至南京汤山软禁。由此,造成了立法院的真空。这时,蒋介石才想到要召回远在海外的林森,以填补胡汉民被拘后立法院的"真空"。6 月,国民党的三届五中全会召开,议决以林森为立法院院长。林森在美国旧金山接电后,表示同意接受立法院长一职,同时,他也给蒋介石发了一封电报,请将胡汉民迁往

林森(前排左四)复出后,于1929年8月与蔡元培、张继、吴稚晖、覃振、
邵力子、张静江等参加国民党中央监察会议时的合影

1929年10月,林森(前排右三)与蒋介石、胡汉民、谭延闿、戴季陶等在阅兵式上合影

1930 年 12 月，林森、蒋介石、胡汉民、冯玉祥等在阎锡山就任
国民政府委员典礼时在国府大堂合影

1930 年 10 月，林森参加"国庆"活动后与军政要员合影

庐山，说胡汉民一经转移，"群疑尽释，缤纷自平"。蒋介石接到林森的电报后，给了他一个面子，复电称，"大江南北，山明水秀，几处可由胡汉民自择"。

虽然林森一向标榜自己无派系、不延用私人，但他与粤系的胡汉民、古应芬等人的关系特别亲厚，政治上的倾向性也是很明显的。当蒋介石扣押胡汉民时，林森正好不在国内，没有卷入这一场政治旋涡之中。在流连海外之际，他听说了胡汉民被拘，也接到了国内促其回国接任胡汉民立法院长的电报，但此时的林森对政治早已淡漠，遂以远在海外不能脱身为由，表示暂时不便启程，直拖到 10 月才动身回国。在林森未归前，蒋介石只好临时委派邵元冲代理了立法院长一职。

自蒋介石非法拘禁了胡汉民后，导致了国民党的又一次大的分裂。在粤系首领孙科的串联下，反蒋的国民党中央执、监委们纷纷离开南京南下。孙科、胡汉民的"再造派"，汪精卫的"改组派"，西山会议派等，一起云集广州，准备另行成立一个"国民政府"，与南京的国民政府对抗，进而形成党内的反蒋大联合。4月30日，以国民党中央的四名中央监察委员邓泽如、林森、肖佛成、古应芬署名发出"弹劾蒋中正"的通电，措辞十分之激烈，给蒋介石罗列了几大罪状，如违法叛国、窃夺军权、潜植羽翼、养兵自重、剿共不力、包庇宋子文侵食烟赌款项、操纵金融、鬻官卖缺、滥发公债、起用群丑、迫害功臣等等，要求给予蒋介石以严厉处分。总之，该用的词都用了，把蒋介石骂了个体无完肤。

而此时的林森尚在海外流连，古应芬没有征求林森的意见，就将他的名字署上了电报。这封电报在国内引起了强烈的反响。电报一经发出，立即招来国内的一片响应声。军界强人李宗仁、陈济棠、白崇禧、张发奎、唐生智等也纷纷通电谴责蒋介石。但林森本人却单独给蒋介石发了一封措辞缓和的电报，请求蒋介石恢复胡汉民的自由。林森这么做，一可表明自己与粤方立场无异，二可向蒋介石表示自己与粤方是有区别的。

紧接着在5月25日，反蒋的国民党中央执行委员非常会议在广州正式开张，并决定另行成立与南京对立的国民政府，国民党的胡派、汪派、孙派、西山会议派，以及南方北方的军界人士，都云集广州。他们再次发表了讨蒋通电，以唐生智领衔，古应芬、林森、许崇智、陈济棠、李宗仁、陈友仁、邓泽如、肖佛成、汪精卫、邹鲁、李烈钧、王宠惠等副署，要求蒋介石在48小时内即行"引退"。孙科另发了一电表示支持这一通电。而这一次，林森虽然仍不在国内，但名字又被署了上去。

非但如此，当广州方面得知蒋介石欲杀胡汉民以报复粤系的"反叛"大联合时，由孙科出资20万元，亲自策划了一次刺杀蒋介石的行动。刺杀行动由号称"江淮大侠"的王亚樵指挥。王亚樵精心选择了职业杀手，将武器带上了庐山。结果，因行动中大意，加上蒋介石防范太严而失手，两名执行的杀手被蒋介石的警卫打死。这一次行动，林森当然也不能逃脱干系，被南京方面列为粤系的策划人之一。

5月27日，广州方面提出了"救党护国"、"打倒独裁"等口号，正式组成了国民党中央执、监委员的非常会议，并另行组建国民政府，由汪精卫任国民政府主席。

南京国民政府立即进行了反击。为报复广州非常会议的召开，6月2日，南京的国民党中央决定开除邓泽如、林森、古应芬、孙科等人的党籍，同时下令予以通缉。林森又当了一回"冤大头"。

在南京方面进行猛烈反击的同时，蒋介石对粤方又进行了拉拢分化。蒋介石对于广东方面一盘散沙的"大联合"是一清二楚的，遂派了宋子文前去拉拢汪精卫。宋子文对汪精卫说："广东方面要利用汪先生，只是要用你的骨头，不会要皮的。而蒋先生对汪先生，是连皮带骨一起要的。"粤方干将顾孟余听说了宋子文的这番话后，十分干脆地说："我们与其受地方小军阀的气，还不如去投中央的大军阀呢。"

蒋介石"下野"　林森"代理"

正当宁粤两方频繁调集军队、剑拔弩张之际，日本发动了"九一八事变"。迫于全国舆论的强大压力，双方从武力争夺转为了和平谈判，决定"共赴国难"，并准备共同召开国民党的四届一中全会。在这个形势下，胡汉民才被释放南下广州。胡汉民一离虎口，广东方面的态度骤然强硬起来。他们用国民党中常会的名义作出决议，称："至 20 日（11 月）若蒋下野事未办到，即在粤召开一中全会"。目的就是要蒋介石立即下台，一点没有商量的余地。到了此时，蒋介石如果再不"下野"，不仅粤沪等地的中央委员们都不愿意来南京开会，广东方面也将单独召开中央会议。到了这个地步，蒋介石从国民党党内的"大局"考虑，才表示了"下野"的意向，并同意粤方提出的以孙科继任行政院长一职的要求。

而此时，全国范围的学生抗日运动蓬勃兴起，声势十分浩大。数万学生赴南京国民政府和中央党部请愿，逼蒋介石出来接见并答应出兵。当学生到达南京云集中央党部时，国民党的中常会正在中央党部礼堂举行。学生们砸烂了党部大门上的国民党党徽，试图冲进党部。之后又捣毁了中央日报社。后当局出动大批军警，在南京珍珠桥附近殴伤学生多人，酿成血案。各地学生立即予以声援。由此，给国民党和国民政府造成了巨大的压力。

10 月，宁粤双方在上海举行了"和平会议"。粤方向宁方提出了双方议和的七点办法，其中第五点为："国民政府主席，拟仿德国、法国总统制，以年高德劭者任之，现役军人不宜当选。"

对此，南京方面基本表示认可。会议还通过了 19 项决议，其中有："国民

20世纪30年代,林森(前排左五)与居正(前排左四)、
于右任(前排右四)、戴季陶(前排左三)等在国民政府大堂合影

政府主席为国家元首,不负实际政治责任,等于内阁制国家之总统,任期二年,得连任一次;国民政府主席不兼任其他公职;行政院负实际行政责任,等于责任内阁"等条款。双方并达成协议,新上任的国民政府主席,按照以上共识,不再负有任何实际政治责任;行政院院长由孙科担任。但是,总前提是蒋介石"下野"。

由此,国民政府主席的职权被大大地削弱,与蒋介石任主席的时代已不可同日而语。

有了上海的决议,蒋介石这才吃了定心丸,遂放心辞去了国民政府主席一职。1931年12月15日,国民党中常会举行临时常会,在南京的中央执、监委均参加了会议,于右任主持会议。会议通过了以下决议:国民政府主席由林森同志代理;陈铭枢同志代理行政院长。

国民党召开中常会之后,蒋介石即发表了辞职通电谓:

胡汉民同志微(五)日通电,且有必须中正下野,解除兵柄,始赴京出席等语。是必使中正解职于先,和平统一方能实现。权衡轻重,不容稍缓须臾,再四思维,惟有恳请中央准予辞去国民政府主席等本兼各职……

蒋介石的通电发表后,林森立即发表了代理国民政府主席的就职通电,全文如下:

南京中央党部钧鉴,各院部、各级党部、各省市政府、各路总指挥、各司令、各师旅团长、各团体、各报馆均鉴：本日上午十时，中央临时常会会议，蒋主席提呈辞职，经会照准，并决以森暂代国府主席。森受命彷徨，不敢自逸，黾勉受命，暂度危急。值此国难灼肤，外交束手，懔失足于冰渊，谋全国之团结，急不可待，时不我与，森惴惴自将暂勉效职，对于施政大端，一切维持现状，无所更张。即望第四届第一次全会，早日开会，政府正式改组，俾党国大计，安内攘外，全国一心一德，共策前进，俾森早卸仔肩，用免陨越，所深切祷。特此奉达，惟希昭鉴。林森叩。删。

17 日，林森以国民政府代理主席身份，与张静江、蔡元培、张继、邵力子一道，被推选为国民党中央监察委员会临时常委。

有了蒋介石的"下野"，宁粤双方的中央执监委员们才又坐到了一张板凳上，联合举行了国民党的四届一中全会，国民党又一次宣告"统一"。在会上，林森再次成为中心人物，他在会上首先发表了演说。蒋介石也出席了全会的开幕式，会议结束后，即与宋美龄乘飞机赴上海，再飞宁波转原籍奉化老家。临行前，还留下了函件给何应钦、于右任、孙科等人，表示："全会既开，弟责即完，故须还乡归田，还我自由。"还说："此去须入山静养，请勿有函电来往，弟亦不拆阅也。"蒋介石表示了下野的"决心"。

国民政府随后进行了改组。林森被推选为国民政府代理主席。五院院长分别为：行政院长孙科，副院长陈铭枢；立法院长张继，副院长覃振；司法院长伍朝枢，副院长居正；考试院长戴传贤，副院长刘芦隐；监察院长于右任，副院长丁惟芬。至此，西山会议派及有关的人士全面复出，占了三分之一以上。

林森任国民政府代理主席后，胡汉民在香港即致电林森和陈铭枢，请他们即时恢复人民言论自由，并废止一切电邮报馆之检查。林森回电胡汉民，请他到南京主持一切。他在电报中称，"一中全会召开，蒋介石离京，汪精卫留沪，在京委员总乏导师，非仗我公德望，无以镇定人心；我公为党国柱石，万望共仰，情势切迫，务望立即命驾来京"。林森对胡汉民寄予了莫大的希望，虽然溢美之词比比皆是，但这确实是发自内心的，林森对蒋介石从未有过这样的"赞美"。蒋介石刚刚才"捉"、"放"了胡汉民，且刚刚"下野"，对林森的这些言辞自然是极不满意的了。

蒋介石虽然"下野"，但仍一手操纵了所有的重要人事安排。国家元首位子是没有了，但党权军权却牢牢在握。他的公开职务只是与另两名"元老"级人物汪精卫、胡汉民一样，被"选为"国民党中央政治会议常务委员，轮流充当会议主席。但会议"此地无银三百两"地声明，"三人不负行政责任"。

半个月后，林森即由代理"转正"，正式宣誓就任了国民政府主席。既然当年林森在国民党和国民政府中一再被贬，而且与蒋介石关系很是一般，并数次署名讨蒋，特别是作为弹劾蒋介石案的四监委之一，将蒋介石骂了个狗血喷头。而蒋介石也不是心胸开阔之人，怎能容得下林森这样的"反蒋干将"，而且还让他出任国民政府的主席呢？这着实出乎许多人的意料。

力荐林森担任主席的陈铭枢

1932年1月1日，林森就任国民政府主席后在国府大堂与军政主要官员们合影

四元老之争

1913 年的"二次革命"失败以后,其时,林森因经历了国会的几次政治风波,吃够了军阀寡头们的苦头,特别是在福建任省长期间任人"摆弄",此时,已有了退隐山林的念头。林森本身的性格一向是恬退淡泊,喜欢山林隐逸的生活,特别是不喜欢出风头。只是出于追随孙中山革命的考虑,才频频出头,到处奔波,无以为家。在西山会议召开之后,林森一再遭贬,迭受重创,政治上的失落刻骨铭心。他一度在上海一带徘徊滞留,也曾到南京故地重游。在沪宁期间,林森总喜欢逛上海城隍庙和南京夫子庙的古玩市场,购点假古董消遣。

当宁粤闹分裂时,他人在海外,却被数次列名参加了弹劾蒋介石的通电,特别是"四监委弹劾通电"。他于 1931 年 10 月从海外回国,当时宁粤双方正在进行激烈的讨价还价,林森则采取了超然的态度。有好心人劝林森说:"你两次列名反蒋,现在双方正在激烈地争执,恐蒋先生会于你有不利举措,还是暂缓赴南京为好。"林森书生气十足地回答说:"按照党的规定,监委是可以弹劾任何一个党员的,只是应在国内进行才是,如有不妥,就是四监委的弹劾通电是在香港发表的。我虽不在,但也没表示反对啊。"有人又向林森建议说:"是否在报上发个声明,婉转地向外界表示一下你不在国内,以示没有参加弹劾。"林森笑答:"既然已经做了,就没有此必要了吧。"为此,大家都不理解。他抵达上海没几天,就到了南京。在南京,他并没有卷入到广东与南京的争执之中去。蒋介石深知林森的性格,也清楚弹劾的内情,他署名仅是被人"利用"而已,所以对"一身正气"的林森,根本就没有追究,更不会去难为他了。

蒋介石在"下野"前,就一直在考虑国民政府主席的人选问题。其时,国民政府主席的人选,公开的和没有浮出水面的有四人。蒋介石最为属意的是于右任,汪精卫提出的人选是蔡元培,而胡汉民则力主林森,还有人推出了孙科。

主张孙科的人认为,他是孙中山先生的儿子,继承民国的大统是最佳人选。但此议一出,立即遭到与孙科同是粤系中人的党内元老胡汉民极不客气地讥讽,他在这个问题上丝毫不含糊。胡汉民素以心直口快而著称,他说,孙科的确是中山先生的儿子,于是,他就有了革命的脾气;还因为他是在国外长大的,这样又有了洋人的脾气;又因为他是孙中山的独生子,所以又有了大少爷的脾气。三种脾气一起发起来,你们谁能吃得消? 你们说,这样的同志能不能当主席? 胡汉民这番话一出,再没有人提孙科的名了。

蒋介石对于右任一向就很重用。在"宁汉合作"的过程中,于右任是主张"汪蒋合作"最力之人。1928 年时,在蒋介石的支持下,国民党中央党部简直就是于右任当家,于用自己的亲信王陆一做了中央党部的书记长。但胡汉民于 1929 年到南京后,马上就把持了党部的全部工作,让于右任坐了冷板凳。所以,于右任总是对胡汉民有满腹牢骚。他曾对人说:"国民党既然统一了中国,在军事方面总得有一个人负责,蒋介石本不是我们理想中的人物,但我更不希望冯玉祥、阎锡山、李宗仁之流出这个头,相比之下,还是蒋先生有点希望。在党务和政治方面,也总得有一个人负责啊,汪精卫本不是理想中人,但我们也不希望胡汉民、戴季陶、陈果夫、吴稚晖等人出头,比来比去,还是汪精卫有点希望。中国要进行合作,也只有军事上的蒋介石和政治上的汪精卫进行合作才行。今天,两人势同水火,但有我在,蒋汪之间就有一线合作的生机。"

候选人之一孙科

候选人之一于右任

候选人之一蔡元培

当时，于右任充当了蒋、汪之间的实际调停人，蒋介石的许多信息，就是通过于右任向汪精卫传递的。也正因为如此，蒋介石才如此看重于右任。所以，蒋介石打算让于右任老先生出任国民政府主席。在蒋介石决定"下野"前，曾约于右任进行过一次密谈，并对于右任有过承诺。当宁粤双方和解后，汪精卫和孙科到达了上海，蒋介石特意派出于右任为南京方面的首席欢迎代表赴沪，并作为会谈的主要代表。这都是蒋介石为于右任担任国民政府主席作的铺垫。

而汪精卫则倾向于蔡元培来当主席。蔡元培也是元老级人物，当年任过孙中山南京临时政府的教育总长。1929 年 3 月，国民党"三全大会"在南京召开期间，胡汉民支持蒋介石，要处分汪精卫以及其他反蒋分子，甚至打算开除他们的党籍。但蔡元培等人表示了反对的意见。对于党内元老、当年临时政府的同仁①蔡元培的意见，胡汉民还是得听一点的，所以只好歇手。汪精卫因此对蔡元培很有好感。1929 年蒋介石策动国民党四元老张静江、吴稚晖、李石曾、蔡元培将李济深"骗"到南京扣押，蔡元培是起了一定的作用的。蔡元培帮过蒋也反过蒋。因此，对于"学究型"的官员蔡元培，如果有人提他的名，蒋介石是既不会明确反对，但也不会主动去提他的名。

胡汉民则是力主林森出任主席一职。胡汉民与林森早年在孙中山的南京临时政府和广州政府共事多年，二人交情不错，以后一个任立法院长，一个任副院长，此时同算是粤系领袖，其政治主张也较为一致。因此，胡汉民就竭力推荐林森出任国民政府主席。当汪精卫到上海后，胡汉民曾给汪精卫写了一封信，信中说："今天的国民政府主席，不负实际政治责任，谁都可以当。不过，人选慎重点也好。以我的意思，还是林森最为合适。到底由谁做，由你们几个在上海斟酌吧。"最早提出国民政府主席不负实际责任的，而且提名林森的，就是胡汉民。

这样，就有了三名主席的人选。这三人都有一个共同特点，那就都是老资格的忠厚长者，没有权欲和野心，不懂军事。按理说，对于蒋、汪、胡来说，三人都是可以接受的。但胡汉民的意见是很重要的因素，刚刚被蒋介石释放，蒋介石这点面子还是要给的。而实际人选其实就是两人，即于右任和林森。

一天，蒋介石约了宁粤双方的调停人、国民党中执委陈铭枢到黄埔路官邸的书斋密谈。以下是这次谈话的实录。

_____

① 胡汉民时任孙中山的南京临时大总统府秘书长。

影攝旦元祝慶府政民國年九十國民華中

1930年,国民政府庆祝元旦摄影

　　蒋介石试探着问陈铭枢:"我意将国民政府主席一职畀于于右任,你意如何?"陈铭枢深知蒋介石的为人,也知道蒋介石最喜欢用什么样的人,就答道:"于老先生固然是好,但还有一位更合适更好的人,委员长为什么就没有想到呢?此人既有声望,又没有各方面的政治背景,完全符合广东方面提出的国民政府主席须是'年高德劭'的标准。"

　　蒋介石一脸的惊讶,急忙问:"是谁?快说。"

　　陈铭枢笑答:"委员长真的就没想到?此人乃林森,林子超也。"

　　蒋介石装出很突然的样子,恍有所悟地说:"啊,是林子超先生,他一向爱清静,好清闲,还不知他愿不愿意出这个头呢,是不是有点勉为其难?"

　　陈铭枢接着说:"只要委员长同意,我可以前往劝驾。"

　　蒋介石在过去的一段时间里,就隐隐地感到了党内要林森出任主席的呼声。粤系的梁寒超首先提出国民政府主席须由"年高德劭"者出任,就是为林森鸣锣开道的。加上又有胡汉民的力荐,蒋介石觉得由林森出任国府主席,也还是可以接受的。沉思片刻,蒋介石觉得林森确实是比于右任要合适,一来林森完全符合"年高德劭"的条件;二来由林森出任,党内各个方面能够接受,可以团结党内诸多派系,实现党内的"大团结";三也可以显示我蒋某人的气魄和肚量。此时正好又有陈铭枢的推荐,遂决定顺水推舟,抛开了于右任而决定将林森推上国民政府主席的"宝座"。

想到这里,蒋介石立即吩咐侍从副官:"拿纸笔来。"片刻工夫,蒋介石亲笔写了一封信函,郑重其事地交给陈铭枢说:"有劳真如①兄了。请代为转寰,面交子超先生。我等着听你的消息。"陈铭枢满口答应。

终被"推上"元首宝座

林森此时虽然在国民党和国民政府内担任了一些职务,但都是闲职,已基本淡出了政坛,报上也极少见到林森的名字。陈铭枢到官邸找到林森后,即面交了蒋介石的亲笔函件。林森阅毕,并没有感到多少意外,只是"嗯"了几声,下意识地拂了几下白须,看样子似乎已有了心理准备。林森的面部表情很平静,没有立即表态。经陈铭枢再三劝说,林森才说:"让我考虑考虑,过几天给真如兄答复。"几天后,陈铭枢与林森见了面,林森的态度颇为爽快,立即就给了陈铭枢一个肯定的答复,同意出任国民政府主席一职。

当蒋介石得知林森那边首肯的消息后,这才约见了于右任。蒋介石语气中肯,且极富感情地向于右任叙说了原委。蒋介石言毕,这位美髯公于右任于老先生,竟然像小孩一样,委屈地流下了两行老泪,哽咽着表示:"不干就不干吧,老同志应以大局为重。"可见这个不负实际政治责任的虚位国民政府主席,对这些党国元老们还是有很大吸引力的。

善看风向的汪精卫一看风头,知道蒋介石和胡汉民都不可能同意蔡元培,而蒋介石也有点转向林森了,遂立即打消了自己的这个念头,不再提蔡元培的名,转而支持胡汉民提名的林森了。于右任因此对汪精卫大为不满。后来,有人对汪精卫说:"于老先生没有当上主席,你不支持他是一个重要因素,

---

① 陈铭枢,字真如。

第二任国民政府主席林森

（任期：1931 年 12 月至 1943 年 8 月）

今后你要对他客气些才是。"汪精卫为蒋介石、胡汉民否决了自己提出的蔡元培还窝了一肚子火，就没好气地说："对这种人有什么好客气的。"这话又传到了于右任的耳朵里，于右任很是气愤，对此一直耿耿于怀，以致后来于右任当上监察院院长后，发生了一起监察院弹劾铁道部的案子，将铁道部长顾孟余搞得焦头烂额，差点下台。铁道部是行政院的下属部，顾孟余是汪精卫手下的红人，所以有人说，这是于右任对行政院长汪精卫的报复。

12 月 22 日，国民党第四届中央执、监委员会第一次全体会议，修改了《国民政府组织法》，正式明确了"国民政府主席为中华民国元首，对外对内代表国家，但不负实际政治责任（实际政治责任在行政院），更不兼任陆海空军总司令，亦无提请任免五院院长及指挥五院之权"。

12 月 28 日，在国民党四届一中全会第三次会议上，正式通过了国民政府主席的人选标准，即须是"年高德劭"者。以会议的决议来确定国家元首的标准，这恐怕在国民党的历史上还是绝无仅有的一次。

接着，举行了第四次会议。这次会议的议程主要有，第一，推举胡汉民、汪精卫、蒋中正、于右任、叶楚伧、顾孟余、居正、孙科、陈果夫为中执会常委；第二，选任国府主席、委员、五院院长；第三，选举林森为国民政府主席。其他事项为选任蒋中正、汪精卫、胡汉民等 33 人为国府委员；选任孙科等人为五院院长,选举蒋中正、汪精卫、胡汉民为中政会常委。

之后,由中政会议决、国民政府公布了行政院各部部长名单。至此,在林森当选国民政府主席,国民党各派势力各有所得的情况下,一个合作、统一的政府才告正式成立。

对于这样的一个五院及政府班子,蒋介石已全部安插了亲信,除此之外,蒋介石在"下野"前,对一些地方政权也作了调整。在他辞职前的当天下午,还主持了行政院的国务会议,议决改组苏、浙、甘、赣四省政府,以其亲信将领顾祝同为江苏省主席,鲁涤平为浙江省主席,熊式辉为江西省主席,邵力子为甘肃省主席。

一切都已安排就绪,蒋介石这才携夫人宋美龄放心地离开了南京,前往浙江老家溪口。明眼人一看就可以明白,林森这个国家元首,还能有多大的作为了。但林森对此毫不在意。

1932年1月1日,也就是孙中山当年在南京就任中华民国临时大总统二十周年的纪念日。这一天,对于林森来说,是一个具有历史意义的日子,也是他一生的一个极为"辉煌"的巅峰。

这一天上午,南京国民政府大礼堂举行了隆重的国民政府主席、五院院长、委员的宣誓就职仪式。

整个仪式与典礼,由国民政府典礼局总负责。国民政府大门前搭建了彩色牌楼,高悬"庆祝元旦"横幅,底层是青松翠柏,其间缀以彩灯和杂色绸球。大门至大堂两侧,遍插万国旗,悬挂红灯笼。大门首额字样为"庆祝中华民国廿一年元旦大会",两侧的对联是"拥护统一政府,努力革新事业"。大堂首额

林森担任主席后会见比利时大使

1933 年 6 月,林森会见苏联大使鲍格莫洛夫(前排左二)

为"普天同庆",两侧的对联是"民权发展,国运更新"。整个国民政府以至南京市全城,到处是节日的气象。

9 时整,就职仪式开始。林森首先宣誓就任国民政府主席。邵力子监誓并向林森授印,致训词。邵力子称:"诸位将来对本党的瞩望是非常重大的,各位都是党国的老同志,诸位将来的成就,也是国民日夕所希望的。"林森在就职的当天,发表讲话曰:

> 今日在此就职,想到现在国步的艰难,责任的重大,未尝不战战兢兢……今后惟有遵守誓词与总理遗教,努力奉行,期挽当前之危局,树立国家之根基……
>
> 同人受命膺此重任,惶悚万状,今后竭尽智能,本大团结精神,遵总理遗教努力职守,使国事日有进步,以副国民质之殷望……
>
> 今年适承国步艰难,外患频仍之后,所以今年礼节很简单,因为现在正当大家卧薪尝胆,谋渡国难的时候,对以往的庆典只好牢记在心上,不必再见于形式,这是今年元旦政府所以停止向来所有庆典的意义。在今日回顾 20 年来的往事,大家对国家所负的责任与做的工作,老实说,实在没有圆满……希望大家于此一岁之始,要振作精神,负起建国救国的责任,同心协力,一致以总理所昭垂的遗教毅力奉行,使国家命运走上新的路程……

这一年,林森已是 65 岁。

接着,行政院长孙科、副院长兼交通部长陈铭枢,监察院长于右任,立法院副院长覃振,内政部长李文范,外交部长陈友仁,军政部长何应钦,海军部长陈绍宽,铁道部长叶恭绰,财政部长黄汉梁,实业部长陈公博,参谋总长朱培德诸人,在主席林森的注目下依次宣誓。之后,又由林森致训词,行政院前代院长、现任副院长陈铭枢致答词。

宣誓毕,已是正午 12 时。由新任国民政府主席林森主持,举行庆祝元旦典礼,林森再次致词。之后,全体与会者来到国民政府大堂前合影留念。

1 月 2 日下午 3 时,国民党中政会举行第二十一次临时会议,特任魏怀为国民政府文官长,吕超为国民政府参军长。1 月 3 日,由国民政府正式下达委任令。

林森上任后,因不负实际政治和行政责任,所以国民党中政会召开了紧急会议,决定由主席林森和行政院长孙科联名致电蒋介石,敦促他重返南京主持大计。以后,汪精卫又多次发表谈话,希望蒋介石"从速入京"。1 月 7 日,国民政府主席林森又"行使职权",发电报促蒋介石、汪精卫、胡汉民入京就国府委员职。主席"催促"委员就职,这在民国和国民党的历史上,也是没有先例的。

但就在 1 月 18 日,何应钦、孙科等军政要员们,接到蒋介石的电报后纷纷飞赴杭州,参加了在西湖烟霞洞由蒋介石主持召开的一个秘密会议,商讨军政大计。会后,参加会议的人才联袂入京。21 日,蒋介石抵达南京"就任"了委员一职,宣布正式复职。随后,即以国民政府委员的身份,召开了一系列重要的会议,开始全面主持军政大计。

"中华民国国民政府之印"和"中华民国之玺"印文

第 12 章　在"行都"洛阳的日子里

林森就任国民政府主席不到一个月,就爆发了上海"一二八"事变。国民政府决定迁都洛阳。1 月 31 日,林森率领国府官员 1000 多人,登上了西去洛阳的火车。

国民政府被安置在洛阳城中的原府尹衙门。林森的主席办公室则设在南营第四师范,主席官邸被安排在西工的公馆街天字第一号房。行政院和中央政治会议安排在职业学校,其他各院部会也各得其所。

在洛阳,林森在洛阳西工广寒宫主持召开了一次"国难会议",会议的唯一成果,就是通过了《国难会议宣言》,强调了"长期抗战,必须举国一致……",于明确中国的抗战方针,促进抗日救亡运动的发展,以及国民党制定长期的抗战政策,有着积极的意义和一定的影响。

5 月 5 日,国民政府与日本签订了《淞沪停战协定》,上海战火就此而熄灭。11 月 29 日晚 10 时,为迁回南京而特意赶回洛阳的林森,率领国民政府一班人马,从洛阳启程返回南京,于 12 月 1 日上午 9 时,林森乘坐的国民政府专列到达南京。

紧急"迁都"洛阳

林森就任国民政府主席不到一个月,就经历了中国近代史上的一次重大震荡:迁都。

1932年1月28日,日军继"九一八"事变后,公然向驻防上海的中国陆军第十九路军发起攻击。十九路军官兵立即奋起抗击。日军则不断向上海增兵,战事越打越大,越打越激烈。由于南京与上海近在咫尺,上海战事一起,首都南京顿时吃紧,已直接暴露在日军兵锋的威胁之下。上海到南京,机械化部队几个小时就可到达,因此,给南京国民政府造成了极大的心理压力,一旦首都失陷,如何向国人交代?

1月29日,也就是战争爆发的第二天,南京的中枢机构中央政治会议即举行了紧急会议,讨论"迁都"问题。

在会上,刚刚接手孙科担任行政院长的汪精卫以极度悲观的情绪说:"上海战端一开,想停下来就难啦!南京是不能待了,政府的办公机关,都在日军长江舰队炮火的射程之内,要尽快下决心将政府迁移。"

蒋介石在1月29日刚刚复任军事委员会常委的,刚刚通电全国将士,慷

1932年1月,国民政府西迁洛阳,林森一行在南京下关火车站登车

慨激昂地表示"中正与诸同志久共患难,愿与诸将士誓同生死,以与破坏和平蔑弃信义之暴日周旋……"此时,他接着汪精卫的话说:"上海这个仗,实在是打不得。人家是有备而来,我们是措手不及,岂能凭一时之勇?"

蒋介石虽不是国家元首,但其时已握有军政实权,他说这番话的真正用意,正如他在日记中所说,"余决心迁移政府,与日本长期作战,将来结果不良,必归罪于余一人,然而两害相权,当取其轻,政府倘不迁移,随时受威胁,将来必作城下之盟,此害之大,远非余一人获罪之可比,余早有志牺牲个人,以救国家……"蒋介石是生怕日军兵临城下而被迫与之签订城下之盟,以致被天下人所耻笑,这个罪责,谁能担当得起?因此,他对"迁都"之事尤为坚决。

在蒋、汪的主导意见之下,与会者迅速取得了一致意见,即尽快将首都迁移。由于是中央政治会议,所以林森只能以国民政府主席的身份参加会议,只是听听意见而已,根本没有发言的份。

但究竟将首都迁往何处?意见却不能统一。有北平、西安、洛阳、武汉、重庆之说,各有各的理由。

首先,北平被否决。持此意见的人认为,北平已处在日军的直接威胁之下,甚至比南京的形势还要严峻。

提议迁往西安的人认为,那里是中国的盛唐之都,地理上易于防守。但反对者认为,西安没有铁路,交通不便。

主张重庆的人则认为,大西南是战时国都和民族复兴基地。反对者则说,政府的势力尚未达到西南地区,而且军阀正在混战,不宜迁入。

有的人力主迁往武汉,认为是辛亥革命的起义之地,又扼长江水路要冲,南北通衢,水陆交通都方便。但有人立即说,武汉也受到日军长江舰队的威胁。

最后,意见集中到了洛阳。比较一致的看法是,洛阳在地理上位置适中,位于黄河中下游的南岸,河南省西部,东有虎牢、成皋之险,伊、洛河之障,西接函谷、崤渑要隘,北有邙山屏障,南有天然伊阙,以及黑石关、张毛碶石等要地,军事上进退可据,历史上曾有十五朝建都于此。地理条件的确比较理想。最后,与会者请主席林森"定夺"。林森虽然没有参与具体意见,但此时则表示完全赞成。于是,"迁都"洛阳最终成为定论。

1月30日,国民政府主席林森与五院院长联合签署、正式发布了"移驻洛阳办公宣言",声称此次"迁都",是"政府为完全自由行使职权,不受暴力胁迫起见",才"决定移驻洛阳办公"。

1932年1月,林森率国民政府成员离开南京西迁洛阳

　　1月31日,《中央日报》即以大字标题登载了这一消息。

　　当天,国民政府主席林森率领国府官员1000多人,以及行政院长汪精卫等,赶往南京下关火车站,登上了北上的火车。轮渡载着火车驶向江北,又从浦口车站出发,经徐州西上洛阳。而在林森一行的轮渡过江时,日军的军舰已到达镇江江面。国民政府就是在这种危急的情况下转移的。

　　国民政府在南京只留下了少数人员看门,由秘书黎承福任留守主任,会计出纳一套人马也在南京,国府虽然西迁,但政治军事重心仍在京沪,机关经费仍在南京请领,然后划拨洛阳。

　　2月2日,林森一行经开封后率先到达洛阳。之后,津浦线、陇海线上运输一下变得极为繁忙,中央大员频频出没。至2月上旬,蒋介石、汪精卫、冯玉祥、张继、李烈钧、李济深、朱培德、叶楚伧等党政军要人也陆续抵达洛阳。

　　林森到达洛阳前,主席的侍卫长周星环已先期抵洛阳安排好了警卫工作。主席秘书姚一健则随林森一同前往。林森一行到达洛阳后,按官方通行的说法,只是将国民政府"移驻洛阳办公"而已,并不明确是"迁都"。但国民政府以及大部分机关已迁至洛阳,不说"迁都"也罢,但"迁都"已是既成事实。

　　林森到达洛阳后,即以主席名义与行政院长汪精卫通电全国将士,"以大无畏之精神,作长期之奋斗,以绌暴力而伸张正义,保国家之人格,为民族争生存"。林森并以主席个人名义通电全国和各省市政府,称"现国难方殷,财

西迁洛阳时的南京国民政府大门

洛阳国民政府大门

政奇窘,自即日起,所有在国府及所属各机关服务人员,一律停止薪俸,每月仅酌发生活费若干……"林森本人则处处节俭,夜不点灯,外出不用车,一日三餐粗茶淡饭。

洛阳虽为九朝古都、历史名城,但历经沧桑,当年都城巍峨的宫殿早已不复存在。民国以来,几经战火兵燹,也已是满目疮痍。适逢中原大旱,粮荒严重,常有百姓拦车告状的事发生。此时国民政府大员及各机关一拥而至,办公、住宿、吃饭都成了大问题,哪里还能品尝到黄河鲤鱼! 国民政府机关,被安置在洛阳城中的原府尹衙门(即旧福王府)。这幢建筑还算有点样子,有一个陈旧但还算威严气派的中式大门,一堵中式高墙的正中,开了一个圆门,门前设了两座岗亭。大门的门首,临时嵌了"国民政府"四个大字,还涂了金粉以壮观瞻。林森的主席办公室则设在南营第四师范。而林森的国民政府主席官邸,被安排在西工的公馆街天字第一号房,即原来的吴佩孚公馆。这算是洛阳数一数二的建筑了。行政院和中央政治会议安排在职业学校,其他各院部会也各得其所,国民党中央党部驻在西工旧巡阅使署,军事委员会、参谋本部、训练总监部也驻在南营第四师范(旧南营衙门),考试院驻西关周公庙,监察院驻南关贴廓巷庄姓民房,司法院驻地方法院(原张敬尧公馆)。这都算是比较好的去处了,其他的机关有的只能将就着挤进了西工兵营。一时间,洛阳城冠盖云集,部长遍地行走,他们在南京住的是花园洋房,现在只能降格以求了。学校、机关,甚至寺庙,都成了官员住宅。西工的一个姓董的警察所所长戏言道:"别看老夫官职小,宛平城里管朝廷。"一时在洛阳城传为笑谈。

洛阳国民政府一角

1932 年 2 月 8 日,是国民政府迁都后的第一个星期一。这一天,由林森主持,举行了国民政府到洛阳后的首次总理纪念周。

洛阳寂寞　中原徘徊

洛阳城在吴佩孚统治时期,曾有过一家"照临"电灯公司,后来迁走他乡。整个洛阳城,一到晚上,到处是一片漆黑。林森的主席官邸虽然受到优待,但只有点上火烛照明几个小时的特殊照顾,其他官员就只能摸黑早早地上床睡觉了,哪里能比得上南京夫子庙的夜夜笙歌、灯红酒绿。冯玉祥将军曾说:"革命的新贵们来到洛阳后,一个个垂头丧气,没有洋楼,没有地板,没有新式马桶,更没有大餐可吃,没有一个满意的。"

时值冬季,洛阳天黑得很早,每到夕阳西下时,各部会就挂起了小红纱灯笼,内放一红烛照明。因大机关多,大官也多,迁移时根本就来不及将汽车一道运来,离不开车的官员们,只能用人力车代步了。但洛阳的人力车也远远不够用,地方政府只得将全城的人力车分编成组,为每个机关按计划配置使用,车费由国民政府统一支付。但为主席林森倒是配备了一辆专用的黄包车。

林森初到洛阳,生活条件虽差,但他并不计较这些。虽然大多时间无所事事,但他却打听到洛阳有几位早年参加过反袁"二次革命"而牺牲的先烈,其中有杨少万、刘庆瑜、刘果等人,因事过境迁,早已被人遗忘,其后人家境也很拮据。林森下车伊始,就分途派人走访他们的遗属,收集史料并进行慰问。后来,林森将他们的事迹移放到开封烈士纪念馆中陈列,并要求有关部门对这些遗属给予照顾。

在洛阳的街头,人们常看到一位长须拂面、着黑大衣的老者,这就是林森。林森逛街,遇到商民,常常与之交谈。一次,林森在一家店铺问起了汽油的价格,随行人员很是不解。林森答道:"国府日常用的汽油价格不菲,在战时,一滴汽油就是一滴血啊。顺便向商家了解一下行情,心里也有个数。"

一次,洛阳警备司令陈继承带了两名旅长来到林森官邸要求谒见林森主席,可林森就是不予接见。陈继承等人在外等候,林森回的仍是那句话:"不必了。"但陈继承执意不肯离去。实在出于无奈,林森就只见了陈继承一个人。林森不客气地对他说:"今天见你是个例外,以后,武官可去见蒋总司令,文官去见汪院长,我这儿不要再来了。"把陈继承训斥了一番,弄得陈继承扫兴而归。

还有一次,林森到河南大学一个任教的福建同乡的家里做客。入室后直呼其名。家人不知来人就是当今国家元首,就回说教授不在家。林森毫不介意,留下名片后,说下次再来,今天只是顺道来看看。说罢就走。待教授家人看了林森的名片,才知来人就是林森主席。感到失礼的家人急忙跑出去请他再进屋坐坐时,林森早已飘然而去。

洛阳虽为"中枢"所在,但并没有成为全国的政治军事中心。中国的军事指挥中心,设在了南京江北的浦口,一来可以就近了解沪宁战况,便于指挥,二是一旦情况吃紧,马上可以转移,不致被长江所困。因此,军、政两方面的实权人物都不在洛阳办公。外交方面,只是由接替陈友仁担任外交部长的罗文干在南京应付。蒋介石只在洛阳点了个卯,即离开了洛阳,回到浦口坐镇。其他如外交部、军政部也留在了南京。国民政府的政令、公报以及绝大多数的例行公文,也在南京办理。洛阳的国民政府,反倒成了南京设的一个办事处了。

国民政府安顿下来后,国民党于3月1日至6日在洛阳西工东花园的中央党部召开四届二中全会以及三〇二次中央政治会议,汪精卫等党国要人都出席了会议,林森只是以国民政府主席身份"列席"了会议。蒋介石因沪战"军情紧迫"而没有参加这个会议。在这次会议上,推举蒋介石为军事委员会委员长兼参谋总长。此后,蒋介石开始"名正言顺"地全面执掌军事大权,并可以完全自主地决定一切军事大计。会议确定的《施政方针》明确规定,"全国军队应以国防为主目的,剿匪为副目的"。由于汪精卫的坚持,会议还通过了《确定行都与陪都地点案》,正式决定将洛阳确定为"行都",长安(西安)为"陪都",定名为西京。蒋介石随即在南京宣誓就任了"委员长"一职。

在国民政府迁到洛阳后,国府的外交事务由汪精卫一手主持,而军事则是蒋介石全权掌理。但其主要活动路线是庐山、武汉、浦口等地,根本就不到洛阳来,也无须向林主席作什么请示汇报。报纸上连篇累牍报道的是"蒋委员长"的各种活动,国人可能不一定知道国民政府主席是谁,但不会不知道风头正劲的军委会委员长蒋介石。

在洛阳,林森也要"履行"自己的主席职责。他两次招待地方绅耆,征求救国意见。4月7日,林森在洛阳西工吴佩孚公馆的广寒宫主持召开了一次"国难会议",参加者除党政军要员外,还邀请了一些地方上的社会名流参加会议,出席者共144人。林森主持了会议,会议的开幕词、闭幕词以及国民政府的报告等等,均由汪精卫一手包办。会议的唯一成果,就是通过了《国难会议宣言》,强调了"长期抗战,必须举国一致,为军事政治经济财政上之充分准备,不分党派阶级,精诚团结,牺牲一切成见,共图抵抗之方策"。这次会议,对于明确中国的抗战方针,促进抗日救亡运动的发展,以及国民党制定长期的抗战政策,有着积极的意义和一定的影响。

到了 5 月 5 日,国民政府与日本签订了了《淞沪停战协定》,上海战火就此而熄灭。首都南京又恢复了往日的平静。5 月 30 日,蒋介石先行回到了南京。国民政府的大员和不少机构对中原乏味的生活早已无法忍受,5 月盛开的牡丹也已留不住南京的达官显贵。于是,他们纷纷迫不及待地搬回了南京,洛阳实际上已成为一座空都。

6 月 12 日晚,林森离开洛阳返抵南京。因官邸没有安排生活起居,林森就下榻在下关扬子饭店。第二天上午 8 时,林森一起身,就赶赴中山陵谒陵。然后回到石板桥 2 号官邸休息片刻,用了简餐,即前往国民政府大院巡视,并召集国府在京官员面谈。之后赴鼓楼于右任公寓探访。至下午 2 时始返回扬子饭店。

当天,林森即乘京沪列车赴上海。在上海逗留几天后,又返回了洛阳。到洛时,即将进入盛夏,洛阳早已无公可办,一片冷寂。林森没有在洛阳停留几日,就直接前往庐山避暑去了。上山后,林森又下山辗转于福建、浙江的山水之间。以后,洛阳的国民政府也极少见到林森的身影。林森有时住南京,时而又到上海。在这期间,林森还常被请去调解一些人事纠纷,到各地去解决地方矛盾。如福建省防军第二旅旅长陈国辉因扰民事被当地驻军扣押,民众要求枪毙陈国辉。因林森是福建人,蒋光鼐立即请林森前往调解。林森居然也"屈尊"去了趟福建。

后来,林森实际上已常驻南京办公。一次,蒋介石在庐山"邀请"林森上山议事,而林森则以在南京要接受意大利和日本使节递交国书为由,复电蒋介石说"暂难离京"。

辞别行都 "雁过留声"

由于国民政府和国民党中央已经在"法律上"明确规定将洛阳视为"行都",一日没下令迁回南京,洛阳就是名义上的中枢所在地。但一些最重要的

国民政府人员从洛阳返南京,抵达下关

军政会议、重大的活动都不在洛阳举行,如 11 月 12 日,国民党中央在中山陵举行纪念孙中山大会,国民政府之新建的广播电台落成典礼等,国民政府的要人悉数出席,而洛阳的国民政府则被完全"冷落"在了一边。久而久之,国内对此议论渐起。蒋介石也觉得这样实在不妥,国际上影响也不好,时间长了恐怕会引起更大的非议。遂与汪精卫商量,于 11 月 17 日召开了国民党的第四十七次中常会,决定在 12 月 1 日将国民政府从"行都"洛阳迁回首都南京。

11 月 29 日,国民政府正式发布迁都命令,称"政府移驻洛阳行都,已有 10 月,尝胆卧薪……乃于 12 月 1 日迁回南京"。

11 月 29 日晚 10 时,为迁回南京而特意赶回洛阳的林森,率领国民政府的一班人马,终于从洛阳启程了。随行者有文官长魏怀、参军长吕超等以及中央党部机关的部分人员。此次迁回南京的人马,也只剩下这么一些人了,迁移回南京只是个形式而已。

12 月 1 日上午 9 时,林森乘坐的国民政府专列到达南京江北的浦口车站。在南京留守的宋子文亲率千余人的庞大队伍,专程赶到江北欢迎林森一行。林森一下火车,就急匆匆地登上海军部早就泊在江边的"楚谦"号军舰。这时,军舰上升起了海陆空大元帅的旗帜,汽笛一声长鸣,即向南岸驶去。泊于长江上的其他舰艇鸣响了礼炮 21 响,向国民政府和林森致敬。一会儿工夫,军舰抵达南京海军码头。林森一下船,就乘了一辆汽车直奔中山陵,在中山陵祭堂中举行了一个简短的仪式。之后,即驱车开往国民政府大院。当晚,国民政府的大门上彩灯高挂,一片通明。为庆祝国民政府迁回南京,南京

国民政府迁回南京后,林森(左一)与蒋介石(居中)等在中山陵谒陵

市政府要求全市必须张灯结彩,街巷遍悬国旗彩旗,一派喜气洋洋的景象。第二天,中山陵园还免费向市民开放一天。"迁都"离南京时惊慌失措,如同逃难,回来时却举行了如此隆重热烈的"还都"典礼,真有天壤之别。

国民政府虽然迁回了南京,但在洛阳的一段日子里,林森一直就十分关注洛阳的建设。他在洛阳时,或由自己出面,或以国民政府名义,为洛阳办了一些事。在国民政府"还都"南京前,林森主持作出了一些有关建设方面的决定,如为洛阳筹建发电厂,设立中原社会教育馆,修建伊、洛河大桥。两座大桥于1937年先后建成,伊河桥命名为"中正桥",洛河桥后更名为"林森桥"。该桥是林森将结余的办公经费5万元修建的。中原社会教育馆设在西关的周公庙,落成后,曾开展了不少社会教育活动,如创办民办学校、设置阅报室、举办画展、开辟洛阳公园等。其他设施还有开办航空邮递、开通市内电话、设立无线电台等等。这些措施,使洛阳的市政建设有了较大的发展,也促进了中原和西北地区的开发。

难能可贵的是,林森以建设地方、恢复古迹为己任、为乐趣,在洛阳古城遍访名胜古迹。洛阳古为东都,繁盛一时,今天虽然城小如斗,却是文物遍地,古迹众多。洛阳古为周公统治之地,有周公庙一座。西关有巨型牌坊,上书"九朝都会 十省通衢"八个大字,是当地著名的古迹。洛东金墉城外,有闻名遐迩的白马寺,系东汉时佛教进入中国的第一座古寺。均因年久失修而破损严重，亟待维修。为此，林森令国民政府拨出专款，首先将牌坊整修如故。完工时还举行了一个小小的仪式，成为当地一大盛事。以后，又先后将周公庙、白马寺等遗迹重新修缮。

林森在洛阳还做了一件事。林森家族为闽东第一大姓，明清时有"无林不开科"之说。林森自小就听上辈人说，福建林氏出自中原，福建的一支为殷代比干丞相之后。比干死后，遗族逃入林中，乃以林为姓氏。晋代五胡之乱，才由中原迁往闽粤，后又繁衍于台湾及南洋海外。而比干之祠墓，则在河南汲县之北门外，久已荒圮。林森追念始祖，特派人到汲县将祠墓加以修茸，并建一石碑，书有碑文。之后又亲往致祭。

第13章　心系孙中山丧葬事

　　孙中山在北京逝世后,孙中山的棺柩由协和医院移至中央公园,又送至公园社稷大殿灵堂安放。最后送往西山碧云寺暂厝。

　　根据孙中山生前的愿望,孙中山的遗体将安葬在南京紫金山,并修建中山陵园。

　　1925年3月,在北京的国民党中央执行委员推定林森、于右任、宋子文、孔祥熙等12人组成了葬事筹备委员会,由林森总负其责,此后,林森在协调各方面的关系、资金筹措、墓址选定、征地、陵墓建设、灵榇南下、奉安大典、纪念性建筑的建造等诸多方面,甚至对石料的选用、雕塑的形态、文字的拟撰、工程的招投标等诸多方面,可谓是殚精竭虑,克服了许多难以想象的困难。直至抗战爆发,国民政府西迁后,林森还心系中山陵的安危。

中山陵选址

自孙中山在北京逝世后,国民党举行了极为隆重的治丧活动。1925 年 3 月 19 日上午 10 时,林森、张继、汪精卫等八人,用青布挽枢,将孙中山的棺枢扶出协和医院大礼堂,准备移至位于天安门西侧的中央公园,让广大市民瞻仰。12 时,棺枢送至中央公园社稷大殿灵堂安放。之后,即送往西山碧云寺暂厝。丧事结束后,孙中山的灵枢就一直停放在北京西山碧云寺的石塔内。

根据孙中山生前的愿望,国民党中常会决定将孙中山的遗体安葬在南京紫金山(即钟山),并修建中山陵园。但中山陵究竟建在何处?当年孙中山在钟山狩猎时,曾有过葬于此山的愿望,但并没有指明具体的地点。

1925 年 3 月,在北京的国民党中央执行委员推定林森、于右任、宋子文、叶楚伦、汪精卫、林焕廷、陈去病、戴季陶、张静江、邵仲辉、杨沧白、孔祥熙等 12 人组成了葬事筹备委员会,由林森总负其责,宋子文、林业明、叶楚伦分别主持陵墓的工程、会计和文牍事务。因国民党中央尚在广州,联系不便,就又在上海成立了葬事筹备处,由杨铨任主任干事。国民政府定都南京后,筹备处即移至南京办公,并加委了蒋介石、杨铨、陈群、吴铁城、古应芬、伍朝枢、邓泽如七人为委员。林森则代替了宋子文主持陵墓工程的具体事务,以确定陵墓地点、范围(纵横两华里,总占地两千多亩,包括墓道、马路、沿途的纪念性建筑等)。最后确定陵园由江苏省政府派员进行测量征地。江苏时为北洋军阀孙传芳的辖地,该省政府也成立了一个墓地筹备委员会,专门负责征地事宜。上海、南京两处的葬事筹备委员会,动一寸土都要向他们请示,否则什么事都办不成,其困难之多之大难以想象。林森是国民党元老,地方政府总要给点面子,一般工作人员办事,真是难上加难,往往还要找林森亲自出面协调。其中的艰辛,林森是十分清楚的,但为了中山陵的建设,林森和筹备处的人员只能是一忍再忍。

3 月下旬,葬事委员会特派林森与孙中山的家属南下南京紫金山勘察葬地。其实,早在孙中山灵枢移置于西山碧云寺后,林森就回到了南京,专门为中山陵的选址而奔波。紫金山山南,方圆足有数十里,陵墓究竟建在何处?林森以六旬高龄,日日登上紫金山察勘。一天,林森与南京市长马超俊、陈去病等人共登紫金山,在主峰之下的太平天国遗迹天保城时忽然风雨大作,马超俊劝林森说,赶快下山避一下吧。林森却说:"今天有风有雨,正是探得龙脉的绝好时机。"遂坚持不肯离开。一些日子下来,整个紫金山的山南,都留下了林森的足迹。最后,终于选定了紫金山南麓的中茅山为中山陵墓址。

4月4日结束勘察后,林森回到北京向委员会报告了南京紫金山墓地选址的情况。4月21日,宋庆龄、宋美龄姐妹与宋子文、宋子安兄弟四人一同来到林森等人选定的墓地察看,表示十分满意。中山陵的墓地也最终由此确定。

与此同时,南京中山陵主体工程的准备工作已经基本完成,开工在即。1926年3月12日,在南京紫金山下举行了中山陵奠基礼。

督建中山陵

中山陵的工程,是分几期才完成的,后期工程一直延续到30年代前期。孙中山先生奉安之前,先建成了陵墓的主体部分,如祭堂、墓道台阶。孙中山奉安结束后,又相继建造了其他附属建筑,如陵门、碑亭、牌坊等。

从1925年4月8日,至1929年6月1日孙中山奉安,葬事筹备委员会共召开了69次会议,其中许多次重要会议均由林森主持。如孙中山的葬事经费、陵墓工程经费的筹集,中山陵设计方案的征求意见、最后定案,陵墓工程承包公司的招标、选定,陵园的造林和绿化,甚至用什么材料,在什么地方采购,林森事无巨细,都是亲自过问,有的还要亲自审批、催办。1926年3月12日,林森参加并主持了在钟山南麓举行的中山陵奠基典礼。

因林森长年追随孙中山,对孙中山的个人品德和气质比较了解,加上他在广州修建黄花岗烈士墓园时积累了不少有关建筑陵墓方面的经验,所以林森对建陵工程事宜,可以算是一个"内行"。因此,他对中山陵的建设提出了一些极具参考价值的建议。

当中山陵的宏伟建筑开始营建时,南京的政局极不稳定,纷争不断,权势人物都不愿离开南京一步。而在国民党党内和政府中已不担任实权职务的林森,却置身于尔虞我诈的政争之外,把心思都放在了建造中山陵上了,连回城的时间都很少。林森在钟山脚下盖了一栋别墅,实际上就是一幢茅屋,林森为其命名曰"廷庐",林森自称为"钟山陵户",吃住均在"廷庐"内。林森还函嘱福州老家的金石名手林泽人,刻制了一对"廷庐"和"钟山陵户"的寿山石印章,与过去所用的"啸余庐"、"青芝老人"、"虎洞老樵"等印章一并使用。在中山陵,人们经常可以看到一位脚穿布鞋、手持手杖的白胡须老者在散步,他就是林森。

中山陵陵墓主建筑的设计方案,是以向海内外公开招标的方式进行的。最后以吕彦直、范文照、杨锡宗三人分获一、二、三等奖。1925年9月27日下午,葬事筹备处在上海成都路张静江公馆举行会议,再次讨论陵墓方案,以最后确定谁的方案中标。林森主持了这个会议。孙科、张静江、孔祥熙、邹鲁、叶楚伧、杨杏佛等人参加了会议。宋庆龄因病未到。最后,经过与会者极为认真的讨论和研究,一致赞成采纳一等奖得主吕彦直的方案。在征得了宋庆龄、孙科等人的同意后,葬事筹备处决定聘请吕彦直为中山陵墓的建筑师。以后,林森又陆续聘请了夏光宇、傅焕光等专家参与了中山陵建设工程的领导工作。

早在1926年3月中山陵工程开始动工之时,孙中山葬事筹备委员会就讨论过中山陵主碑碑文的内容。当时曾决定,在中山陵为孙中山树墓碑,刻墓志铭、传、记,并进行了分工,由汪精卫撰碑文,胡汉民作墓志铭,吴稚晖写传文,张静江起草记文。但此后两年过去了,诸位大文豪一个字也没有写出来。这倒不是他们不肯写,而是内容始终无法确定而无从下笔。直至1928年1月7日,葬事筹备委员会在上海召开会议,林森提出,像孙中山这样的伟人,其思想和业绩,不是一篇墓志铭或传记所能概括得了的,故不宜以文字来表述。会议赞成了林森的意见,决定只在主碑的正面镌刻由谭延闿书写的24个大字:

中国国民党葬总理孙先生于此　　中华民国十八年六月一日

中山陵的不少建筑、碑刻,林森都是亲自过问,甚至具体经办,件件事都是细致入微,有始有终。

祭堂前的一对华表,就是林森亲自委托他的一位族侄林履明,向福建著名的蒋源成雕刻铺定做的。当蒋氏雕刻铺的掌柜蒋子文得知要为中山陵雕刻华表后,认为是莫大的光荣,他不但抓紧时间精工细刻,而且表示只收取成本费,以示对孙中山的景仰。经过数月的精心制作,两只华表雕刻完成。华表总高12.6米,下部直径为2米,上部直径1米,断面呈六角形,每一面均饰有浮雕卷云纹。远看,华表直插青天,有极强的立体感。这在20世纪的中国是很难得的石雕精品。华表制成后,将由福州运送南京。福州到南京路途遥远,有水路,有陆路。林森很不放心,多次在南京发电报到福州,仔细询问华表的装运情况,并再三叮嘱经办人要特别小心谨慎。由于当时缺乏现代化的运输工具，全靠人拉肩扛。经办人遵照林森的叮嘱，雇了 16 个身强力壮的杠夫，一步步慢慢地挪动，一天走不了几公里路。为了防止白天人多损坏，就多选在晚上搬运。后来，华表终于顺利地运抵福州台江汛码头，抬上了驳船。经一路悉心照料，驳船终于抵达南京下关码头，直至安全运到了中山陵。林森这才放下心来。

中山陵共有 392 级台阶。在上行的第七层平台上，有一对石狮子。这也是林森亲自要求福建蒋源成雕刻铺的第三代传人蒋子文精心制作的。在这对狮子的口中，各有一颗圆石珠，能在口中自由地转动，但就是掉不出来。蒋氏家族雕刻工艺之精湛，着实令人叹为观止。后来，狮子的牙被弄断了一颗，石珠子就此而失落了。

竖立在中山陵碑亭中的巨型墓碑，高约 9 米，重达几十吨，是用一块巨大的整花岗石雕制而成的。这也是根据林森的要求采自福建。但当时装运时不慎翻船，巨石也落入水中。林森马上又决定再从福建赶制第二块花岗石碑运到南京。当石碑运到码头后，林森亲到现场察看督运。杠工们硬是用人力滚木，一步步地将巨石从下关滚到紫金山下，再运到山坡的工地上。之后，从紫金山下一寸一寸地挪上了工地现场，光这一段路就花了四十多天时间。

祭堂中的孙中山塑像的着装在国民党内有两种意见。蒋介石、胡汉民、谭延闿等人主张穿长袍马褂，而宋庆龄、何香凝等人则主张着中山装。一时间定不下来，出现了僵局。1928 年 10 月 20 日，林森主持召开了孙中山先生葬事筹备委员会议。在这次会上，"善于"调解矛盾的林森决定两种着装都予以采纳。后来决定，祭堂中孙中山坐像的着装为长袍马褂，并由孙科电告国民政府驻巴黎大使馆，再由使馆转告波兰雕塑家保罗·朗特斯基按此式样进行雕制。而墓室中的由捷克雕塑家高琦制作的卧像则着中山装。林森的这一几近完美的折中方案，两方面都表示可以接受。但宋庆龄对着中山装完全赞成，但对坐像着长袍马褂还持有保留意见。

坐像在法国雕制，石料用的是意大利产大理石，总造价 150 万法郎。葬事筹备委员会又以 10 万法郎的包运保险费，从巴黎运到南京，再由陶馥记营造厂运抵中山陵安装。直到 1930 年中山陵基本建成一年后，国民党中央才在中山陵祭堂举行了隆重的塑像揭幕仪式，蒋介石、胡汉民、张学良、林森等人都参加了这个典礼。由高琦精心刻制的卧像，石料选自北平产汉白玉，历时一年三个月完成。

在祭堂孙中山坐像底座四周的浮雕上，有反映 1912 年 1 月 1 日孙中山在

20 世纪 30 年代落成的中山陵

南京就任临时大总统时的"国会授印"等画面。因林森当时以议长身份就在现场,所以林森向雕塑家朗特斯基提出了具体的意见。其他的一些雕塑,如"讨袁护国"、"非常总统"等,林森也发表了具体的意见。当中山陵建成后,最受人们赞扬的工程之一就是各种雕塑。这与林森的精心组织和亲自参与是密不可分的。但由于种种原因,孙中山晚年的几项极为重要的活动却没能反映出来,如实行三大政策、改组国民党、黄埔建军等等,实在是令人遗憾。这体现了国民党当时的政治主张,但与陵墓建设的主持人林森也是有一定关系的。

1928 年,孙中山的日本挚友梅屋庄吉为中山陵精心铸就的一尊孙中山先生铜像完成。① 次年 3 月 4 日,铜像在梅屋庄吉与妻子、女儿以及日本议员森下国雄一行的专程护送下,乘"伏见丸"号邮船抵达上海。林森对为孙中山铸铜像一事一直就极为关注,当得知梅屋为孙中山铸就的铜像即将运抵上海后,立即与胡汉民二人专程从南京赶往上海码头接船,又安排专车恭迎至南京安放。原来打算将铜像放在中山陵前的某一地方,但在设计时没有考虑到要为铜像预留合适的位置,经林森诸人现场考察后,实在找不到更佳的位置。经请示蒋介石后,才决定将铜像暂时置放在蒋介石的憩庐官邸西侧、中央军

---

① 1925 年 3 月孙中山逝世后,孙科曾提议为孙中山铸铜像,更有人提出要在全国为孙中山铸造 100 尊铜像,以"尽敬慕孙公之意",但后来一座也没制成。

校大礼堂前的广场上。10 月 14 日上午 9 时,在军校举行了隆重的铜像揭幕仪式,林森与蒋介石、宋美龄、胡汉民等人均出席了仪式。[①]

中标承包中山陵墓主体工程的,是上海的姚新记营造厂,报价为白银44.3 万两,厂主兼工程师叫姚锡舟。因姚锡舟学历较低,只上过初中,所以遭到不少人的反对。但林森通过了解,力排众议,全力支持姚锡舟接下工程。姚锡舟时年 50 岁,上海人,虽然是工人出身,但依靠自身努力和绝顶的聪明,慢慢地在上海滩站住了脚。有一件事颇能说明问题。1906 年,英国租界工务局重建外白渡桥,一家外国营造厂在施工时,浇好水泥后却拔不出木桩,施工只得停下。在束手无策的情况下,面向中外营造厂投标解决。结果姚新记厂主姚锡舟采用"潮水拔桩"这一中国传统的古老方法,只用了一个晚上,就将几十根木桩一举拔出。此事轰动了上海滩。以后,上海不少著名的大工程,都由姚新记接下……这就是林森力主姚锡舟承建中山陵的理由。

由于中山陵是建筑在海拔 158 米的高坡上,不仅建筑材料运输困难,仅运水一项,每天就要动用 200 多个民工。加上南京当时是处在北洋政府的统治之下,军政当局换人频频,常常是这个督军一走,新来的主官对陵墓建设根本不闻不问,还要营造厂去重新交涉,购买建筑材料。运输的路上,还要遭到非法的盘剥,以及军阀散兵和土匪的抢劫。困难之大难以想象。由于工期实在太紧,投入的劳力经常是成倍增加,加上治安混乱,损失不断,成本大大增加。国民政府定都南京后,营造厂就找到国民政府,要求在运输建筑材料时给予免检放行。国民政府就在运输材料的车辆上加盖了"南京孙先生陵墓工程材料"字样。有时,遇到实在不能解决的问题,营造厂厂主姚锡舟就在南京和上海之间往返奔走,有时直接去找林森解决。林森权力有限,除常常亲自接谈外,还与他共同进餐,边吃饭边研究解决问题的办法。

中山陵陵墓的主体工程,直到 1929 年 3 月 16 日才基本完工,比合同期限整整晚了两年。即使如此,该营造厂还亏了 14 万两银子。对此,尚未任国民政府主席的林森深知其中的艰辛。林森曾对姚锡舟说过:"先生这次为总理陵寝出了大力,亏了本,国民政府是知道的。你们的贡献,是无法用金钱来计算的,后人不会忘记你们。"后来,在林森的提议下,在葬事筹备处所立的"中山先生陵墓建筑记"的石碑上,将姚锡舟和吕彦直的名字刻入了碑文之中。

---

① 1942 年南京沦陷时期,铜像被移至市中心的新街口广场安放。1968 年又移放于中山陵广场南端的鼎台上。1985 年最终移置于中山陵的"藏经楼"前。

迎接灵榇南下

中山陵竣工在即。林森又前往北京执政府继续洽商后期建设施工、移灵等事宜。执政府遂以秘书厅的名义致电江苏省长韩国钧、督办卢永祥，请他们在南京对葬地的选择使用、续建工程以及灵榇南移事宜，责成地方多多照料。

早在1926年中山陵开工时，孙中山先生葬事筹备处主任杨杏佛就宣布，"一年后，全工完成，即行移棺安葬"。也就是说，孙中山逝世一周年的日子为"奉安大典"日。但到了1927年初，工程仍在进行中，一点没有完工的迹象，所以不得不一次又一次地延期。

后在葬事筹备处第五十七次会议上，又决定将安葬日期定在1928年11月12日孙中山的诞辰日，但又是工期拖了后腿。国民党五中全会又决定将安葬日定在1929年1月1日。但此议一出，立即有人提出了反对意见，说1月1日是"国庆纪念日"，而在同一天举行葬礼很不妥。所以只得将孙中山的安葬日期定在了1929年3月12日，即孙中山逝世四周年的纪念日。但由于当年的雨雪天太多，加上江苏的政局不稳，影响了中山陵的工期，虽然中山陵的墓室和祭堂已经完工，但迎灵必经之路的中山大道根本无法按期收工。于是，决定将奉安大典日最终定在了6月1日。

早在1928年11月9日，国民政府即决定由葬事筹备委员会委员林森、郑洪年、吴铁城三人为迎榇专使赴北平，以"迎枢南来，届期安葬，借慰英灵"。12月20日，国民政府特派迎榇专使林森、吴铁城、郑洪年三人，率随行人员及10名中山陵卫士，携一具铜棺，乘坐火车北上北平。国民政府之所以选这三人为迎榇专使，是有其原因的。林森的资历自不必说，且办事极为认真和细致，特别稳重，事事令人放心，而且又担任了中山陵工程的组织和领导者，对孙中山生前死后的事是再熟悉不过了。吴铁城的组织能力在国民党内是颇有名气的，加上与林森共事多年，关系密切，二人配合绝无问题。考虑到孙中山灵榇的南下，大部分是用铁道来运输，所以，又选中了曾任铁道部次长的郑洪年。

林森一行三人此行北上的路线，因济南当时还被日军占据，所以不能走津浦路取道山东河北进北平，三人只能绕道西行再北上，到12月23日凌晨1

1928 年 12 月,迎接孙中山灵榇南下专使林森(中)与
吴铁城(右)、郑洪年(左)在北平西山碧云寺合影(一)

1928 年 12 月,迎接孙中山灵榇专使林森(左六)与吴铁城(左五)、
郑洪年(左七)等人在北平西山碧云寺合影(二)

时才抵达北平。下车后,三人径赴北魏胡同 1 号迎榇专员郑洪年的私宅,随即组成了"特派迎榇专员办事处",以郑宅为办事处办公地点。第二天,林森率全体人员乘车赴西山碧云寺瞻仰孙中山遗容,并将从南京带来的美制铜棺放置在碧云寺大殿中。

1929 年 1 月 14 日,南京国民政府明令公布"总理奉安委员会"章程,正式组成奉安委员会。共设委员 28 人,林森为其中之一。

林森等三专使在北平期间,最重要的工作就是决定移灵事宜。

孙中山的灵柩暂时停放在西山碧云寺,而西山距北平前门东车站路途遥远,足有四五十里路。只有将灵榇安全运抵车站,才能装运上火车运往南京落葬。所以,在北平的这一段路,成为移灵的关键所在。而从西山到前门,路远不说,而且路况极差,如用汽车运,就必须将马路大修,不仅耗资巨大,更主要的是时间来不及。于是,林森与二专员商议后,为确保灵榇的安全,决定用杠夫肩抬,也就是说,用人抬着棺柩,以缓慢的步子,走完这几十里路。北平的杠房有不少,但到底用哪家为好呢?林森在北平待的时间较长,对此略有了解。在经过周密的调查后,林森等三专员决定,以"日升"杠房最为稳妥。

日升杠房是北平名气最大、家底最厚的杠房,它的杠夫曾为清朝慈禧太后和其他皇亲国戚抬过棺柩,水平相当高。杠夫无论走在什么路上,如在棺盖上放一碗水,都不会有一滴溢出来。林森与这家杠房商量了好几天,谈妥了杠房的费用,以及杠夫的着装、灵柩上特制棺罩的大小,到何处用大杠何处用小杠,等等,凡是能想到的,都作了细致的安排。最后,林森代表迎榇专使与杠房正式签订了合同,计价 1 万银元。之后,又考虑到抵达南京后登上中山陵的问题,林森决定到了南京也由日升杠房继续抬上祭堂,这才算最后完成任务。

在移灵之前,林森三专使要杠房组织杠夫先行进行练习,前前后后共练习了两个月,直到完全达到了三专使要求的水平,林森才点头通过。

孙中山奉安大典日是 1929 年 6 月 1 日。林森等人在完成了北平的准备工作后,决定全体人员先期离开北平,只留下秘书和副官等少数人在北平留守,以便联络。2 月下旬,林森和吴铁城乘火车离平南下,又专程到汉口江岸机车车辆厂,检查订制灵车的质量和进度。在工厂,他们详细询问了灵车的各种情况,在确认了车身震动以及弹簧承支力等设备全部合格后,才同意将灵车开到北平等候使用。5 月中旬,林森、吴铁城、郑洪年又赶赴北平,开始了紧张的迎榇奉安的准备工作。

在北平,林森与陆海空军总司令部北平行营商定,灵车南下时,平津、津

20 世纪 20 年代末, 林森(前排左十一)与国民政府军政要员在国民党中央党部合影

浦全线由陆军所属军事长官负责警戒;孙中山灵柩移出后,由北平驻军会同地方政府在碧云寺筹建孙中山衣冠冢;订制的灵车由汉口驶往北平时,三专使陪同孙科共同试乘到天津等等。就是一些极为细小的事情,林森也想到了,如为保证灵车经过北平市区时的绝对安全和肃静,林森派人与沿途各有关单位商量,要求给予配合;对沿途几十里路上的 1000 多个摊贩,每人补贴大洋两块,让他们在灵车经过时暂时收摊停止做买卖。

当孙夫人宋庆龄从苏联回国到达天津时,林森、吴铁城、郑洪年与孙科及夫人陈淑英专程赶到天津,并偕天津军事主官傅作义一道,在天津车站迎候,后一道乘车抵达北平。

5 月 26 日,孙中山灵柩由西山碧云寺石塔中移出。在林森、吴铁城的精心安排下,先进行遗体的换棺。即先将孙中山的遗体从楠木棺材中抬出,由孙科专门礼请的协和医院史蒂芬医生将遗体用药水揩拭,然后由孙科、郑洪年、马湘为孙中山更换内外衬衣、礼服、鞋袜、手套等。遗体所用的全部布料,均是林森与郑洪年在北京瑞蚨祥绸布庄定制。更衣完毕,即换入由南京运往北平的一具铜棺。迎榇专使林森、郑洪年指挥七名卫士将灵柩移到正殿中,在这里设置了一座灵堂,北平各界以及孙中山的家属、亲友纷纷前来祭奠。

27 日零时,灵柩移出碧云寺。此时,迎榇三专使向南京发出了第一道急电,报告孙中山遗体已经从碧云寺起灵。

灵柩移出后,先由家属行奠礼,再由林森、吴铁城、郑洪年三专使行祭告礼。然后,郑洪年走在迎榇队伍的前列,24 名杠夫抬着灵柩随后,林森、吴铁城在两侧扶枢,家属则随行护送。杠夫们从碧云寺抬着灵柩,于下午 3 时 15

分到达前门东站,总共花了 15 个小时。

由汉口江岸车辆厂制造的十五节专用机车,早已在车站等候了。第四节上坐的是宋庆龄。第五节是载着孙中山棺柩的灵车。第六节坐的是孙科夫妇等家属。第七节坐的是林森、吴铁城、郑洪年三专使。第八节是中外友人,如梅屋庄吉等。第九、十节是卫士和杠夫。下午 5 时,列车从北平车站启程。林森等三人再次向南京发电,通报灵车已经启程。以后每到一站,都要向南京发一次电报。

灵车南下后,根据孔祥熙的建议,碧云寺灵堂改为孙中山纪念堂,苏联政府赠送的水晶棺置于纪念堂中。原来的一具楠木棺与铜棺,以及孙中山换下的衣履,则一并封入金刚宝塔内,作为孙中山衣冠冢。冢外立有一块迎榇专员奉移纪念碑一座,上刻"中华民国十八年五月二十六日森洪年铁城奉命赴西山碧云寺恭迎总理灵榇六月一日安葬于南京紫金山特派迎榇专员林森郑洪年吴铁城谨立"。

28 日凌晨 3 时 40 分,列车驶抵蚌埠车站。蒋介石、宋美龄、宋子文等上车致祭。上午 10 时 30 分,列车终于抵达浦口车站。之后,32 名杠夫用小杠将灵柩抬上"威胜"号军舰,横渡长江到达南京中山码头。灵柩先运抵城中的国民党中央党部礼堂停放,并设置灵堂公祭。三日后的 6 月 1 日,即举行奉安大典。9 时 20 分,灵车从丁家桥中央党部出发,到达紫金山麓。三专使指挥杠夫 108 人,将灵柩恭迎上杠,一步步地走上 392 级台阶,进入祭堂。这段路,杠夫共用两个小时,与事先计算的相差无几。最后,三专使与国民党党政军要员们,目睹了用钢筋水泥将孙中山的灵柩密封在墓穴里的全部经过。

至此,历时四年多的孙中山丧葬事宜终告结束。林森自始至终参与了整个过程。

中山陵园管理与建设

林森不仅对孙中山的丧事葬事是殚精竭虑,而且对中山陵的选址和建设,贡献也是很大的。就是在中山陵建成后,他对陵园的规划和管理,也是竭尽了心力。

孙中山奉安中山陵后,总理陵园管理委员会也随之成立,直属国民政府领导,由胡汉民、林森、蒋介石等 23 人任委员,林森、叶楚伧、孙科、林业明、刘纪文五人为常务委员。之后,在该委员会之下又设立了园林设计委员会,以林森、孙科、戴季陶、林业明、吴铁城、傅焕光、墨菲等 14 名中外人士为委员,林森为主席委员。

1929 年 7 月 2 日,林森主持召开了总理陵园管理委员会第一次会议。这次会议总结了中山陵前几年的工作,部署了今后的任务,任命了中山陵的管理干部,还讨论了中山陵第三部工程的招标。至 1937 年 6 月 12 日,林森又主持了在南京召开的最后一次会议。此后,因日军向南京的逼近,陵园管理委员会被迫随国民政府西迁重庆。在重庆,林森于 1938 年 3 月 9 日主持召开了西迁后的第一次陵园管理委员会的常务委员会议。林森担任了陵园基金委员会主席,仍然负责陵园的领导工作。只是南京早已沦于敌手,重庆国民政府也是岌岌可危,陵园管理委员会哪里还能顾及中山陵的建设呢!到 1939 年 11 月 8 日,管理委员会又开了一次会,以后,整整五年没再开过会。陵管理委员会在重庆仅留下了 4 名职员,只是保管一下陵园剩余基金和公物档案而已。

因林森与孙中山共事较久,比较了解孙中山的为人和气质。他知道,孙中山胸襟开阔,将陵墓置于南京紫金山,是孙中山生前的愿望,也是因为紫金山所特有的气势。将孙中山葬在这里,的确是了却了他的一桩心愿。但仅紫金山中茅山一隅,还显得局促了一点,林森认为,这不能反映孙中山的宏伟抱负和伟大的革命精神。所以,林森首先提出,把方圆十数里的紫金山全部纳入中山陵园的范畴。经过一段时间的论证考察,陵园管理委员会采纳了林森的建议,决定将中山陵周围的明孝陵、灵谷寺、无梁殿、梅花山、植物园等山南的全部地域都划入中山陵园的管理范围。

林森任国民政府主席后,广州市政府出资为他捐建了一幢别墅,工程虽然很小,工期却不短,到 1933 年 6 月才完工,历时一年多。因别墅四周桂花环抱,郁郁葱葱,故又称“桂林石屋”。该建筑由陵园工程师杨光煦设计,位于中山陵以东、灵谷寺以西的高阜上。登上别墅,要走过一段平缓的山路,还要登 170 级台阶。这块地是林森精心选择的,一是靠中山陵,二是清静幽深,空气清新,远离尘世。每到秋季,桂花怒放,香气沁人心脾。林森特别喜欢这里的山林秋景之美。

桂林石屋四壁的底座是用南京青龙山条石砌成,异常坚固。分上下两层,楼上是正屋,为林森的卧室以及餐厅、浴室、客房、阳光室。楼下是厨房和杂物间。屋后用紫金山上的虎皮石砌了一圈防洪水用的明沟。许多建筑材料都是就地取用。紫金山上有不少废弃陵墓上的旧石料,都被砌进了墙体

林森在南京的别墅"桂林石屋",在抗战中被日军炸毁

中。林森还精心设计了一些小作品,如将两块明代墓碑上的额首砌进了正门的南墙;在屋内屋外的一些地面上,用他喜爱的雨花石拼砌了一些梅花图案;在石屋东西两角,则用旧龙头修了两个滴水漏。整幢建筑,坚固实用,简单别致。林森喜静,所以对石屋很是喜欢,加上对政治的淡漠,因此,他常常在桂林石屋一住数日,不思回城。①

自中山陵建成后,由于陵园一带绿化比较好,环境又很幽静,不少人都想到这里圈块地造幢屋子。1930年,国民党广东省党部请求在中山陵园内建一幢"孙中山先生故居"。林森遂召集陵园各位负责人专门讨论了这一问题,认为这是以建故居为借口,在中山陵园圈地。于是作出决定,认为在中山陵完全没有必要再建这样的纪念性建筑,因此不予批准。

但也是在这一年,蒋介石却要求在陵园内建一座别墅。10月24日,总理陵园管理委员会召开第二十四次会议,讨论了一些重大事项并通过了一项决议,内容为,"蒋主席拟借陵园小红山建筑别墅案,决议照办"。次年春天,别墅由南京市工务局督饬动工兴建。蒋介石和宋美龄都十分关注这座别墅的建设工程,两人经常到别墅工地视察,并不断拨款增加经费,修建马路,并进行大面积绿化。完工后的别墅,共占地120多亩。②

---

① 石屋在抗日战争中被日本飞机炸毁,如今只剩下一些残垣断壁。
② 该别墅被蒋介石和宋美龄辟为主席官邸,专门作为做礼拜的地方,又名"基督凯歌堂"。至今保存完好,又称之为"美龄宫"。

蒋介石、宋美龄别墅（又称"美龄宫"）

蒋介石建别墅后，1933 年，中央陆军军官学校以得到某头面人物的首肯为由，写信给陵园管理委员会，要求在陵园中划出一块土地，建一座学校的公墓以及实习用的"模范阵地"。对此，林森不开绿灯，给予坚决拒绝。后来，不断有单位或个人，打着蒋介石等人的招牌，想染指中山陵的地皮。林森着实有点招架不住。为了杜绝类似现象，林森专门召开了一次陵园管理委员会，通过了一份会议纪要，明确写道："陵园土地有相当用途，此后各处所请拨给土地，一律拒绝。"

直到 1937 年，打中山陵园主意的人仍是接连不断。一些有头有脸的人也看中了这块宝地，想要建别墅；一些死者的亲属，则要在这里建坟墓。时已任国民政府主席的林森多次明确表态：以后凡有功于党国、应受国葬或公葬典礼者，当以国家指定之国葬或公葬地点安葬，永远不得在紫金山总理陵园界内请求拨地点造坟。

但对于一些在历史上有较大影响的人物，陵园管理委员会还是开了绿灯的。如廖仲恺先生墓就建在中山植物园西侧，占地 20 亩，有碑亭、石阙、平台、葬穴等，朴实而庄重。墓前竖有一块巨型石碑，由林森书写了碑文"廖仲恺先生之墓"。

国民政府的第一任主席谭延闿陵墓，建在中山陵的东侧。系由基泰工程事务所关颂声、朱彬、杨廷宝设计，林森参与了最后的定案。谭延闿 1928 年 2 月任国府主席，当年 10 月即让位给蒋介石，转任行政院长。不久即患脑溢血病逝在行政院长任上。国民政府决定为他建一陵墓，墓址选在中山陵以东的一座风景极佳的小山上，规模虽不及中山陵雄伟，但极其幽静雅致，形同一座公园。这样的陵墓，在国内是绝无仅有的。该墓共耗资 20 万元，于 1936 年 1 月落成。1 月 9 日，陵墓、纪念建筑举行了落成典礼，林森与蒋介石、于右任、宋子文等人均出席了仪式。

其他经林森及陵园管理委员会批准，在中山陵园所建的陵墓还有"二次革命"烈士范鸿仙墓、孙中山追认的陆军上将韩恢墓、国民革命军阵亡将士公墓、纪念中外空军抗日将士的航空烈士公墓等。①

在孙中山奉安大典期间，各国政府和中外友人赠送了许多礼物，其中有一些物品极其珍贵。孙中山的英国友人康德黎送的一只花圈，直径达一尺，全部用金属制成，其中梅花的花蕊是纯金制成，花朵和枝叶则是银质，十分鲜艳夺目。日本政府送的一只花圈，则是纯银制作。印度政府送的是一对银质小象，分别装在两只红木玻璃匣中，小象高一尺有余，一只卷鼻朝天，一只垂鼻低头，十分可爱。每只象的腿上还挂有小牌一个，上书"太平有象"四字。类似的珍贵礼品还有不少。

奉安大典结束后，这些礼品都暂时存放在南京石板桥 2 号孙中山葬事筹备处的办公处保存，也就是林森的官邸。但这里毕竟不是久存之地。在陵园管理委员会首次会议上，林森提议将小茅山顶的万福寺进行整修，专门作为保存纪念物品的地方。陵园管理委员会采纳了林森的建议，决定由新金记营造厂承修完工。之后，万福寺就成为奉安纪念馆。纪念馆内先后存放了纪念孙中山的物品 240 多件，除了金银铜器外，还有瓷器、丝绸、土产、雕刻等珍贵纪念物。但奉安纪念馆设在山上，交通很不方便，陵管会遂决定将明孝陵四方城附近的中山陵园管理处旧址辟为奉安纪念馆。但迁移尚未完成，万福寺即在南京沦陷时毁于日军炮火，许多珍贵物品也不知去向。

1933 年 3 月 12 日，是孙中山先生逝世八周年纪念日。这一天，在中山陵园管理委员会举行了"中山文化教育馆"成立典礼，林森主持会议并致词，他说，"中山文化教育馆今日成立，是极有价值的，因欲使中华民族生气勃勃，发扬过去数千年伟大文明，必须从教育入手。望大家尽力赞助，以图进步，将来定可发扬总理主义，普及于全中国，甚至全世界"。会议还推选林森、蒋介石、胡汉民、蔡元培、于右任、孙科为理事长，并决定在陵园内择地建设中山文化教育馆。该建筑由著名建筑师赵深设计，张裕泰营造厂承建，至 1935 年 1 月竣工。该馆由国民政府按月拨给事业经费，分为两个部分，一为馆舍，一为宿

---

① 以上诸墓，如今已全部修复。

舍。设有礼堂、图书馆、藏书库、研究部、编译部等,并聘请了社会上的一批知名学者进行研究、翻译工作,出版了一大批孙中山学说、社会科学以及自然科学等方面的论著。该建筑也在日军占领南京时被毁。

1935年3月19日,在中山陵以东的邵家山上,由国民政府主席林森倡议所建的备藏孙中山三民主义经典的藏经楼开始动工兴建,于1936年8月竣工。这是一幢仿清代喇嘛寺风格的建筑,包括了主楼、僧房、碑廊三个部分,面积达3000多平方米。主楼高20.8米,长31.8米,宽21.2米,混凝土结构,共三层,一层四壁嵌孙中山手书《建国大纲》;二层是研究室,展出孙中山各种版本的著作;三层是展览室。整幢建筑由著名建筑家卢树森设计,建业营造厂承包施工。主楼竣工后,曾在楼的东南面的奠基石上凿了一个洞,内放一铜匣,藏有该楼的全部图纸和"三民主义"石碑的全部拓帖。该建筑是除中山陵之外规模最大的一幢建筑了。

林森为该建筑题写跋文为:

> 民国十七年,冯玉祥同志在豫省送石八十余方,运京备刻三民主义,拟树于总理陵园之邵家山。已开镌矣,而冯同志旋有西北之行,遂中辍。民国二十四年,国民政府以文官处经费稍有节余,经呈中央准拨一部分,为建筑总理陵园藏经楼之用。佥谋续刻三民主义,分列两庑,当以镌刻字句率多错漏,爰复磬平,并向原处补送碑石五十余方,由张乃恭、郑天锡、连声海、李启琛、叶恭绰、郑洪年、陈仲经、蔡元培、胡涤、彭醇士、王宜汉、李宣倜、王贤、邓翼翁诸君分任丹书,陈希平、施伦两君分任校刊,计录三民主义凡十六讲都十五万五千言,镌石一百三十七方。是役开始于民国二十四年三月,竣工于二十五年八月,费时一载有半,共用国币一万七千余元(于其藏事也)。爰述其缘起如此。中华民国二十五年八月,林森谨识。

碑文由江苏吴县的唐仲芳镌刻。[①]

在中山陵的东南,为1933年举行第五届全国运动大会,建造了中央体育场。1930年的4月,国民政府任命了林森、何应钦等人为首的全国运动大会筹备委员会,并公推林森为常务委员,主持会务。在林森等人的筹划下,体育场按期完工。建成后的体育场,占地1200亩,设施有田径、游泳、棒球、篮球、

---

① 1937年南京沦陷时被日军毁坏,建筑及碑廊损坏严重。"文化大革命"中再一次遭毁,几成一片废墟。1983年予以修复。今天的藏经楼,掩映在万顷绿浪之中,宛如仙境中的琼楼玉宇。

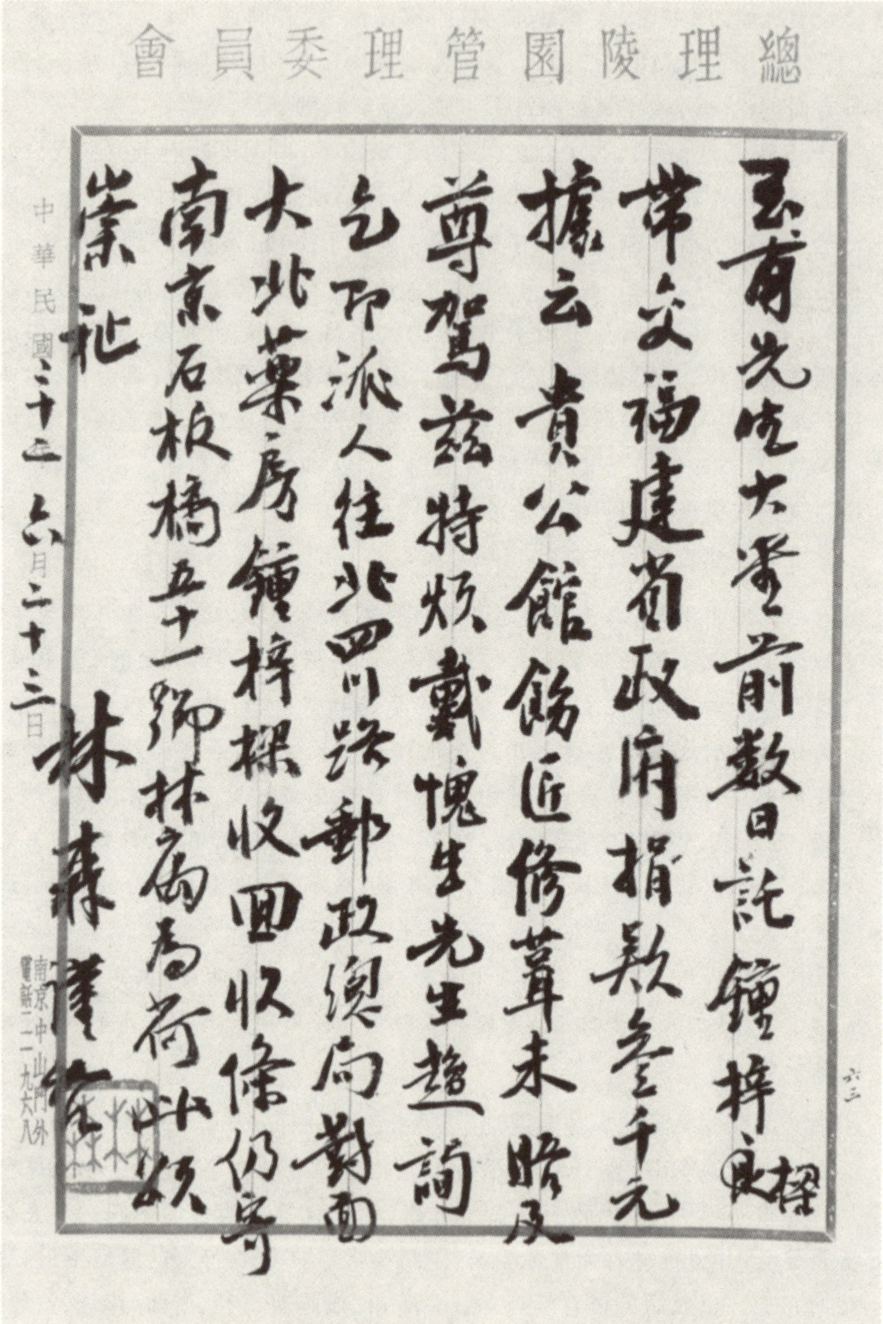

總理陵園管理委員會

玉甫先生大鑒 前數日託鐘梓使探

常交福建省政府捐款叁千元

據云 貴公館飭匠修葺未竣及

尊駕茲特煩戴懷生先生趨謁

毛即派人往北四路郵政總局對面

大北藥房鐘梓揆收回條仍寄

南京石板橋五十一號林寓為荷 此頌

崇祉

中華民國三十二年六月二十三日 林森謹啟

南京中山門外鐵新二一九六八

1933 年中山陵建造期间，林森手书的关于捐款修陵的信

国术、网球等场地,总共可以容纳观众 60000 人,堪称"远东第一"。

1937 年 11 月,在国民政府西迁的前夕,林森念念不忘中山陵墓。他专程来到中山陵,谆谆告诫拱卫陵园的卫士们:"总理的遗体不能移动,你们一定要保护好总理的陵墓。"80 名卫士当着林森的面,在"与陵墓共存亡"的誓书上签下了自己的名字。

1935 年 11 月 1 日,林森与蒋介石及出席国民党六中全会的代表晋谒中山陵

第14章 "无为而治"的国家元首

  林森在国民政府主席任上,崇尚"无为而治"。在人事任免方面,特别是对国民政府三处主官的考察和选任上,更显得慎之又慎。

  有时林森到地方视察,地方官也有"不敬"举动,但林森从不计较。南京市政府一位官员曾直书"林森",此乃"大不敬"。林森则说:"余本是南京一市民,应与市民同等看待。不必介意。"

  林森在国民政府主席任上,酷爱游历名山大川。在南京,林森最喜欢的是东郊的紫金山。林森平生嗜好古玩字画,随着政治上的失意,他对古玩的爱好竟到了痴迷的地步。林森有"三好",古玩是第一好。

  但对于一些官员的"失礼",林森也不是逆来顺受的。注精卫在行政院长任上,常常忘记对国府主席的请示,此时,林森则予以反击,给他吃了个"闭门羹"。

  林森这个国民政府主席,因处事得当,既不揽权,也不越权,深得各方的赞许。从1932年到1937年连任了三届国民政府主席。

国民政府三主官

20 世纪 30 年代,国民政府主席林森及张群等接见日本驻华大使时合影

国民政府主席就是再不负实际责任,其国府的机构还是要健全的。林森就任后,按照前任主席蒋介石时代的机构设置状况,国民政府仍设三个处,即文官处、参军处、主计处。早在林森代理主席之时,就已经对国府三处的主官进行了考察和选择。

文官处是由国民政府秘书处扩编而来,主要负责国民政府的文件拟撰等文字方面的工作。下设文书局和印铸局。文官长是国民政府中极重要的角色,蒋介石任主席时文官长先后是古应芬和叶楚伧。林森上任,文官长自然要换人,其中以魏怀的呼声最高。魏怀是福建人,与林森是同乡,当年曾与陈子范、林森结拜,关系非同一般。在谭延闿和蒋介石任国民政府主席时,担任过立法委员。林森上任后,决定将魏怀"请出来"任文官长。也正因为是"同乡加兄弟",所以林森在选用魏怀时显得格外的慎重。

魏怀是老笔杆子出身,写得一手绝顶漂亮的颜体,机关办事经验极其丰富,处事老到干练,上下左右的关系都处理得十分得体,人称"好好先生"。但林森用他,犹如初用一般,事事得从头来。林森代理国民政府主席之后,已经考虑选用魏怀。有趣的是,是林森亲自去请魏怀出任该职的。当林森与魏怀

213

见面后，开口就对他说："你要干文官长，我只要你做到三件事，做到就干，做不到就别干。"魏怀立即反问道："老兄啊，并不是我要做这个官，是你非要我干的啊！"林森根本就不睬他，马上说："第一，不要发表任何讲话；第二，不得赴任何私人宴会；第三，不许写条子，向机关推荐人。"作为当年几乎是"权倾朝野"的文官长来说，要真正做到这几点，还真是不容易。蒋介石的文官长，发号施令是司空见惯的事，但当林森的文官长就大不一样了。但魏怀如果不答应下来，林森是不依不饶的。在林森的"无理"要求下，魏怀毫无办法，只好答应。

魏怀上任后，不敢越权一步，既不荐人，也不见客，做得中规中矩。后蒋介石当上行政院长后，魏怀深得官场之三昧，林森权力有限，而蒋介石是大权独揽，在处理两人之间的关系上，往往是恰到好处，令双方都感到舒服，从来没有使双方有过一点尴尬。一般国民政府主席签署文件，任命人事，都是由蒋介石或军委会、行政院等权力部门议好了，报到国府让林森过目一下，签个字。而文件送到国府后，往往由魏怀"代拆代行"，有时，魏怀认为根本没有必要给林森过目。这么做，在有的人看来是大大地"越权"了。但林森心知肚明，从不过问。

林森的主席大印就放在魏怀的办公桌抽屉里，一般的人事任命，上至部长、省长，下至师长、厅长，都是林森以主席的名义下发委任奖，同时登在国民政府公报上。如此多如牛毛的人事任免，林森哪里顾得过来，多由魏怀一手给操办了。有的任命，至多跟林森打个招呼，然后大印一盖就完事。重要的，魏怀则一定给林森过目，有的还要作详细说明和解释。如果是蒋介石亲自提名的人事任免事项，魏怀都要先向林森作一番交代说明，说这是蒋委员长请

1932 年 3 月，林森、冯玉祥、汪精卫等在行政院举行的招待会上

主席先签署,然后院长们再签。林森立即心领神会,抬笔就签,举印就盖,十分干脆,没有一句多余的话。而许多由国民政府主席签发的文件,往往看不到林森本人的签字,而只有一个"怀",或是由魏怀写下"如拟"二字,下面再加盖"林森"的小章。这些事就完全由魏怀一手操办了。熟悉国府情况的各院部会署的秘书们一看就知道,这个"怀"字或"如拟",就能完全代表林主席了,也不会去追问为什么没有主席亲自签署的意见了。所以,当林森不在国府时,国民政府的大印和林森的小印章照常在"运作"。其实,这都是魏怀的"杰作",国府上上下下对此都已习以为常。魏怀这个文官长,至1943年林森逝世后,为后任主席蒋介石又干了几年,一共任职15年,直到1945年"升任"了国府委员后,才卸去了该职。真可谓是滴水不漏,长盛不衰。

文官长属下的文书局长人选,先是杨熙绩,后来换了许静芝。二人都是林森经过精心挑选的笔杆子一流的"实干家"。

国民党内培植亲信成风,不仅是派系林立,而且派中有派,党中有党,军

林森担任国民政府主席时所摄

中有军。军事上有黄埔系、陆大系、土木系①、浙江系、西北系、东北系、两广系等，党务上更是繁多，什么 CC 系、政学系、改组派、扩大会议派、西山会议派等等。每个人都有自己的一个小圈子，圈子周围，则是一批"自己人"。而林森却能"洁身自好"，是国民党高层中没有自己人的"小圈子"的极少数人之一。就连林森身边的一些侍卫，也因为在林森身边，待遇和职务总是得不到解决而离他而去。如果说林森有自己人的话，那么这个人就只有文官长魏怀了。

参军处下设总务局和典礼局，以下设有许多"参军"，以老资格的"军头"居多。该处主要负责与军事业务有关的事，以及国民政府有关典礼的事宜。名义上是参军，实际上真正的军务却不参与，军务大权，则操于军政部和参谋本部。参军处的职责，仅限于协调几个军事部门与国民政府之间的关系，陪同林森出巡视察，以及典礼方面的事宜。

关于参军长的人选，以陈铭枢极力推荐的四川籍将领吕超呼声最高。吕超是湖南人，后入籍四川，同盟会员，任军职多年，在孙中山的广州大本营时就任过参军长。虽与林森无任何渊源，但林森照样准备用他，只是对此事比较慎重而已。林森听说四川籍的军人中不少有吸食鸦片烟的嗜好，如果选择了吕超，一旦他也有此恶习，传扬出去，国府的要员竟有一个吸大烟的人，那岂不贻笑天下？于是，林森就派人多方面了解吕超的私生活，直到确认他无此恶习后，才签发了参军长的任命奖。

主计处是由主计筹备处改编而来，为国民政府直属的主管财政的机关，主要执掌国民政府及其下属院部会署的财务预算、统计、审计等事务。下设有统计、会计、岁计三局。

说起主计处，还有段故事。早在 20 世纪 30 年代初，国民党的各个机构就为执掌财务预算的主计、会计部门的归属问题争论不休。大家都知道，财权实在是太诱人了。财政部认为，从道理上说，主管财会的机构理应归财政部管。而立法院的财政委员会也想控制这一机构。立法院长胡汉民为了遏制财政部长宋子文的权力，对此职务是寸步不让。双方争执的结果，由蒋介石出面，决定两个部门都不给，而由国民政府直接管辖，成为国民政府的直属机构。

因此，在林森就任国民政府主席后，这个处的人事，蒋介石一直就牢牢地攥在了手中。CC 系的陈其采继续担任主计处的主计长，就是处以下两个重要局的局长人选，也由陈其采送交蒋介石亲自圈定。蒋介石特别看重会计局

①　土，拆开为十一，即陆军大学第十一期；木，拆开为十八，即十八军。都极得蒋介石的宠信。

20 世纪 30 年代，林森与全国第二次内政会议代表合影

20 世纪 30 年代，林森与汪精卫、孙科、居正、叶楚伧、张继、
戴季陶等军政要员在国民政府大堂合影

长的人选,结果圈定了宋子文的财政部会计司司长秦汾出任会计局长。岁计局长则由陈其采自己兼任。而胡汉民的立法院系统"寸土未得"。

主计处的全部人事安排,均由蒋介石一手操办,林森根本就没有一点参与权。但林森依然坦然自得,并不因为一上任就被"架空"而有丝毫的沮丧。

处事谨慎　与世无争

林森是福建人,对家乡的事一直很关心。但对福建的人事进退,林森是能少问则少问,能不问尽量不问。所以福建人常说林森当了国家主席后,对桑梓的事反倒不关心了。的确是这样,林森当上国民政府主席后,不知拒绝了多少人事方面的推荐。一次,一位熟人找到林森,推荐一个老家的人,想在国府机关里安排一个工作。此人各方面的条件都很好,而且还表示愿追随林森一辈子。林森当即表示:"可用的人都没有缺的了,中央又颁布了上级不得向下级机关荐人的法令,用人要通过铨叙部门,我怎么好带头违反呢?今后不要再找我了。"其时,国民政府和国民党内确有名目繁多的有关党政军人员兼职以及任用干部的条文,具体而详细,但又有哪个人去遵守呢?从中央到地方,从蒋介石到县乡镇长,在用人方面的任人唯亲甚至作弊买官卖官的比比皆是,像林森这样能认真执行制度的人,真是凤毛麟角。

20 世纪 30 年代,林森在南京参加国史馆奠基活动

20 世纪 30 年代,林森在南京家中读书

　　有一次,中央政治会议开会讨论改组福建省政府的事。林森曾破天荒推荐过一个他认为很适宜当省教育厅长的人。但在这个会上,福建省的省主席则对林森的推荐视而不见,竟保举了另外一个人。而林森是不常开这个会的,所以也就不知道最后确定的人选是谁,会议也疏忽了林森曾经提名这件事,就按省主席的提名报了上去。后来由铨叙部任命后,厅长人选不是林森提的那个人。行政院知道了这事后,吃惊不小,一个省主席竟然将国府主席的提名都否决了,真是非同小可。林森知道这件事后,心里自然是不愉快的,但既然事情已经到这个地步了,林森也不想以主席之位去压人争一个高下,将任命推翻来个复议。因此,上任的还是那位省主席提名的人。后来,林森从未提及过这件事。

　　还有一次,是在抗战时期,陈嘉庚到了重庆,向国民政府提出要求将省主席陈仪调走,结果未能如愿。陈嘉庚老先生回到南洋后,对国民政府十分反

219

感。林森得知后,很委婉地发表了一些看法。他说,陈仪固然在福建做了一些事,但他只是听信一两个顾问的话,时间久了,有违民心,应该尊重陈嘉庚老先生的意见,将陈仪调离。林森的这番话,说得既在理,又有分寸。行政院遂采纳了林森的意见,终于将陈仪调开,改由刘建绪接任主席主政福建。

林森任主席后,一项主要的活动就是接见来宾。当时,一些国家的大使向中国政府递交国书,主席出席外国使节举行的宴会等等较为频繁。这样的活动,场面很大,要人出席得多,很是隆重。有一次,一个重要的晚宴要在国民政府礼堂举行,林森的一位秘书向林森提出能否参加,以增长见识,开开眼界。但林森对他说:"你干好你的秘书就行了,到宴会上去干什么?"毫不客气地加以拒绝了。

某次,南京市政府召开市政会议。市府一位姓王的秘书长提出了一份报告,称:"近接国民政府文官处电话诘问,本府工务局通知主席官邸,改造房屋未领建筑执照事,信封竟直书'林森收'。此乃大不敬,应立即予以纠正。"市政府一位市长听后,吓了一跳,对当今主席直呼其名,这还了得? 一般呈给主席或其他重要领导人的信件,抬头应是"国民政府主席　林　钧启",名字是万不能出现的。

于是,市长立即下令核查经过,结果确有此事。事情是这样的,因南京市工务局工作繁忙,有关核发建筑执照、处理违章建筑、核发汽车司机牌照、申请接装自来水等等事务,达数百起之多。而林森的主席官邸不在国民政府范围之内,位于南京成贤街一带,主席官邸户主的名字是林森,当时中国同名同姓的人很多,工务局的工作人员忙昏了头,没有进行仔细鉴别,就认为此"林森"非国府主席"林森"。于是,就按照对待一般的居民方法进行了处理,所以才有了直写"林森"其名,并将信件寄发出去的事。南京市政府立即严加训斥,同时责成工务局长宋尚希立即前往主席官邸道歉。

宋局长诚惶诚恐地来到了主席官邸晋谒林森,准备"请罪"。卫士通报后,林森亲自出来接见,并将其引入客厅吩咐上茶。未等宋局长开口,林森便说:"我这个小宅子,工程很简单,我们也不知道要领建筑执照,看来是有违规章,待日后再补办手续,你们看如何?"当他听宋局长说了信封上直书其名的事后,则淡淡地一笑说:"此小事也,余本是南京一市民,应与市民同等看待,你们不必介意。"接着又顺口说:"今后如遇到类似的事,可在信封上书写'林子超'而不写'林森',这样就行了。"说完又补充说:"为避免疏漏,在一般的通知上,可事先印好'君'或'先生'、'女士'等字样,再填写姓氏,这样既是对收件人的尊重,也可省去书写人的时间和精力。"林森在说这些话时,语气和蔼委婉。宋局长顿有受宠若惊之感,自己还没有说一句,话已被林森说完了。

林森处事一向不喜张扬。后来他在重庆时,每隔一段时间都要托友人从福建老家带点药材补品到重庆服用。按常理,林森完全可以要下属跟福建省地方官员打个招呼,通过军方的飞机或地方的交通线带到重庆,既省时又安全。但林森总是找熟人带,从不去麻烦福建地方的军政官员。因沦陷时期交通不便,从福建带出来的东西要先带到曲江、桂林等地,然后再辗转带到重庆,不仅经手的人多,而且费时。一次,因天热加上时间太长,带到重庆时,林森拆开一看,药材已经腐烂变质。既然这样费事,后来,林森就写信给福建方面的熟人,要他们不要再托人带了。

林森自任了国民政府主席后,方方面面请他担任或挂名职务的信函像雪片般地飞来,有学校、商会、银行、企业等等。如某私立福建学院请林森担任校董,林森则要文官长以"公务羁牵未便担任有负"为由加以拒绝。上海慈航学校、江西省中高级职业学校分请林森任学校名誉董事长,林森则批示文官长魏怀加以"婉拒"。

国民政府主席林森接见外宾时的着装

教育部长陈立夫请林森任第三届全国美术展览会名誉会长、全国儿童年实施委员会名誉会长职务,汕头中华基督教青年会募捐大会请林森任名誉会长,首都水上体育会恭请林森任顾问,西南国产实业公司民业银行总管理处请林森任名誉赞成人,上海开林油漆有限公司请林森加入公司作为赞助人等等,均被林森批示予以婉拒。

但也有极少数的聘任林森还是同意担任的。如孙逸仙博士医学院筹备委员会主席孙科函请林森为该会名誉会长。魏怀特地请示林森,林批签:"函复担任。"

许世英曾致函林森称:"浙江、江西、安徽、江苏等省多颗粒无收,实为空前浩劫,常熟、海宁等处本为产米之区,抢米风潮迭起……由庸之(即孔祥熙)发起,公推我公为义振会名誉会长……"林森立即亲笔回函称:"承以名誉会长见推,自应勉为担任。"

因林森任国民政府主席后,各地向林森赠送礼品的不断。如山东省主席韩复榘给林森送来蓝绸瓷瓶一个,林森立即吩咐回赠织锦一件。马步芳送来鹿茸黑紫羔皮甬各一件,盛世才托陈立夫送来新疆哈密瓜两只,马鸿逵送来枸杞三箱、印章两枚、镇纸两个、砚石一只,陈树人送来象牙手杖一柄,顾祝同赠送东南土产火腿十只、茶叶一包,江西省主席熊式辉送来樟木箱一只、草席

20 世纪 30 年代,由林森题写的"国民大会堂"

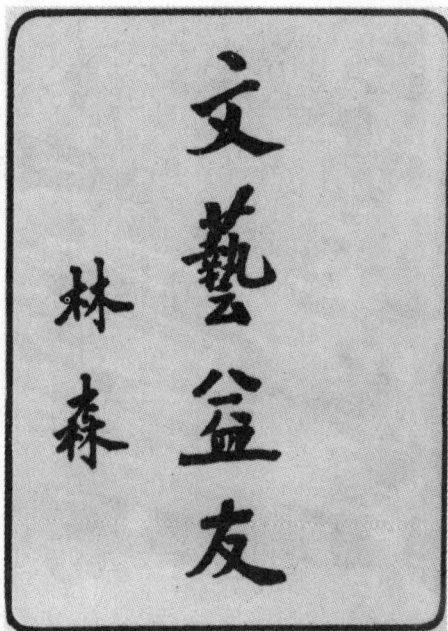

林森为《良友》杂志题字

一张、灯罩八只、花瓶四只,缅甸华侨回国考察团赠送银座塔一只,张群送来柠檬 24 枚,孔祥熙送来狐裘一件,湖南省主席薛岳送来湘绣两幅,浙江省主席黄绍送来淡菜、鱼肚、墨鱼、开洋各一斤,刘鸿生送来驼毛大衣料一块,太虚法师送来"塌奉院碑"一帧,许崇灏送来"万方安和图"一幅,等等。林森均慎重地要文官处一一清点登记,食品一般分给国府人员分享,物品则登记在册,并回复致谢,或回赠物品,从未有一桩遗漏。

林森在主席任上,还曾得到另一个"三不"的雅号,即"不争权揽利"、"不作威作福"、"不结党营私"。林森之所以会得到这个"三不"的雅号,可见当时的"争权夺利"、"作威作福"、"结党营私"是多么的盛行。

寄情山水　嗜好古玩

林森自年轻时就好动,喜游历,他曾周游世界,足迹遍五大洲。人们都知道他有一根手杖从不离手,杖头有一圆球,上刻有"曾伴我游五大洲"七个字。林森常常向人出示,引以为豪。因交通工具的限制,林森早年跨洋出国只有

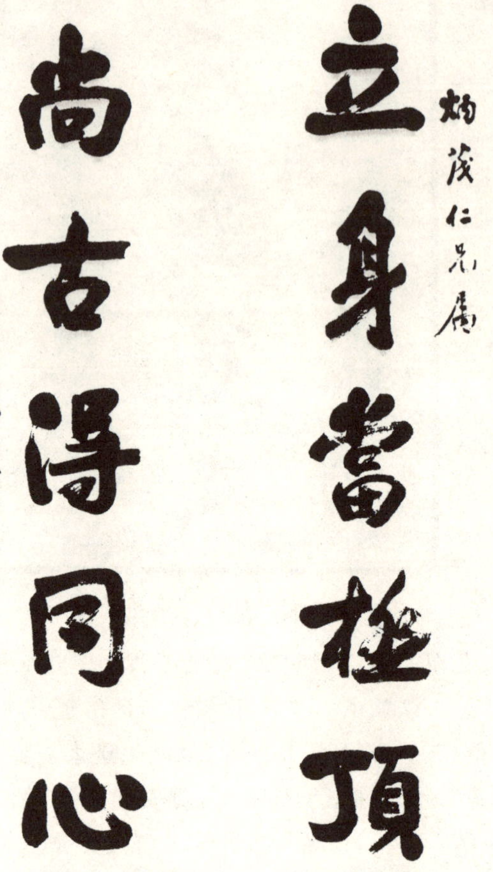

立身当极顶

尚古得同心

炳茂仁兄属

林森

林森书写的条幅

坐轮船。有一次,林森在上海前往美国的海轮上,突遇上大风浪,船上的人几乎都晕船,唯有林森与船长二人在头等舱中对饮,船长说:"能顶住这么大的风浪的人,真是不多。"其实,林森在周游世界时,经常遇到这样的风浪。

在国民政府主席任上,林森亦不断游历名山大川,对各地的名胜古迹了如指掌。当初,林森最喜欢的两个地方,一是江西庐山,一是福建鼓山,而且在这两座山上都建有别墅。所谓别墅,有的就是一间草屋。后来到南京时,林森最喜欢的就是东郊的紫金山。在山下明孝陵的墓道前,有座明太祖纪功碑,南京人习惯称之为"四方城",这里古树参天,浓荫覆盖,景色十分优美,夏天很是清凉。林森常到这里来游憩,时间长了,对这里有了感情,就倚在四方城的一角,盖了一幢茅舍,地面上铺了草席,四面依然摆放了古董。舍外是一座石貔貅,被林森略加改造,放在大树下,就成了一张石椅子。这里成了林森夏季纳凉的好去处。除了这里以外,就是中山陵东侧、紫金山半山腰上的"桂林石屋"了。

在庐山的牯岭,林森与人合建了一座小洋房,取名叫"荻庐精舍"。以后又在黄龙洞附近盖了三间平房,名为"鹿野轩"。林森到庐山时,常到这几个地方避暑居住。在闽中胜迹百洞山(即青芝山)的虎洞,则建有三间小屋,称"啸余庐"。百洞山是明朝名士董见龙、叶台山两先生的读书处,虎洞石上有诗云:"半岭风声闻虎啸。"林森以"啸余"为庐名,即得于此。

1931 年林森受国民政府派遣,与陈耀垣赴海外时,曾到欧洲游历休假。在到达伦敦后,即告知一位在国联工作的友人,要他在日内瓦附近就近寻租一处房屋,而且价格不能高。友人好不容易在日内瓦近郊租了一间农舍,除了厨房外,还有两小间房间,屋内只有简单的家具。林森等人到达瑞士后,立刻迁入居住,自己做饭菜,打扫房间。没有餐具,友人要到大使馆去借,林森立即制止说:"我们此行只是一次私人行动,与公务无关,不要惊扰公务机关。生活将就一点就行了。"结果,林森用木头削成筷子吃饭。客人去访问,也是他们自己做菜做饭,忙得焦头烂额。

林森平生嗜好古玩字画,随着政治上的失意,他对古玩的爱好竟到了痴迷的地步。在当上国民政府主席之后,兴趣更加浓厚,而且玩出了档次,玩出了品位,玩出了个性。有人说林森还有个"三好",即"好古玩好瓷器"、"好客"、"好佛",古玩是第一好。

林森玩古玩,与一般收藏家不同。真正名贵的东西,价钱在百元以上的,他是绝不会轻易掏钱的。林森所买的,也就是三角五角的货色,最贵的只有十元八元,花二三十元买东西,算是很稀罕的了。1929 年林森北上迎榇时,每天都要到北平海王村古玩市场转悠,结果到回南京时,已积购了十几箱古董。但总数加起来,也不过几百块钱。在南京时,林森手上只要有余钱,每天总要买几件东西回来。在他买的这批东西中,自然有不少是赝品。有位老友调侃林森说:"看你样子挺内行的,你买的那些古玩,恐怕有不少是赝品吧?"可林森自有他的道理。他认为,"这些赝品的式样,用艺术的眼光看,并不算差,即使是伪造的,也算是无名艺术家的作品,从中也可以窥得历史的痕迹"。他还说,"如果每一百件廉价的东西中,有个几件、哪怕有一件是真品,那么就很值得了;今之不为古,年代既久,过后不古亦古矣;再过一百年,假的也成真的了"。可见,林森玩古董,完全是一种消遣,但到后来,渐渐成了一种精神上的寄托,成为生活中不可缺少的一部分。这与清朝两江总督端方的巧取豪夺①是迥然不同的。

后来,连古董商都知道当今的国府主席喜欢买赝品,常常找上门来向林森推销廉价的古玩字画。有一段时间,林森官邸中古董掮商川流不息,都成为林森的座上客。在林森私邸的客厅里,所陈列的古玩,有缺口的瓷器,有冲裂的盆盎,还有虫蛀咬过的字画,以及旧铜烂铁,破瓦断砖,就像是一个地摊。而林森却认为,这些不完整的东西,都是国粹,不可多得。

林森偶然也买到过一些上品。如曾购得清朝皇帝用过的座褥、背垫、坐垫、手垫各一套,均是黄缎面子,上面用金线绣了九条龙。林森还买回过一张清帝用的御椅,是赝品。林森饶有兴致地将这些真垫子放在假椅子上,前面又放置了一只大号古鼎,两侧则是四个玻璃框,内中存放着各种古董。这套东西,曾置放在福州仓山的林森公馆二楼的客厅中,林森常常独自欣赏,自得其乐。他还曾购得两页珍贵的苏东坡真迹,用特制的红木锦匣珍藏起来,从不轻易示人。

在南京石板桥林森的官邸中以及林森在国民政府的办公室中,凡是能够放东西的地方,墙上、博古架、书架、橱柜上,都放着、挂着各式各样的古董、字画。有人作过一个统计,到1937年"迁都"重庆前,林森共收藏有古玩3万件,字画1万件,总价值在20万元以上。

在林森收藏的古玩中,瓷器占了很大比例,而且真品、赝品都有。林森对瓷器情有独钟。1934年10月10日,国民政府宴会厅里正举行"双十节"盛宴。主席林森白须拂面,端坐中央,显得神清逸秀。一般国民政府举行这样的宴会,都是林森主持。在宴会将要结束时,一位外国使节走上前问林森说:"主席阁下,贵国的国庆宴会,我参加了几次了,可有件事令人费解:宴会上的餐具都是我们欧洲产的,而久闻贵国瓷器闻名于世,不知是何原因,在这些宴会上为何见不到贵国生产的瓷器呢? 真是太遗憾了。"林森虽然见过世面,但对于这么突然的发问,真有点不知所措,只是答非所问地应付了几句。这事对林森触动太大了。

宴会结束后,林森回到官邸,在月光下边走边想:堂堂中国,瓷器名闻遐

---

① 端方,字午桥,清朝两江总督,在南京任官时,痴迷古玩,近乎贪婪。下属、友人只要有好的古玩字画,他总是依仗权势借来赏玩,但从不归还。

迹,可宴会上用的却是人家的东西。这到底是怎么回事?是不是疏忽了?第
二天到国府典礼局一问才知道,国府中的确没有存国产的瓷质餐具,只有外
国货。林森立即叫人到江西景德镇买来了数十种上好的瓷器,但经他一过
目,不是图案过于俗气,就是造型不够精美,不足以表现中国悠久的瓷文化。
他当即决定,立即重新设计,请高手操作,务求高雅华贵,精雕细琢。后在江
西景德镇一流工匠的精心设计和制作下,终于将四套工艺极为精湛的样品瓷
餐具完成了。送往南京后,林森极为欣赏,批准照样订做若干套。这四套餐
具的式样是,"金地万花"、"料地万花",以及两种"黄地万寿无疆",均用"粉
彩"绘制。"粉彩"是清代康熙年间的工艺,当时几乎失传。景德镇的工匠硬
是苦思冥想,反复试验,终使这一传统工艺重见天日。因这批瓷器是国民政
府主席林森亲自点名制作,在每件瓷器的底部,均烧有"国府御瓷"四个红字。
江西景德镇瓷业又称这批瓷器为"民国御窑"。

瓷器全部制成后,从景德镇运到了九江的店铺里。店家立即禀报南京国
民政府,告知已全部完成,请速派兵舰来浔运装。林森虽贵为主席,却无调兵
舰之权。后来,还是靠了一位在海军做事的福建同乡的关系,开了一艘小兵
舰到九江,才将瓷器运到了南京。

瓷器运到南京后,林森看后很是满意,挨个把玩,爱不释手。林森还亲自
接见了几名押运员,并派人陪同他们在南京游玩了几日,回程时每人还给了
赏钱。这批极其珍贵的代表了民国瓷器最高水平的瓷中上品,在抗战初国民
政府西迁时不知去向。林森到重庆后还念念不忘这批瓷器。[①]

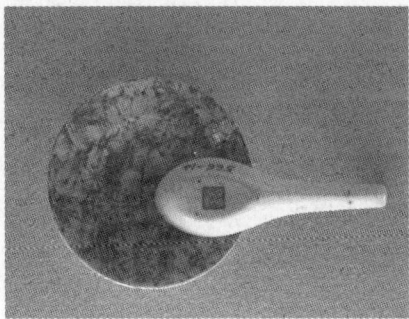

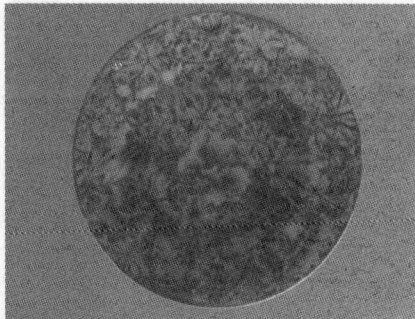

林森为国民政府定制的餐具

---

① 1949 年 4 月解放军接管南京时,将这批瓷器全部接收保管。现存于南京市博物馆。

在林森的"三好"中,有"好佛"这一条。林森是信佛的,尤其是在他的晚年,家中亦藏有不少佛经。但他信佛一般不太注重形式。林森游历的名山大川,其中不乏佛教圣地,但随从们从未见他在寺庙中烧香拜佛,倒是经常看到他在闭目养神,就像老僧人那样,口中念念有词,但却又从未发出过念佛的声音,也没有见他讲论佛道。信佛的人是不杀生的,但他住在庐山时,照样一下拍死许多苍蝇。

"易君左矣" "林子超然"

林森当上国民政府主席后,因是"虚位",社会上总免不了有些议论。加上林森处事谨小慎微,一些党政要员往往"视若无物"。政府圈内人士都知道汪精卫等政界要人对林森多有轻慢,所以,各省军政首脑到南京,对林森少有进谒的。京沪各报常有对林森冷嘲热讽者。但林森始终不为所动,安之若素。后来曾发生了一件这样的事。

江苏省教育厅有一位编审,叫易君左,曾著有《扬州闲话》一书,由上海中华书局出版。他在书中列举了少数扬州人固有的陋习和缺点,多有不恭之处。结果引起了扬州人的强烈不满,对易君左纷纷予以指责,就是在南京也闹得沸沸扬扬。但易君左也不是省油的灯,他不甘示弱,并在报上著文为此争论不休。

结果,南京有一位好事者,就易君左著《扬州闲话》这件事,在一家报纸上出了一个上联,以征求下联。上联曰:

易君左,闲话扬州,引起扬州闲话,易君左矣。

一时间,不少应对者纷纷写出下联,但不是牵强附会,就是缺乏文采,居然没有一联贴切的。过了好一段时间,社会上终于出现了一个下联,而且在联中嵌用了国民政府主席林森的名、字和职务,其文字是这样的:

林子超,主席国府,连任国府主席,林子超然。

一时间,南京以至江南一带的文人,都认为这个对子既吻合切题,又工整对仗,还针砭了时政,实在是一个好下联。于是,引来了社会上的一片喝彩声,人们竞相传说。之所以能这么快就传开,就是因为有了当今国家元首林森的题材,这对林森来说,真是太形象了。但拿国民政府主席做茶余饭后的笑料,未免是太有点"大逆不道"了。林森自然也读到了这副对联,但他只是拂须淡淡一笑,说了一句:"难得,难得。"既没有发火,更没有以主席去压人,而是采取了一种超然的态度,任其发展。后来有人说,这副下联,恰恰对了林森的脾性,林主席真是"超然"也。

以后,这个对联又有了发展,曰:

林子超,安居重庆,果然重庆安居,林子超哉。

林森在主席任上,闲暇颇多。他曾写下了不少闲情逸事诗,兹选录供欣赏:

竹院敲棋

满园绿叶任风吹,长夏宜遇客弈棋,一局轻敲声的的,千竿斜曳影离离,气高合让淇园种,人俗还须君子医,静坐函幕堪避暑,盘桓不觉日斜西。

树下纳凉

炎司施政画方长,赤日当空火伞张,缓步园林神淡逸,潜身松菊乐徜徉,闲看尘世人何俗,静听涛声意亦凉,避却炎威寻胜境,此情也可比义皇。

荷塘晚步

金乌敛翅下西檐,晚景清幽映眼帘,青草一池新涨满,荷盘万柄暈痕添,尝来雪藕情独恋,看到莲花意亦恬,浣却俗尘兼俗虑,满怀气焰不知炎。

最著名的一首要算是"柳荫垂钓"了,曰:

闲来垂钓柳荫荫,好趁夕阳雨后天,碧藻重重鱼队队,清风拂拂水涓涓,静看濠濮生机活,默体尼山道念坚,一曲渔歌一篇咏,归来看我似神仙。

看书,是林森的一大嗜好。在"政事"稍闲之时,林森便拈书一卷,静静地阅读。一次,林森刚刚会过客,回到房间里,信手就在书架上拿了一本书。随从急问:"主席,今天会见了这么多客人,不累吗?"林森笑着回答:"正因为政务累了,才拿书来看,读书最能使人的心境平静下来,既可修身养性,更能振奋精神。何乐而不为?"在林森的卧室、书房里,到处摆放了书报杂志。一些文化人送的著作如《浅脱》、《专辑》等,还有不少回忆录,日复一日,书斋里都放不下了,随从想把旧的书报处理掉,林森却正色说:"不能这样,凡是书,都是作者的心血,怎能当废纸扔了?"

林森看书,偶然也作些笔札,亦多风趣。一次,林森从南京到上海,住在金神父路宅邸。张继听说林森到了上海,立即赶来拜访。但适逢林森外出未碰面,就留下了一本书和一张名片而去。林森回来后,看了书和名片后,立即写了一短札交仆役送给张继,上书:

> 此临我不获,甚罪甚罪;返寓见留言,喜极喜极;覆草请速来,勿却勿却;入夜买一醉,乐乎乐乎。

张继拆阅后,立即复了一短简云:

> 来沪先造府,唐突唐突;坐了冷板凳,不快不快;既约我小吃,算数算数;勿再作亡羊,至祷至祷。

见者均捧腹大笑。

每年一到夏季,林森都要上庐山避暑,在庐山亦留下不少轶闻趣事。因庐山山高坡陡,登山者都是气喘吁吁,总想坐下休息一会,但就是苦于没有地方坐。人人都知道要有几张石凳就好了,但日复一日,年复一年,就是没有一个人去做这事。这事却被林森完成了。

林森在家中

　　林森深知登山人的艰辛,就在路边吩咐人刻了"努力前进"、"不忘五九国耻"等字样。在路陡坡高之处,就刻了"暂息仔肩"、"任重致远"。最有意思的是,林森在庐山牯岭一带登山道的两侧,捐建了一批供游人休息的石椅子,上刻有"同胞请坐"。不久,人们又发现,在每张石椅子上,又刻了这样八个字——"有姨太太的不许坐"。林森之所以要刻这几个字,就是因为当时社会风气不好,奢靡之风很盛,尤其是在官场,不少官员娶了好几房姨太太,不仅不以为耻,还到处带了招摇过市。对此,林森深恶痛绝,但法律并没有规定不准娶姨太太,林森虽身为主席,也不便去横加干涉。有的人对林森的做法很是不解,对他说:"你刻了这几个字,那有姨太太的人真的就不坐了吗?"

　　后来,胡适先生道出了林森捐椅子的"天机"。他说:"这就是林主席过人的高明之处。既使游人有了休息之处,也鞭挞了社会丑恶现象。你有姨太太,尽管去坐好了,绝没有警察来干涉你。不过你坐下来后,总觉得不舒服吧。如若林森大吹大擂地去发起一场不纳妾运动,那就不是一个无为的政治家所做的事了。这就是林子超。"

　　这是林森对当时的社会腐败现象无声的抨击。

　　林森在其洒脱幽默的另一面,有时却是极为专注认真的。1936年8月,第11届世界运动会在德国柏林举行。中国没有运动员参加,只派了以戴季陶为团长、丁文渊为秘书的代表团前往。行前,他们知道林森长年在欧美游历,对欧洲了解得比较多,就特为去国府请教林森赴欧洲要注意些什么。林森极其认真地说:"欧洲可观的东西真是太多了。教育学术,可不是短时间所能一目了然的。工业组织呢,一般的东西如轮轴皮带,看了也没有多大意思,规模大的有一个城,非十天半月所能看完,真正你们想看的重要的东西,人家又保密不让看,你们不是专家,看了也白看。可有两样东西则是必须看的,一为教堂,一为剧院。如果仔细看一看,不仅能了解到该国的文明野蛮强弱贫富,还能看到该国的古今治乱安危。剧场有三:一为歌剧,礼节的隆重与声乐之优美,可知古代教化;礼乐之用,可知婚丧祭事,游乐宴会等。二为话剧,这类剧院,可以看到礼乐兴衰的起因。三是杂剧,这和上海的大世界差不多,社会乱象,可从这里全部揭示。此外,舞场上的上等人,亦具礼乐,下等人便沦为罪恶之薮了。"戴季陶等人又问:"剧场如此,那么宗教呢?"林森说:"世界文明,可以说都是从亚洲发扬出来的。宗教本是文明的结晶,犹太、基督、清真、婆罗门、佛陀,都是中西亚古代之文明,直到现代,维系世界人心的,还是靠他们的教义教律。战国以后,思想纷岐。汉唐以后,西方诸教,传入中国,之所以

1936年3月,国民政府主席林森与于右任、张群、孔祥熙等
接见日本驻华大使有吉明

能并行不悖,相安如素,则是因为中国文化博大精深也。"直说得赴欧洲一行人连连点头称是。

林森任国民政府主席时,已届花甲之年。林森常自嘲自己只是"典守印信"而已。林森因经历了几次政治风波,渐渐淡出政坛,加上他的性格为人,虽然连受重创,但心态仍然平和。而国民党内对于权力的争夺,常常是你死我活,而林森则是置身度外,宛如生活在世外桃源,因此,他的这个主席做得自然是洒脱超然的。他曾自书一诗曰:

爱竹不锄当路笋,惜花犹护压头枝。

这就是林森当主席时的心态。

柔中寓刚　巧治汪精卫

1933年3月,汪精卫回国,到南京接替了宋子文的代理行政院长一职。国民党党内都知道林森这个"虚君"主席是不负实际责任的,所以汪精卫一上任,就没有把林森当回事,方方面面都跑到了,就是没有想到要去拜谒一下林主席。而行政院与国民政府仅一墙之隔,两人的办公室近得互相都能看见,就是行政院到林森的官邸也只有几分钟车程。对此,林森心中有数。

1933 年,国民政府主席林森、行政院长汪精卫等人会见德国公使

直到一个多月后,汪精卫的一位幕僚提醒汪精卫是否该去参谒一下林主席了。汪精卫这才想到:自己一个政府首脑,上任这么久了,居然"忘记"了要去会一下当今的国家元首。于是,赶紧派人前去林森官邸通知,说次日即率全体阁员前往参见主席。第二天,当汪精卫和部长一行浩浩荡荡来到林森的石板桥官邸。上前一通报,却吃了一个闭门羹,林森早已不知去向。众人都感到诧异,汪精卫好没趣,只好吩咐留下名片,打道回府。

而当天下午,林森却亲自来到了行政院回拜汪院长。一见汪精卫的面,林森就说:"上午汪院长大驾光临,不敢参见大礼,所以回避了。请见谅。"一席话,令汪精卫是既狼狈又尴尬,不知该说什么好。这件事,曾在国民政府及国民党上层传为笑谈。

后来,胡适先生对林森的此举很是欣赏,他大笑道:"林子超先生把国民政府主席做到了'虚位',以至于虚到有的人居然已经是'目中无主席'了。"还有人说,这正是林森的"大智若愚",他并不是有人所说的是一个"老糊涂"和"好好先生",他对一些事,心里是一清二楚的,他的所谓"不敢参见的大礼",正是对"不识大礼"的行政院长汪精卫的一个教训。他去回拜汪精卫,也向汪精卫表明,自己并不是一个可以随意侵犯、任其摆弄的人。

亲身经历此事的参军长吕超说:"林主席在汪精卫前来参谒时有意回避了,这本身就是对汪精卫的一个教训。而下午再去回拜,更让他无地自容了。"

林森虽然是"不负责任"的主席,但一些例行的公文,如人事任命、经费预算及审核、法律法规的颁行、声明讲话的发表,还有重要会议文件的下发,类似事情,虽然林森并不参与"讨论研究"以至"决策",但是重要的文件,一般还是要过目盖印或签字的。而行政院长汪精卫经常在这方面"忘记"或"疏漏"。有时,行政院呈送国民政府的文件,其副本或"抄报"的文字,已通过其他部门转到了国府文官处,林森已经签发,文官长魏怀已经办妥了,而行政院本身文件的正本,因"遗忘"居然还没有送到国民政府来。林森心中有数,这时,他就亲往行政院或派了文官长上门"移樽就教"。这一来,就避免了不少"府院纠纷",而往往会把汪精卫搞个大红脸。几次下来,汪精卫及下属们再也不敢轻慢林森了。

生活平民化

林森生性淡泊,没什么官架子,在他任国民政府主席后,最厌恶的就是前呼后拥、繁文缛节。林森的主席官邸在南京石板桥 2 号,这也是总理陵园管理处和原孙中山先生奉安筹备处的办公处。林森同时兼两个处的负责人。名为官邸,实际上,在林森任主席的初期,楼下仍作陵园管理处办公室,楼上供林森居住。后来,实在太挤了,两个处才迁走。这幢楼很是简陋,没有卫生设备,房间也少,警卫们根本就住不下,就只好到隔壁的邻居家借住。官邸只有两三个仆役,没有专门的厨师,也极少请客,烧饭弄菜由仆役兼,以清淡食物为主。

林森本人并没有配专职秘书,有事才要文官处来一个书记员帮帮忙。一般的信件,都是林森自己处理。晚上,多是林森处理信件的时间。对各种信函,林森拆阅后,无关紧要的,阅后即扔入字纸篓。比较重要的信函,就将主要内容摘在信封上。林森摘信的方式很特别,如果是举荐人才的信,就写一个"人"字。如是研究古董的,就写一个"古"字。如果来信是反映经济困难或是要钱的,就写个"戈"字。索要字画的,就写一个宝盖头的"宀"。有些是必须要回的信,林森多是亲自动笔,然后盖上私章,封上信口,粘上邮票,甚至亲自投入信筒,一般不要别人代劳。

平时,官邸内外有一个班的宪兵警卫,这是根据首都卫戍总司令部的规定设的岗。一般情况下,这个班的十多人轮流值岗,24 个小时不休息。出门时,也有人跟随其左右,形影不离。林森对此是不胜其烦,常对警卫们说:"我这不成了犯人了吗?"后来,林森外出时,最多只带两个人,有时则一个人跑出去,把警卫给甩了。

有一次,林森一个人出门,到南京花牌楼一家鞋帽店选购礼帽。结果店员认出来人就是当今国家元首,立即就要以呢帽相送,林森推让再三后才欣然受纳。此一消息传出后,鞋帽店的生意一下就变得兴隆起来。

林森在上海的住宅是金神父路 330 弄 3 号,是一幢单开间的小洋楼。金神父路的弄堂口,经常有一个摆摊的修鞋者。从弄堂里常常走出一个蓄长须的老者,穿一件蓝布长衫,手里提一双破皮鞋,慢慢地走到鞋摊前,要皮匠修鞋,而且每次都说一声,"辛苦了,过一会再来取"。几次下来,鞋匠才知道这个老顾客就是当今国家主席。

因住宅地处法租界内,当法国巡捕房知道国民政府的大人物林森到来

1934 年 12 月,林森(右)与华侨巨商胡文虎在南京合影

235

时,为了安全起见,就增派了巡捕暗探在该住宅周围布下了岗。林森对此极为反感。也是因为这事,有一次到上海来,林森不胜其烦,没住几天就走了。

林森平时喜着一件灰布长袍,脚蹬黑布鞋。其时,冯玉祥、阎锡山提倡节俭,本人亦身体力行,尤其是冯玉祥,他带头穿旧衣旧鞋,平时就住在旧庙中。这已成为一种时尚。但冯玉祥到南京一看,党政中人,个个"争奇斗艳",出入是手挽姨太太,豪华汽车驰骋于大道,行人唯恐避让不及。冯玉祥到国民政府开会,只见到处是一片珠光宝气,某市长夫人,一双丝袜就要数十元。对此他很看不顺眼。唯独林森的衣着,在一片华丽中,寒酸得反而扎眼了。冯玉祥早就听说过林森的为人,这次在国府中眼见为实,对林森大为赞赏。

林森还与福建老家的一位卖菜翁有过一段交往,两人居然还有书信往还。林森常寄些钱给他,托他买一点家乡的腌干菜。名为托他办事,实为接济他。

还有一次,林森乘车在公路边看到一个箍桶匠,便下车与之闲聊起来。说着说着,林森看中了一只洗脚盆,就掏钱买了一只放在车上带回了官邸。

"无为而治"　连任主席

在林森担任国民政府主席的时期,采取的是"虚君制"。林森这个国民政府主席,主要的工作,就是接见外宾,出席仪式,发表演讲,代表最高当局训话,慰问下属,与各院、部、会主官共同签署文件,以及处理一些与法律方面有关的政务工作。真正的"党国"大事,林森是无法参与也不能过问的,诸如重要的军政人事任免事项、重要的内政外交决策等。但林森作为国家元首,涉外活动还是比较频繁的。一般外国使节到南京向中国政府递交国书,只要林森在南京,一般都是他出席仪式。这是林森的主席任上一件必不可少的事。以下是1936年10月10日"国庆"纪念活动的实录:

> 11时,林主席在国民政府大礼堂接受驻华各国外交官之祝贺,计有苏联大使鲍格莫洛夫、意大利大使罗亚谷诺、美国大使詹森、日本大使川越茂、法国大使那齐亚、英国大使许阁森、古巴公使毕安达、捷克公使费哲尔、波兰公使魏登涛、荷兰公使傅斯德、巴西公使赖谷、瑞士代办劳迪、德国代办费舍尔、丹麦代办雪尔、瑞典代办贝克费利斯、挪威代办季达尔、比利时代办戴福等,共三十四人,于11时先后到达国府。国府大门派有

林森在视察途中

1935 年 10 月，国民政府主席林森、行政院长汪精卫（前排右）

接见德国首任驻华大使陶德曼（前排左）

1936 年 10 月，林森在国民政府接见安钦呼图克图活佛（前排右三）

卫队一排，于代表抵达时肃立致敬，并由典礼局招待官李有枢等导引签名后，即引入接待室休憩。等各国代表到齐后，由典礼局长唐豸、外交交际科长林桐宝导入礼堂，各代表依次由左至右成行而立。旋由典礼局长入启主席，出临礼堂，立于正中。外长张群、文官长魏怀、参军长吕超，分立林森左右。各国代表向林森行一鞠躬，林森答礼，礼毕，主席偕外长典礼局长进前，与代表依次握手，张群随主席后与代表介绍寒暄。握毕，林森返回原位，各代表肃立，再鞠一躬，林森答礼后，即随文、参两官退出礼堂到接待室，各国大使代办引入接待室，林森请用茶点，招待会开始，蒋介石、孙科、冯玉祥等作陪。林森略事周旋即退出回官邸。

这是林森作为国家元首享受的最高礼遇。

对外，林森作为国家元首代表国家。1933 年 5 月 17 日，美国总统罗斯福向参加世界经济会议的 44 国发出声明书，提议订立世界互不侵略条约，呼吁各国政府减少军备、取消侵略武器、禁止派遣军队超越国境。19 日，林森立即以中国国家元首名义发表声明，竭力赞成罗斯福总统的主张，称"中国现已为侵略之牺牲者"，"外国侵略已使中国国家政治及经济之组织动摇"。这完全是中国当时的实际情况，林森的声明代表了中国政府的立场。

1933 年 10 月 10 日，第五届全国运动会在南京中山陵园附近新建的中央体育场开幕。国府主席林森作为大会名誉会长出席了大会。其他国民党要人汪精卫、孙科、陈果夫、张静江等也端坐在主席台上。当黑龙江、吉林、辽宁三省的运动员进入会场时，全场沸腾了，大家向沦陷于日本之手的白山黑水同胞报以热烈的掌声。当短跑运动员刘长春走到主席台前时,场上气氛更加热烈,"打倒日本帝国主义"、"收复东北、还我河山"的口号响彻全场,不久,又汇成了几万名观众的痛哭,场面悲壮而感人。主席台上的党政军要人们,此时纷纷低下了头。林森也禁不住老泪纵横,取出手绢擦起了眼泪。

作为一个虚位的国家主席,林森既然不能参与枢机,但对于一些人家不屑去做的小事,他则是不惜去做的。如一些官员的亲属去世,林森都要亲发唁电。李宗仁母亲刘太夫人逝世,林森发电报表示慰问曰:"顷闻太夫人在桂林仙逝……吾兄督战前方,军筹旁午,尚希移孝作忠节哀报国……特电驰唁。"林森也曾为李宗仁夫人郭德洁题词"笃礼崇义",为孔府后人题写了"瑞应睢麟"。

国府委员、组织部长马超俊的母亲、戴季陶的母亲、汉口边区主任徐源泉的母亲病逝,林森也发去唁电。就是陕西省主席邵力子坠马受伤、参谋本部第一厅厅长兼北平分会副参谋长王纶骑马跌伤头部、阎锡山生病,林森也要郑重其事地去电报表示慰问。

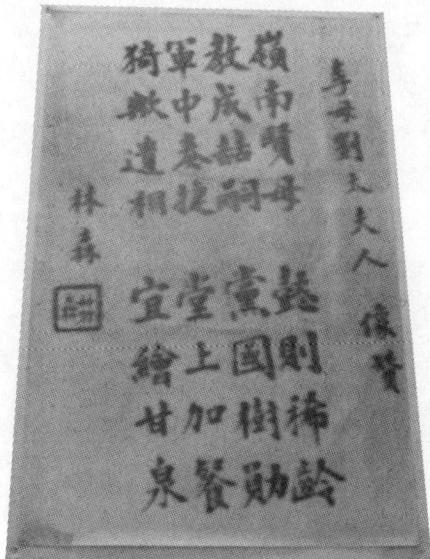

林森为李宗仁母亲的题赞

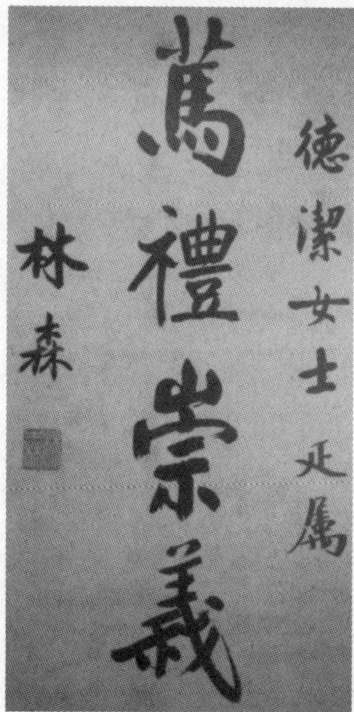

林森为李宗仁夫人郭德洁题字

林森为孔府的题词

在林森任国民政府主席前，就不以自己为"官"，也没有当"官"的样子。庐山芦林大桥下，有一座小石桥，上刻有"交芦桥"三字。桥头刻有林森的题词，文曰：

> 由芦林至牯岭，唯此路较平，但路间横流，往来多阻。丙寅夏，余在山养病，乃乞石于刘子成禺，建桥以利交通。桥成，林君之夏名为交芦桥。去秋洪水暴发，桥圮。兹经黄龙寺主持青松重修，行人称便焉。民国十七年夏闽侯林森志。

这是1928年的事了，那时林森是立法院副院长。后来当上国民政府主席后，林森到庐山来，经常在这座桥上徘徊。这座桥，记述了当年的修桥经过。这篇"记"，对后来之人是发人深省的：人过河需要桥，桥可以把路连起来；但洪水一来把桥冲垮了，人就过不了桥了；但人是有力量的，可以将它修起来。但不是人人都愿意修它的；人心是块碑，过桥人都会驻足看碑，都会记住这件事的。长期以来，过桥人看到这块碑，就想到了林森。

修桥事情虽小，有人说，这就是林森的"无为"而"有为"。这个"无为"到"有为"，并不是林森任了国民政府主席后才有的，而是他做人的一个"习惯"。

林森还有一项重要的"工作"，那就是在每周一上午举行的"总理纪念周"仪式的演说。这个仪式，是自1926年2月国民党中执会公布了《总理纪念周条例》以来,国民政府和国民党内举行的一项日常活动。

"总理纪念周",是纪念国民党总理孙中山的仪式。纪念周的时间,在每周一上午9时至12时,每次不超过一小时;举行活动时,国民党各级党部以常委为主席,国民政府所属各机关、各军队以其所在地最高长官为主席。先唱党歌、向孙中山像行三鞠躬、默念三分钟,然后是政治报告或演说;如发现对纪念周活动组织不力者,除撤职外,仍将分别惩处;应出席者无故缺席者、连续缺席三次以上者,分别处罪。对服装也有要求,如出席者必须穿礼服,男性为素蓝袍黑褂,女性为长褂或衫裙;地点必须光明、洁净等等。

国民政府和中央党部的纪念周活动,分别在国府大礼堂或中央党部礼堂举行。在这个仪式上,国民党有明文规定,应是讲读总理遗教或作政治报告。但后来根据形势需要,内容纷纷夹带"私货",有关方面都借这个机会,将近日发生的某一重大事项作一总结,或以某一纪念活动为由头,进行当前工作的指导,或由主席、总裁、院长等军政主官在会上训话。

一般只要林森在南京,以他发表讲话的为多。他谈的内容很多,有纪念某一事件、某一人物的演讲,有针对某一政治、经济问题的探讨,有报告出游视察的经过等等,五花八门,包罗万象,有时竟连如何种树、如何募捐,都上总

1934年2月,林森(前排右二)、戴季陶(前排左一)、叶楚伧(前排右一)等,
在国民政府接见就任国府委员的班禅大师(左二)合影

20 世纪 30 年代，林森、汪精卫在国民政府接见美国驻华大使詹森（前排左三）

1935 年 7 月，国民政府主席林森（前排右四）、
行政院长汪精卫（前排右三）接见英国大使（左一）

理纪念周的演讲内容。有一次，林森演讲的题目就叫"天下事在乎做"，十分钟不到就完事散会。还有一次，题目为"南游感想"，是林森向与会者报告了自己云游四方的情况。其他如"建设南京的经过"、"节约的重要性"、"造林运动"、"犯罪与民生"、"提倡国货"等等，都成了林森在纪念周上演讲的内容。时间有长有短，长的个把小时，短的只几分钟。到会者，要求是国民政府、中央党部科长以上人员，能到的就不得缺席。但一般国民党和国民政府的重要官员出席的则不多，因为他们"公务"太忙，军事主官多奔波于战场。起初，蒋介石也是很重视的。后来，蒋介石因长年在外"征战"，极少出席。而林森一

外出就是几个月,所以也就经常不出席这个活动。主持者,就降格到副部长、副院长一级。久而久之,"纪念周"活动完全成了一种形式,而且多是国民政府与中央党部合并举行。但从南京到重庆,多年来一直未有间断。

1937年2月,由林森等人参与发起,国民党内设置了"总理纪念奖金",以300万元为基金,其利息作为奖金的固定来源。这也成为纪念孙中山的一种形式。

此时的林森,虽然当上了国民政府主席,但他经过了"西山会议"的"洗礼",对党内的政治纷争已失去了兴趣,全无了年轻时从事革命活动的血气方刚。但他与各方都能均衡相处,尽量避免各种矛盾;同时,林森也能以党内元老身份,调解党内的纷争,但又适可而止,决不会至于妨碍国民党和政府的实权人物去行使职权。人们说他这是"无为而治",又称作"垂拱而治"。

林森这个国民政府主席,因处事得当,既不揽权,也不越权,深得各方的赞许,所以1934年1月在南京召开的国民党四届四中全会上,林森再次被推选为国民政府主席。这一年年底,国民党又召开了四届五中全会,成立了以林森为首的"宪法草案"审查委员会。在1935年11月举行的国民党第五次全国代表大会上,产生了国民党中央执行委员和中央监察委员,林森以国民政府主席身份当选为监察委员,名列50名委员之首。在随后举行的五届一中全会上,因这个"虚位"主席之职无人竞争,林森再次连任国民政府主席以及中央监察委员会常务委员。林森在南京时期,从1932年到1937年连任了三届国民政府主席。

频繁的视察

林森当主席,还有一项很重要的"工作",就是到各地视察。林森喜游历,也正好借视察的机会,体察民情,了却周游四海的夙愿。

1933年10月,林森从南京启程赴福建视察。林森此行,一为回老家休息,同时也看一些海军设施。林森出行的陪同,由典礼局全权负责,一般以参军长吕超为多。此次林森出发前,文官处即先给福建方面发了电报,告知林森的行程。林森到达马江后,则由参军长不断与南京方面保持联系。林森此行,在福建住了十多天,即从福州乘军舰启程回南京。一路上,林森在三都澳、象山、吴淞军港都作了停留,一面考察海军设施,一面慰问官兵。随后即乘"应瑞"舰于11月14日出发,16日到达南京。

20世纪30年代，林森外出视察时与汪精卫等合影

20世纪30年代，林森在视察途中与陈公博、褚民谊等合影

汪精卫陪同林森视察

1935 年,林森结束视察后返回南京

　　1935 年 6 月 1 日,盛夏将至。林森在南京下关海军码头乘军舰西上,开始了一年一度的避暑生活,目的地例行是江西庐山。林森走一路看一路。到达庐山时,已是酷暑季节。上山后,一住就是一个多月,至 9 月初才从牯岭启程返回南京。3 日,海军部已派了"永绥"军舰在九江迎候了。9 月 4 日,林森游览汤口,7 日,游芜湖,上九华山。8 日,抵达南京。到南京后,为表示对蒋介石的尊重,即给远在广州黄埔的蒋介石发了一个电报,告知已"安抵京都"。蒋介石收电后立即回电,向林森问"钧安"。

　　抗战前夕,林森曾两度回福建家乡。

1935 年 9 月,林森在安徽黄山留影

林森视察时的车队

　　其中一次是 1936 年。11 月 23 日下午 4 时,林森乘军舰从南京出发抵达福州。国民政府参军长吕超、参军毛仲芳、海军部次长陈训泳等人随行前往。海军部已将林森此行通知了马尾舰队。当林森乘坐的旗舰在护卫舰队的护送下到达马尾灯塔时,港内军舰即鸣放礼炮,官兵们在军舰上一字排开,军乐高奏起欢迎曲。林森随之走下旗舰,登上一艘悬挂元首旗的汽艇,直向马江码头驶去。林森一行登岸后,换乘汽车入城。当时的福建省长是陈仪,他因

1935 年 3 月 12 日,孙中山逝世纪念日,林森在南京植树留影

与林森在过去推荐人事方面有过节,就托病没有出来迎接,只遣了省府的厅处长们前往码头。林森看陈仪不在,也不介意,只顾在欢迎队伍中向前走。当年的海军名耆萨镇冰,此时已颇为潦倒,他也在欢迎的队伍中,结果被林森一眼看见。林森并不记当年主政福建时"倒林拥萨"中与萨镇冰的积怨,立即停下来,走到萨老将军面前,拉住他的手,请他一同上车,共同前往省政府赴宴。在宴会上,林森还对他辛亥年在九江的义举再三表示敬意,令这位萨老先生很是感动。就是后来林森在重庆时,对萨镇冰的到来照样给予厚待。

林森这次在福州共休息了五天,之后乘汽艇回到凤港老家。林森辞去陪同人员,只带了省民政厅长高登艇,以及陈仪举荐的教育厅长郑贞文二人随行。时正值乡间年例盂兰盆会墟日演戏,乡里特意请来了闽戏班子来乡,并要林森点戏。林森当即点了《红裙记》,并兴致极高地看完了这出戏。第二天,林森又视察了尚干小学,晋谒了林氏宗祠。在这期间,林森并未向教育厅长郑贞文提及当年人事任免的一个字。这次回家乡,林森心情很好。直至 12 月 13 日下午 1 时,林森的座舰才安抵南京。

1937 年 3 月,林森前往广东参加黄花岗烈士陵园的纪念活动。从南京出发后,顺道回到福建老家。对于福建省的一些事,尤其是人事方面的事,林森一向不太过问,一来陈仪是蒋介石的亲信,二来出来多年了,对福建的事也不太了解,更重要的是林森不喜欢越权揽事。这次,林森乘飞机在福州机场降落。机场在魁岐,离福州城有四五十里。不知是巧合还是其他什么原因,省主席陈仪又"患"了脚疾不能前往机场迎接。林森到达后,陈仪为几次没有前往迎接感到有点内疚。但陈仪手下一个幕僚却不以为然地对他说:"你有病,不去没关系的,派个厅长去就足够了。何况他也就是国府看印的,为什么非要郊迎十多里呢?"

当天,林森在宾馆接见了省政府官员,而陈仪偏偏又到了场。林森根本就没有介意,还当面问了陈仪的病情,弄得陈仪很不好意思。后来,那位幕僚的话传到了林森的耳朵里。这次,林森真的动怒了,他说:"这人也太狂妄了。主席不负实际责任,这是组织法定的,总还是国家元首吧。这班人怎么把我看成是看印的呢?福建是我家乡,陈仪来不来无所谓,但就体制而言,省主席不接国家主席就不对头了。"林森极少动怒,这是极为少见的一次。因此,林

林森出席会议时留影

森此行很不高兴,没有住省府为他准备的行馆,只在青芝寺住了几天就离开了福建。林森是个有肚量的人,但这件事触到了林森的痛处,对此,林森一直是耿耿于怀。以后,在南京任官的福建人或老家来人见到林森谈及福建的事时,只要一提起省政府的政务和人事方面的事,林森立即背过脸去,肃然他顾,闭口不语。这是林森发脾气的一种方式。

林森结束了在广东的活动后,又到广西等地视察。林森到广西,是有其目的的。时正值日军在中国东北大举进犯,南京政府节节退让。而广东的陈济棠和广西的李宗仁、白崇禧、黄绍竑等人对蒋介石的对外政策十分不满,准备起兵反蒋。林森前往广西,可以借此与李、白、陈接触一下,为蒋介石做一些安抚工作。再者,桂林山水是林森早就向往的地方。

在林森出发前一个月,国民政府就已经电告了广西省政府。当地政府把国民政府主席林森的到来,看成是一件大事。桂系的领袖人物李宗仁、白崇禧、黄旭初早早就来到了全州,召集地方官绅蒋继伊、陈恩元、吕鸣和等人,来到林森路经的黄沙河察看地形。又召开有关人员开会,研究部署迎接事项,并拟定了林森在桂的日程。

全州的迎宾馆就设在黄沙河洮阳中心学校。一个月前,学校的房屋、门窗柱,都粉刷油漆一新,门窗上挂起了新布帘,还赶建了一所厕所,遍洒香水去除异味。大门前,用柏树枝叶扎了彩牌楼,门外的大路上,还用松叶毛铺了一寸多厚,撒上了山花和纸花,就像是铺了一块花地毯。县政方面还动员了三个乡的民团后备队,加上几所学校的师生,共两千多人,准备夹道欢迎。如此的排场,在这么一个小地方,已是空前的了。

上午 11 点钟左右,一个 20 多辆汽车的车队,从湖南零陵方向驶入广西境内。当进入黄沙河地段时,李宗仁、白崇禧、黄旭初等迎上前去,对林森的到来表示欢迎。林森在参军长吕超陪同下,一行人在黄沙河东岸下了车,与李、白、黄等边走边聊。李宗仁风趣地对黄旭初说:"今天是主席迎主席啊。"黄旭初是省主席,听了李宗仁的话,马上接着说:"不,是小主席迎大主席。"说得林森一行人都哈哈大笑起来。

虽是南国,广西的初春仍是初暖乍寒。林森身披黑大衣,头戴礼帽,步履稳健,神采奕奕,不断向路两边的民众招手致意。民众则整齐划一地呼着口号。当汽车开上轮渡驶在湘江江心时,当地驻军还用军用火炮发射了 24 发空心炮弹,以代替礼炮敬礼。场面甚为壮观。渡过湘江后,林森一行由李、白、黄陪同,步入宾馆休息。当日中午,即举行了盛大的宴会。菜是李宗仁专门从桂林"桂丰酒家"请来的厨师做的,十分丰盛。席间,林森与李宗仁等人交谈甚欢。午宴之后,林森一行的车队,即沿着全桂公路向桂林方向疾驶而去。林森的视察活动也告结束。

广西之行之后,林森又前往湖南视察。活动结束后,湖南省主席何键即致电南京国民政府文官长魏怀,报告林森莅湘盛况,并告知林森已于 4 月 15 日下午 2 时乘"咸宁"号军舰赴武汉。林森又在湖北、江西一路考察,直至平安返抵南京。魏怀这才电告林森已经视察过的各省及蒋介石报告平安。

6 月 14 日,已先期上了庐山的蒋介石给林森来了一电,称:"暑期已届,京中炎热,务请钧驾早日莅庐指教,不胜企盼之至……"这一年,林森因出游较早,备感疲倦,故始终未能出行。接到蒋介石电报后,于 16 日立即回了一电,称:"远承注念,深感盛情。弟不日登庐晤叙……"随后即趋庐山。平时,林森在庐山要住到 9 月初返京。但这一年,七七事变爆发,军政首脑不在首都似有不妥。于是,国民政府文官处文书局长许静芝想面请林森回京,但又不便当面提出,就在牯岭致电在南京留守的国府文官长魏怀,电文曰:

> 中日纠纷成骑虎,恐不免引起东亚战争……委座亦定于此间事竣启节旋都,或须在京召开国防会议。而日本天皇已返镇东京,吾元首行动为全国视听所集,安危所系,应否预为筹议。拟请长详密虑,于必要时电呈主座。

请他在南京向林森建议速返首都"主事"。魏怀接电立即签署意见致电林森:"如委座旋都,主席似应返镇京城。"林森遂立即动身返抵南京"主政"。

"林主席"与"蒋委员长"

林森与蒋介石之间的关系很是微妙。当年在广州,二人同在孙中山麾下时曾有过接触,虽然蒋介石的风头甚健,但以林森的性格,他并不想也不愿去攀附权贵。两人仅是纯粹的工作关系,并无多少交往,仅是互相知道对方而已,远不像林森与胡汉民之间的关系那么亲厚。加上林森也曾署名反蒋,虽然蒋介石知道其中的内情,但两人之间多少产生了隔阂。自林森当上国民政府主席后,蒋介石对林森是以长辈来看待的,与林森见面,总是客客气气,嘘寒问暖,面子上是说得过去的,但从无深谈。

林森对生活不讲究,他在南京石板桥的官邸很是简陋,连起码的卫生条件都不具备。南京的冬天是很冷的,洗澡就成了大问题。蒋介石听说后,就把自己在东郊汤山别墅中的专用温泉浴室让给林森使用。林森也不客气,欣然笑纳。南京东郊的汤山,是著名的温泉疗养地。蒋介石在这里建有一幢别墅,内有几间专用浴室,就紧靠在卧室一侧。让给林森的这个浴室,有一排五间房,浴池面积足有四五十平方米,还有起居室、书房、更衣室等。因蒋介石不常来,浴室就没有添置什么豪华的设备,只有铁床、书桌、沙发等一般的家具。但泉水却是上好的,含有多种矿物质。每次就浴前,林森自己先吃一碗面条,他也要下属吃,然后大家都去入浴。按林森的话说,洗澡前稍吃点东西,能保持人的元气。浴后,林森即躺下小睡一会儿,然后到汤山饱览山景,尽兴后才回南京城。林森对蒋介石赠给的这个温泉浴室特别喜欢,每周总要去汤山洗浴一两次。

当蒋介石听说林森的官邸连警卫的卫兵都不能保证时,认为这不仅是一国之主席没有面子,就连自己也很尴尬,人家会有闲话,说是蒋某人有意这么安排的。所以,蒋介石立即调了一个班的宪兵前往林森的官邸。

而林森对蒋介石也是以礼相待。见了蒋介石的面,总是称委员长、蒋院长或蒋总裁,写信的抬头总是写"介石吾兄"。当蒋介石的母亲王氏病逝后,是林森亲自作的诔文。1937年,蒋介石的兄弟蒋介卿去世,蒋介石为他治丧时,林森则"屈尊"亲自到奉化为之吊唁,并担任"主祭"。陪同林森前往的还有冯玉祥、阎锡山、居正等党政军要人。主席为"下属"的一个亲友亲自吊丧,这是不多见的。

蒋介石与林森之间,是很客气,但似乎客气得有点过分了,让人看了觉得不自然。林森每次外出视察前,总要给蒋介石发一封措辞十分客气的电报,回来后,也要致电告诉蒋介石。而蒋介石对林森也是如此,在林森外出期间,不断地有电报问候。如林森在1936年的一次出巡前给在洛阳的蒋介石发出一电,内容是这样的:

> 洛阳蒋院长我兄勋鉴:迩因事回闽一行,本日午后四时起程,在闽约住旬日即可回京。如有商之件,电示福建省政府收转……

而蒋介石一般会立即回电问候"主席大安"。

虽然林森位为国家元首,对蒋介石无任何妨碍,但蒋介石对林森有时竟然也会猜疑。一次国民党中央召开一次比较重要的会议,内容涉及蒋介石与胡汉民之间的争执。林森应列席会议,但会议开始后,蒋介石发现林森并未到场。一问,才知是林森因发高烧请了病假。蒋介石则猜疑林森,是不是因与胡汉民的关系而装病有意不参加会议。当天深夜,蒋介石突然驱车来到林森官邸,对侍从说是来探视林主席的病情的,不等侍从禀报,竟一直走到林森的病榻前。对于蒋介石的举动,连国府文官长魏怀也有点吃惊。当神色凝重的蒋介石亲眼看到林森的确烧得满脸通红时,这才和颜悦色地向魏怀询问了病情。临走时,蒋介石特意关照魏怀说:"请魏文官长认真加以护理,如果需要可到我的官邸请私人医生来。"深夜探访病人,对蒋介石来说是绝无仅有的事。

因南京夏季炎热,南京政府的军政要员都有上庐山避暑的习惯。1932年夏天,蒋介石、林森等人先后上了庐山。林森这一次是在"移驻"洛阳后直接上的庐山。一天,几个古董商在庐山上的一座庙宇中,与林森在商洽购买古董的事。正好此时,庙宇下一条山路上来一行人,有坐轿的,有走路的。当一行人渐渐走近时,忽听有人大叫道:"委员长来了。"只见蒋介石坐在一顶藤轿中,四名彪形大汉抬着轿子疾步如飞。路人见状,纷纷避让,庙里的人也急忙躲开,生怕挡了路,碍了事。唯有林森不动声色,依然在品鉴着他的古董。当蒋介石走进屋后,林森还是没有动。蒋介石走到林森面前,说了声"主席好"。林森这才抬起头来,将蒋介石引入坐下,吩咐人上了茶。二人寒暄后,蒋介石就要离去,临行前又对林森说:"主席有什么事要办,可去励志社。"林森听了,只是轻轻地点了点头。蒋介石起身离去后,林森照样品他的古董,就像什么事也没发生过。

西安事变后,蒋介石于12月26日乘飞机回到南京。在南京明故宫机场,林森等党政军要人都在等候蒋介石的到来。当蒋介石乘坐的飞机降落时,众人一拥而上,争相上前向蒋介石致问候。林森则表情平淡地站在一边,直到蒋介石走过来。蒋介石看到林森后,上前与林森握手说:"有累主席受惊了。"林森一愣,没有明白蒋介石的意思。回去后,林森对魏怀说:"明明是他受了惊,怎么反倒是我受惊了。他这是做给人看的。"林森从不在背后议论人,这是绝无仅有的一次。

曾任福建省建设厅长的江维藩,幼年即跟随林森做事,帮林森管理一些家庭琐事,很得林森的信任。1935年时,方声涛代理了省主席一职。江维藩因有国府主席林森的这一背景,就留在了福建省政府做事,留任省政府委员兼建设厅长。江维藩在任厅长时,因扩建马路之事,曾将一黄姓裁缝家的祖坟迁葬他处,黄某人认为这是坏了他家的风水,因此,执意要向江维藩报复。一次,江维藩清明节上坟,在路上被黄某派人刺杀。此案从表面看,是黄某人报私仇。而实际上,则是省长方声涛不愿江维藩连任建设厅长一职,这是借黄之手杀江,意在向林森示威。案发后,凶手虽被缉拿归案,方声涛却对此案一再袒护,最后竟不了了之。方声涛之所以敢这么做,是因为得到了蒋介石的信任,所以才不把林森放在眼里。林森虽是福建人,但福建省的事,蒋介石当然要靠方声涛,在林森与方声涛之间,蒋介石的天平自然是向方声涛倾斜的了。当林森得知江维藩被刺及审理无下文后,对方声涛的做法极为气愤。但方有蒋介石做后台,林森也拿他毫无办法,只得听之任之了。

林森一向是"顾全大局"的,对蒋介石委托或交办的一些事,还是勉力而为的。1933 年福建事变发生,陈铭枢、蒋光鼐等人在福建酝酿反蒋行动,并准备成立人民革命政府。林森当上国民政府主席,很大程度上是得了陈铭枢的一臂之力,二人交情不同寻常。于是,林森便接受了蒋介石的委托,前往福州作说客。

10 月 21 日,林森以返乡扫墓为名,离开南京前往福建。林森到达福州后,陈铭枢与蒋光鼐即前往拜见,林森当然要尽力劝说他们取消反蒋、"反中央"的行动,但不为陈、蒋二人所接受。

林森又找陈铭枢单独谈话,"苦口婆心"地劝他脱离反蒋阵营。

林森说:"真如兄,你应以国家利益为重,有何意见尽可晋京商量解决。"

但陈铭枢不为所动,坚持己见。

林森为完成蒋介石的使命,又在福建住了些时日,并寻机与陈铭枢再叙,但一直没有结果。

其时,汪精卫在南京,认为林森住在福州迟迟不归,是陈、蒋二人限制了林森的行动自由,下面会进一步作出不利于林主席的举动。他便向文官长魏怀打听虚实。魏深知陈铭枢的为人,他对汪精卫说:"林主席与陈铭枢交情深厚,即使林主席说服不了陈铭枢,就是闹翻了,陈铭枢也不至于为难林主席的。"

果然,林森看看实在说服不了陈铭枢,临走前就说了几句很"绝情"的话:"你造反,定会遭讨伐,到时,我亦无能为力了。真如兄,你好自为之吧。"

陈铭枢亦默然无语,最后,在无言中一直恭送林森出了省境。

林森虽然是不负政治责任的国家元首,但这件事,却是置"生死而不顾",尽到了国家主席的"应尽的责任"。

神秘的国府新厦

林森在国民政府主席的任上,还完成了一件"大事",即建成了一座国民政府办公大楼。

20世纪初叶,中国建筑师中的一些有识之士,受西方建筑思潮的影响,大胆探索了中国新民族形式的建筑。国民政府办公楼(又称文书局办公楼)就是这种形式的代表作。其设计方案,就是在林森的主持下最后确定的。林森因为有了建造黄花岗烈士墓和中山陵的经验,对这一幢建筑的设计以及内部的结构等,发表了很多意见。1934年初,办公楼举行奠基仪式。林森亲自举锹,掘起了第一铲土。奠基石就砌在办公楼东南角。

为建该楼,国民政府还成立了文官处办公厅建筑委员会。由文官长魏怀总负其责。该楼摒弃了中国传统的且十分流行的宫殿式大屋顶式样,建筑顶部采用钢筋混凝土浇制,立面采用西式的建筑平面组合与立体构图,中间高、两边低,呈对称型。属典型的行政性建筑样式。大楼建于国民政府的北端,于1934年开工,至1935年12月完工。设计者叫虞炳烈,是中央大学建筑系的青年学者,曾留学法国。当时在法国,各国留学生都有自己的宿舍楼,唯独中国学生没有。虞炳烈就义务为中国留学生单独设计了一幢中式宿舍楼,但

1935年3月12日,国民政府主席林森在国府文书局大楼工地植树

因资金问题没有建成。回国后曾任过中大建筑系主任。绘图者姓万,是一位年轻的建筑师。

建筑工程由鲁创营造厂承建。整个工程耗资 106952 元(银元)。因南京在 20 年代已建有中国水泥厂,1935 年又建了江南水泥厂,故水泥和木料等建筑材料已无需进口,但钢材、电气设备等还必须要靠进口。

林森为国民政府国务会议厅题写的匾额

林森任国民政府主席时主持建造的办公楼(今摄)

该办公楼是国民政府大院的主要建筑。主体五层,局部六层,长 33 米,宽 20 米。整幢建筑简洁明快,色调和谐。南面是硕大的玻璃钢窗,装饰不多,但线条清晰。整个墙面凸出的立柱部位,都贴有浅咖啡色耐火砖片,其他地方用有立体花纹的彩色水刷石粉面,富有层次感。为了节约经费,在整幢建筑的背面,并没有贴耐火砖片,只是用一般的水泥粉面,另做了一些回形花纹。

因楼前地势较高,所以在设计时,有一层在半地下。楼前竖有两盏路灯,底座和柱子为汉白玉,灯笼是铸铁的,造型古朴雅致,宛如西欧国家的街灯。大楼南面空地上植有两棵雪松,系国民政府主席林森亲手栽植。树苗是文官处从印度购回,价值昂贵,据说是以寸计金,如今已长成参天大树。

进入大楼,必先登上一座有十级汉白玉台阶的"桥",过了桥,穿过柱廊,才进入一层。一层地面是用水磨石子铺成,色彩鲜艳,图案精致。各个办公室高大敞亮,墙角有挂镜线和石膏装饰线。墙面实体部分都留有壁橱柜,墙裙有一人多高。室门有门套,玻璃框式结构,厚重而结实。这一层,为国民政府文官处的办公室。

二层是国民政府的枢要所在。上楼可以乘电梯,电梯是美国奥的斯公司30 年代的最新产品。也可以沿楼梯拾级而上,楼梯台阶镶铜条,扶手是整体橡木。

二层楼的东南角,是一个大套房,共有三间,为国民政府主席林森的办公室。东一间为休息室和卫生间。休息室是橡木地板,面积不大,只有十多平方。卫生间的地面贴有特制的进口蓝白相间的马赛克片,与国民党旗的青天白日色调一致。墙面贴白瓷砖。另配有美国进口的浴缸、洗脸池和抽水马桶。虽装修简洁,但做工考究。中一间是主席会客室,四周均是嵌入墙体的博古架和文件柜,中悬法国进口吊灯。西一间为办公室,墙体满是红木博古架。这是根据林森的要求专门设计的,一般政要的办公室根本就不可能设计成这种式样。这与其说这是主席办公室[①],不如说是林森的书房或赏玩处。

林森的主席办公室对面,是一个小套间,格局与大套间略有差异,是两间带一卫生间,但只有橱柜没有博古架。[②] 参军长吕超常在这里办公。

林森办公室西边的一个套间,是文官长魏怀的办公室。对面则是文书局长许静芝的办公室。

---

① 国民政府于 1946 年 5 月"还都"后,林森的这间办公室成为蒋介石的总统办公室。
② 1948 年 5 月以后成为副总统李宗仁的办公室。

国民政府主席林森办公室中的博古架

林森办公室的西南侧,是一个半敞开式的阳台,几个房间都有门直通。

三楼正中一大间,是一个会议室,为国府政府委员会议厅。这是全楼最大的一间,有 100 多平方米。会议厅正北面的墙上,嵌有一块汉白玉石匾,上刻有林森手书"忠孝仁爱信义和平"8 个金字。

会议厅的屋顶悬有造型别致的法国进口磨砂玻璃吊灯,灯上同样有回型图案。门框顶端和墙角,都有精致的石膏装饰线条。会议厅的南北各有一个长形的露天大阳台。

沿着陡峭的楼梯登上四楼,南北各有几间屋,是国民政府的电讯室和卫兵职员室。东西两侧各有一个大平台,四周均装有避雷针。东北角是采暖锅炉的烟道。再顺着狭窄的铁梯攀上去,最顶端还有一间小房子,只有两米见方,四面是玻璃窗。再向上,有一木制的瞭望亭,也是总统府的岗楼和制高点。从这里四下望去,整个国府大院一目了然。这么高的建筑,在 30 年代的南京城是极其少见的。

国民政府办公楼全部为钢筋水泥结构,每层楼之间也用水泥框架构筑分隔,内填煤渣后再铺地板。这样,可以起到防震和隔音的效果。

大楼的东侧,是一座西式圆形喷水池,彩色磨石水泥粉底,造型优雅,线条流畅,与整幢楼极为协调。这里原是清两江总督署时期和太平天国天朝宫殿的东花园,林森常在这里休息散步。

整个大楼的形式、格调和布局,都与林森的建筑理念有关。林森早年曾

林森为国民政府大礼堂题写的匾额

游历欧美,受过西方教育,对西方建筑颇多了解;同时他受中国的传统教育的
影响也很深,自幼又喜欢画图设计;同时,他也懂建筑,曾督建过黄花岗和中
山陵;他的思想很开放,乐于接受新的事物。如大楼通体外立面都采用了中
国传统的回形纹,办公室的门窗空格镂花,地面磨石子地的图案、主席办公室
的博古架等,都是中国古典风格的图形;但在许多地方,则是西方式样,如国
务会议厅的吊灯是法国进口的,办公室天花板檐下的纹饰是典型的巴洛克式
样,做工都十分精美。整个建筑,用料考究,但绝不奢华,造型大气,但绝不夸
张。人们说,国民政府办公楼,包含了东西方文化的精华,是中西合璧的产
物。这在很大程度上,也是由林森的个人性格和爱好所决定的。还有人说,
整座大楼,基座大,上面小,呈一个"森"字形。但可以肯定,林森本人是不可
能用这种方式刻意为自己树碑立传的,倒有可能是设计师根据地形地貌为林
森精心设计的,林森本人并不知道。

1936 年 1 月,林森任主席时建造的国民政府办公楼落成

新办公大楼于 1936 年 1 月 1 日正式启用。但一些内部设施以及题词尚未到位。4 月 16 日,文官长魏怀督饬国民政府文官处办公厅建筑委员会委员许静芝等人,专门呈文给主席林森,请示将已题写的匾额勒石,呈文的内容为:

> 为签呈事案查本处办公厅新厦大会议厅壁上,已奉主席亲题"忠孝仁爱信义和平"匾额在案。现值敬谨勒石恭事装嵌之际,拟请如钤国玺

一颗仿照……

镌于汉白玉匾额上的文字是：

忠孝仁爱信义和平　林森题　民国廿五年

正中是新刻的国玺"中华民国之玺"红印。

镌制完成后，镶以红木边框，悬于会议厅北墙正中。"忠孝仁爱信义和平"这八个字，是孙中山伦理道德观念的精华所在，为此，林森曾经在孙中山诞辰七十周年纪念大会上作过专门的阐述。在办公楼正式启用时，又由林森提议，将孙中山手书"天下为公"四字，也镌刻在一块木匾上，悬挂在国民政府大堂正中上方的横梁上。①

关于这幢大楼的传说颇多。

办公大楼启用后，南京曾流传有一种迷信说法，叫做"在官不建衙"，意即为官者在自己的任上是不宜修建衙署的。太平天国天王洪秀全定都天京后，大兴土木兴建了规模宏大的天朝宫殿，结果在南京城陷落前，连饿带病死在宫中。清朝两江总督曾国藩毁太平天国天朝宫殿重建两江总督署，结果死在了督署花厅。② 而林森在主席任上修建了办公楼，最后的结果也不好，不仅他自己没能回得来，反而"客死"在"陪都"重庆。

关于这幢楼，南京民间还有传闻，说在主席办公桌之下，有一秘密机关，打开机关后，就是一条暗道，直通郊外，长达数公里。是专供主席（总统）逃生用的。还有说这是蒋介石当上主席后修建的，直通蒋介石的黄埔路官邸或紫金山，但并不是林森所建。

---

① 20世纪30年代中期，国民政府大堂上方横梁上，曾悬有由蒋介石题写的"天下为公"匾额。
② 太平天国天朝宫殿和清朝两江总督署的位置，就是今天的国民政府所在地。

第 15 章　在西安事变中

　　西安事变爆发后,国民政府内部"战"与"和"的两派泾渭分明。主战派以何应钦和戴季陶为首;主和派以孔祥熙、宋美龄、宋子文为代表。

　　在主战派占优势的情形下,林森的态度十分关键。林森表示不同意立即出兵,要尽快派人到西安沟通双方意见。在何应钦决定下达讨伐令时,林森则再次表示了"讨伐令不可下"的意见。

　　会后,孔祥熙与林森共同署名签发了《国民政府着军事委员会斟酌情形于必要地区宣布戒严令》。这是明显的阻止用兵的缓和策略。

　　南京与西安两方都在紧锣密鼓地活动之时,12 月 23 日上午 9 时,中央党部召开了第 36 次常务会议,作出了"中政会主席未回南京前,由委员林森代理主席职务",居正"代理中常会主席职务"的决议。会上,林森再次主张暂缓用兵,而居正则力主即刻用兵,两个主席意见截然相反。最终会议还是决定敦促军事当局向西安用兵。

力主暂缓用兵

1936 年 12 月 12 日,张学良、杨虎城两位将军在西安将蒋介石扣押,爆发了震惊世界的西安事变。当天晚上,南京的《大夏晚报》最先披露了这一消息。在得到证实以后,国民政府内部一片混乱。

12 日夜 11 时,国民党中央政治会议与中央执行委员会紧急召开联席会议,商量应对措施。会议很快就议决,在蒋介石暂时未回南京前,由副院长孔祥熙代理行政院长职务,军队的调动则由军政部长何应钦负责。

西安事变发生时,林森不在南京。林森于 11 月 23 日由参军长吕超、海军部次长陈训泳陪同,从南京出发赴福州老家尚干乡扫墓。直至 12 月 11 日,才乘“应瑞”军舰返回南京。林森是在军舰上得知蒋介石在西安被扣的消息的。12 月 13 日下午 1 时许,林森乘坐的军舰驶抵南京下关海军码头的江心。因江水干涸,吃水太浅,前往欢迎的海军部长陈绍宽只好乘海军特备的汽艇驶到“应瑞”舰旁。陈绍宽与林森是福建同乡,关系不错,上舰后先向林森请安。

林森在乘“应瑞”舰返回南京途中得知西安事变的消息

这时,泊于江面上的"宁海"号、"通济"号、"海筹"号军舰以及外国舰船,均悬旗鸣放礼炮 21 响。林森与陈绍宽一同下舰登上汽艇靠岸。南京的气氛虽然已十分紧张,但当林森到达时,码头上还是举行了欢迎仪式,国民政府军乐队和海军军乐队奏起了军乐,海军卫队则向林森敬礼致敬。前来欢迎的人,只有国府委员邓家彦、马超俊,海军部长陈绍宽,首都警察厅长王固磐,陵园管理委员会处长马湘,文官长魏怀,主计长陈其采这么几个人。规格之低实乃前所未有。林森登岸后即返回石板桥官邸休息。

13 日晨,宋美龄也乘火车返回南京,随后即往高楼门孔祥熙、宋蔼龄公馆休息。孔祥熙亦于随后到达。

西安事变爆发后,南京国民政府方面"战"与"和"的两派泾渭分明。主战派以何应钦和戴季陶为首,他们坚决主张以武力解决问题;另一派以孔祥熙、宋美龄、宋子文为代表,坚决不同意诉诸武力,他们认为,一旦动武,极有可能危及蒋介石的生命,因而力主通过谈判解决问题,进而解救蒋介石。

13 日下午 3 时,国民党中央政治委员会在南京湖南路的中央党部召开第二十九次会议,林森、孔祥熙不顾旅途劳顿,都赶去参加了会议。出席者包括了在南京的所有军政要员,如朱家骅、于右任、程潜、张继、冯玉祥、孙科、吴敬恒、孔祥熙、何应钦、张群、张道藩等。会议由居正主持。主战派的核心人物戴季陶首先发言说:"明朝的英宗被也先擒去,因后方镇定才有了办法。现在蒋委员长被张、杨所扣,随时有生命危险,但只要我们镇定自如,迅速派兵包围西安,将张、杨的生命掌握在我们手中,委员长的生命才能保住。因此,尽快发兵才是当务之急。"何应钦当即表示同意,但其主战意图与戴季陶却不相同。当何应钦得知蒋介石在西安被扣后,就处于一种亢奋状态,他估计蒋介石在西安是凶多吉少,蒋一死,自己就是蒋的当然继承人,就是蒋被救出,自己也是第一功臣。所以主张立即出兵,这才是上上策。与会的多数代表也都赞成何应钦与戴季陶的意见。但蒋介石的一些嫡系将领如张治中等人,虽然也同意出兵,则多有顾虑,生怕伤了蒋介石。而冯玉祥的态度则很微妙,他与杨虎城同属西北军系统,关系密切。正因为如此,其妻李德全曾自告奋勇地要陪宋美龄去西安。起初,冯玉祥是不同意立即出兵的。但面对一片喊打声,也只好默认了。而监察院副院长丁惟汾则建议由英国人出面调停。孙科私下对冯玉祥说:"都说要打,谁还敢说话?"于是,倾向孔祥熙的人都默不作声了。

此时,最着急的就是孔祥熙了。他面对"打"声一片,急着说:"千万不能这样着急,委员长的生命要紧,逼得急了,委员长就没命了。"戴季陶说:"庸之

西安事变发生后，林森从福建回到南京

兄这话真是外行了，若要救委员长的性命，只有动兵。"说完这番话，向孔祥熙作了三个揖就要离席。孔祥熙则毫不退让，坚持说："澳大利亚人端纳已经赴陕，等西安方面有了信息，再作决定不迟嘛。"

孔祥熙话音刚落，立即就招致一片责骂和讥讽声。这时，孔祥熙已是孤掌难鸣了。正在这时，端坐一角的林森出来说话了。只听他不紧不慢地说："庸之的话有一定的道理，我看还是等等看，万不能把西安方面弄急了，万一委员长有个差池，于大局是十分不利的。"林森以党国元老、国府主席的身份发了言，会上的情况马上就起了一些变化。听林森表了态，孔祥熙又来了劲，立即强调坚决不同意立即派兵。林森继续说："尽快派人到西安沟通双方意见，这才是当务之急。"但在会上明确表示支持孔祥熙的，也只有林森一个人。双方对峙了一会儿，结果，主和派寡不敌众，主战派全面占了上风。何应钦决定下达讨伐令。林森则再次表示了"讨伐令不可下"的意见。

会后，孔祥熙与林森共同署名签发了《国民政府着军事委员会斟酌情形于必要地区宣布戒严令》。这是明显的阻止用兵的缓和策略。

此时，宋子文在政府中不担任要职，因此未能出席中央政治会议，但他四处活动，游说暂缓用兵。孔祥熙则在林森的支持下，也在全力活动，他向外界发出了20多封电报，主要是各地的军界人士，以延缓他们的军事行动。就这样，南京政府中形成了以孔祥熙和林森为代表的主和派，以及何应钦、戴季陶为首的主战派。在孔祥熙的努力下，加上端纳已经到达西安，双方形成了暂时的对峙局面。何应钦已经开始发兵,但尚没有形起大规模的攻势。孔祥熙、林森与宋美龄、陈布雷等人则力主政治解决。

代理"中政会"主席

局势已是十分紧张。

12 月 14 日上午 10 时,国民政府还是在大礼堂如期举行了总理纪念周活动。张继、邓家彦、经亨颐、李文范、王知群等院部会署的 500 人出席。林森根据政府的统一口径,报告了西安事变的情况,主要内容为"勾通逆寇、劫持长官"、"志在标榜、难予实践"、"一时冲动、铸成大错"、"全国上下、沉着应变"几个部分。与国民党中央完全一致。但林森在讲话中又强调指出,"国家的军队多一分消耗,就多损失一分对外自卫的国力";"张学良及其所属军队,爱慕故乡,思念祖宗庐墓,有志雪耻,本合乎人情天理⋯⋯",与国民党内部的"打声一片",显然是不合拍的。

15 日,孔祥熙接到端纳自西安打来的电报,得知蒋介石生命无虞。宋美龄即表示要赴西安。

16 日上午 9 时,孙科主持召开了国民党中央政治会议。何应钦再次大声疾呼要讨伐西安。居正表示坚决支持,并称"非大军压境西安不可"。最后会议议决,任命何应钦为"讨逆总司令",由国民政府颁布"讨伐令";同时,任命与杨虎城关系密切的于右任为"西北宣慰使"赴西北。

当宋美龄得知会议的情况后,极为气愤,眼泪汪汪地赶到会场找到何应钦,当着许多人的面质问说:"敬之啊,讨伐西安,你这不是要置委员长于死地吗? 万一委员长有个三长两短,谁来负责? 你这是别有用心。如果你们真要打,我立即去西安与委员长一同去死。"两人吵得不可开交。

宋美龄又说:"必须为西安留一条路,万不可打。为了委员长的安全,我必须亲自去西安。"

何应钦则辩解说:"真是妇人之见,仅知道救自己的丈夫而已。"说罢即拂袖而去。

会后,何应钦根本就不理会宋美龄等人的抗议,照样下令飞机轰炸了渭南、华县等地。

17 日上午 9 时,国民党召开中常会联席会议,戴季陶再次对孔祥熙施压。

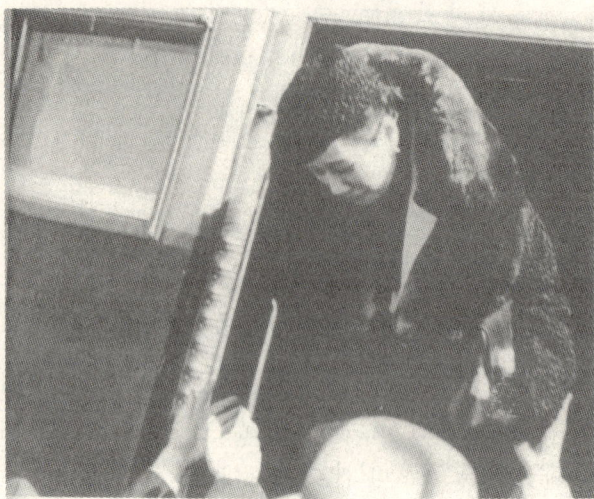

西安事变发生后,宋美龄飞赴西安,走下飞机

宋美龄又到会公开反对出兵。在此之前,宋美龄还做了不少黄埔军人和空军人员的工作,要他们以救委员长为重,阻止或暂缓向西安用兵。会上,林森再次表示了反对用兵的意见,陈布雷也发言支持林森、孔祥熙的意见。双方的矛盾越来越尖锐。

正在这时,随蒋介石入陕被扣的蒋鼎文携带蒋介石的手令回到了洛阳,发电至南京说将于 18 日到南京。这时,何应钦主战的调子才稍有收敛。果然,在 18 日,蒋鼎文携带了蒋介石的手令飞抵南京。蒋介石手令内容如下:

> 敬之吾兄:闻昨日空军在渭南轰炸,望即令停止,以近情观察,中正于本星期六(十九日)前可以回京,之前万不可冲突,并即停止轰炸为要。中正手启。

手令既到,何应钦只得照办,断不敢轻举妄动。

20 日,宋子文、端纳赴西安。22 日,宋美龄赴西安。宋子文则穿梭于南京和西安之间。

1936 年 12 月 21 日,又是一个星期一。上午 10 时,国民政府大礼堂举行了西安事变后的第二个总理纪念周。因事变还悬而未决,蒋介石何时回南京还是个未知数,所以会场的气氛特别压抑,真正的权势人物多没到会,只有林森、孔祥熙、钮永建、马超俊、刘纪文、陈绍宽等。林森在领导诸位行礼后,即作了题为"中央明令讨伐叛逆的重大意义"的报告。林森引经据典,即从站在

"党的立场、国家立场、道德立场、民族立场"四个方面来论述其意义所在。神情显得安之若素。半个小时后即草草散会。

南京与西安两方都在紧锣密鼓地活动之时,23 日上午 9 时,中央党部召开了第 36 次常务会议,作出了"中政会主席未回南京前,由委员林森代理主席职务",居正"代理中常会主席职务"的决议。会上,林森再次主张暂缓用兵,而居正则力主即刻用兵,两个主席意见截然相反。但是会议还是决定敦促军事当局向西安用兵。

23 日,林森即以中政会代理主席的身份,主持了"悼念在西安死难烈士"大会,宣布"明令抚恤,追赠官阶,所有死难文武官员,一律加官三级抚恤"。这是林森第一次行使党的主席职权。林森还为在事变中"殉职"的邵元冲题词"翼如志兄千古,取义成仁"。

25 日下午 3 时,林森在国府礼堂主持茶会。出席者不乏党政军要人。会议没有明确的议题。由于西安方面情况仍不明朗,所以会议的调子低沉,人们都在窃窃私语,交流小道消息。忽然,何应钦被侍从叫出了礼堂,很快又回到会场,虽是脚步匆匆,脸色却显得轻松了许多。全场的目光都投向了何应钦。何应钦即刻向大家宣布说,蒋委员长已于下午飞抵洛阳。话音未落,会场就发出了一片轻松的叹息声。

12 月 26 日中午 12 时许,蒋介石、宋美龄一行乘坐的诺克斯巨型飞机飞抵南京上空。林森"率领"在京的中委、各院部会高级长官、陆海空军及各省长驻京代表两千多人早已在大校场机场恭候迎接了。12 时 20 分,飞机徐徐

1930年代礼堂内景

国民政府大礼堂,"主和"、"主战"两派曾在这里激烈交锋

力主和平解决西安事变的林森

降落。首先上前迎候的，是何应钦而不是其他人。但蒋介石挽着宋美龄下了飞机后，只是冷淡地对何应钦略作表示，即绕过他径直走到林森面前与他握手，并向林森深深地鞠了一躬。宋美龄则笑容满面地紧随蒋介石之后。林森这才代表党政军要员向蒋介石致意问候。蒋介石此举，显然是对主战派何应钦的不满，而对林森在事变中的态度，通过在机场的一个动作就已清清楚楚了。许多人都目睹了机场的这一幕。

这时，中央党部秘书长叶楚伧则趋前向蒋介石报告说，明故宫机场及周边地区聚集了40万民众在等候欢迎委员长。蒋介石即命令巡游南京，然后才返回黄埔路中央军校官邸休息。

下午1时许，党政军要人，包括竭力主战的何应钦、朱培德以及海军部长陈绍宽、中央军校校长张治中、行政院副院长孔祥熙、秘书长翁文灏、政务处长何廉等人，争先恐后地来到军校官邸向蒋介石请安问候。接着，冯玉祥、居正等一批批要人也随后赶到，唯恐迟了一步。一时间，蒋介石官邸前车水马

1936 年 12 月,蒋介石从西安返回南京时在机场与林森握手

龙,冠盖云集。航空委员会甚至派出飞机飞至蒋介石的军校官邸上空盘旋致敬。林森虽然在事变中力主"和平救蒋","表现尚佳",却没有出现在这批要人当中。

12 月 27 日上午 8 时,又是总理纪念周的日子。这一天,国府大礼堂气氛为之一变,洋溢着劫后余生的喜气。仪式仍由林森主持,行礼如仪后,再由于右任报告"宣慰西北"的经过和感想。

29 日上午 10 时,国民党中常会举行第 31 次会议。其时林森又"官复原职",只能以委员身份列席会议。林森端坐席末,神态自如,似乎根本没有发生几天前代理中常会主席之事。

30 日上午,中常会再次开会,林森仍然列席。会议推举于右任主持 1937年 1 月 1 日民国成立纪念大会。10 时,又接着在国府礼堂举行授勋仪式,林森主持并致训词。一切又都回到了西安事变前的状态。

西安事变和平解决后,林森曾力图恢复张学良将军的自由,以使他能够为抗战出力。1937 年 1 月 4 日和 2 月 18 日,林森曾以国民政府主席的名义,下达赦免令和复权令,但因蒋介石及其亲信从中作梗而未能执行。

第 16 章　"陪都"重庆岁月

　　淞沪战争失利后的 1937 年 11 月 16 日夜,林森率国民政府西迁重庆。这也是国民政府的第二次迁都。26 日,驶抵重庆储奇门码头。在重庆军政各界及数万民众的夹道欢迎下,林森忧伤的心情才稍稍得以舒缓。

　　林森选定了学田湾的重庆高等工业学校为国府府址。待一切就绪后,林森得知了首都南京沦陷的消息。

　　林森在重庆的主要工作,就是主持纪念周活动,会见宾客,接见僚属,还举行过一次接受苏联大使呈递国书的仪式。1941 年 12 月 8 日太平洋战争爆发后,12 月 9 日,林森以国民政府主席的名义,与五院院长一道 ,共同签署了对德意日宣战的文告。

　　林森的官邸先设在李子坝原刘湘公馆,后移至歌乐山云顶寺。蒋介石又将自己的别墅送给了林森,也就是"林园"。此外,国民政府在南温泉还为林森建了一幢别墅"听泉楼"。重庆周边地区的风景名胜,都留下了林森的足迹。

1937 年,国民政府主席林森与行政院长蒋介石在南京合影

黯然离别南京

1937 年 8 月 13 日,淞沪战争再起。中日两军经过整整三个月的血腥拼杀,中国军队终于坚持不住,在给予日军重大杀伤后,守军全线溃败。中国第一大城市上海于 11 月 12 日失陷,首都南京则直接暴露在日军的兵锋之下。因此,"迁都"之事,在林森的主席任上,第二次被提上了议事日程。

自上次"迁都"洛阳后,国民政府对于首都南京在对外战争中的安全问题一直就有所考虑,对非常时期的"迁都"之举也有所筹划。1936 年,国民政府曾有过非常时期将政府迁往株洲的方案。"七七"事变后,行政院长蒋介石曾亲自下达手令,要求南京国民政府"各院部实施动员演习及准备迁址办公"。行政院根据蒋介石的建议,又有过将首都移驻衡阳的考虑。随着平津的失陷,"迁都"之事更为紧迫。但这都不是国府主席林森所要考虑的事,而已由蒋介石亲自与行政院在谋划之中。

8 月 4 日,军委会举行关于卢沟桥事件的第二十五次会议,军政部长何应钦提出了迁都"是否以武汉为宜"的建议。8 月 6 日,国民政府又有"大战爆发后,首都遭受敌人空军之激烈袭击,则迁往衡阳衡山"之议。但直到上海"八

1937年,林森接见美国驻华大使詹森时合影

一三"抗战爆发时,"迁都"之事仍没有定论。这时蒋介石的确有点着急了。他想起了刘湘的建议。于是,蒋介石向高级幕僚、行政院政务处长何廉咨询迁往四川这件事。何廉竭力主张以迁往重庆为宜。就在这时,四川省主席刘湘通过宋子文向林森和蒋介石呈递了"建议中央迁川,以作长期抗战的准备"的建议书。蒋介石早就心仪四川了,见了这份建议书,立即"深表嘉许"。几日后,蒋介石迅速命令何廉作迁都重庆的准备。

这一次"迁都"的准备时间,比起第一次迁洛阳,还算是比较充裕的。但因上海战事的起伏,所以国民政府一直在观望中。10月下旬,上海战事吃紧后,南京城内已是人心惶惶,"迁都"之事才迫在眉睫,11月12日,军委会委员长、行政院长蒋介石为表示对林森的尊重,专程前往国府拜会了主席林森,具体会商了"迁都"之事。结果,两人取得"一致意见",决定"迁都"重庆。国民政府随即发布主席公告,进行"迁都"动员。军委会首脑何应钦、白崇禧、徐永昌则频频举行会议,商讨"迁都"大事。

1937年11月16日夜9时,国防最高会议在南京城北的铁道部举行会议。由于日机的频繁轰炸,会议只得移至防空室中举行。会议由国防最高会议委员长蒋介石主持。而就在当天的下午,国民党中常会议决,由于战争的需要,国防最高会议代行国家最高决策机关国民党中央政治委员会的职权。

这次会议,就是议决已定下来的"迁都"事宜。会议结束后,南京政府各部举行告别宴会,为先走一步的主席林森饯行。宴会的气氛很是沉闷。林森到达会场时,与会者一起站了起来,向林森敬礼。

国民政府铁道部,林森在这里辞行

林森十分伤感地说:"诸位同志、先生,老夫我马上就要登舰出发西上重庆了,原来定的是白天启程的,但日机轰炸,只好赶夜路了。就此向各位告辞了。"大家相对无言。只见林森双手抱拳,向大家作揖道:"我已是古稀老人,今世再回南京,不作此想了……但你们一定会抗战到底,坚持到最后的胜利的。"说到此处,林森已是老泪纵横。

会场上的空气几乎要凝固。冷场了好一会后,蒋介石才开了口:"林主席,走就走吧,这也是没有办法的事啊,不要太难过了。"

林森不再说话。全场又是一片沉寂。

这时,军委会秘书长张群站了起来,他以一口浓重的四川口音,抬高了嗓门说:"林主席此次远行,我看并没有什么不好,没有必要这么难过嘛。林主席不到其他地方,是上重庆啊,重庆,就是重复庆祝嘛。"张群一说,会场的气氛缓和了不少。又有一人接着张群的话说:"重庆乃重生之地,迁都重庆乃重生之征兆,最后可稳操胜券啊。"大家都争着说一些吉利的话打趣。但宴会还是在压抑的气氛中不欢而散。林森默默无语,步履沉重地离开了铁道部大楼。然后,乘车前往下关海军码头。

林森在这两天中,已经安排了一些私人的事,如对一些钱物作了处理。林森似乎已经预见到了自己的未来。

16日夜晚,天气阴沉,伸手不见五指。日本飞机白天在南京折腾了一天,晚上是不会再来了。下关海军码头,海军的几艘军舰早已一字排开。国民政

國民政府訓令

事由	擬辦	決定辦法	備考
為發國民政府播駐重慶辭（令三通令知曲）	擬存 典三、	存 十二·八	

國民政府訓令

令文官處　　第○五○號

為令知事·查

國民政府播駐重慶辦公業經於十月二十日發表宣言大同一句。淞滬軍事自以來年津海陷、戰事蔓延、國民政府鑒於暴目無止境之侵略、廣洪民抗戰自衛、全國民眾敵愾同仇、全體將士中勇賽發、被侵各省均有極急劇之奮鬥、極壯烈之犧牲而滬一隅、抗戰正於言、各地將士關養赴難、朝命夕至、其征前線以正內之艱、矧苦忠誠堅、有勁無退、暴目清其海陸空軍之力、連環攻擊、卹、係策忠堅

国民政府"西迁"训令

国民政府西迁的船队

行驶在长江上的国民政府西迁船队

府文官处、参军处、主计处的官员们以及卫队、医护人员、军乐队早就在等候了。林森的座舰是"永绥"号炮舰，吨位 600 吨，是各舰中条件最好的一艘。其他随行人员则乘"龙兴"号轮船。没有灯光，没有军乐，也没有汽笛声，一切都在黑暗和无声中进行着。林森一行登上舰船后，即升旗、升火、启锚，向上游驶去。离开码头时,已是 11 月 17 日的凌晨。

林森出发的当天,国民政府向社会发表宣言,正式宣布国民政府"移驻"重庆。同日,四川省主席刘湘给林森发来一电,全文为:

> 国民政府林主席钧鉴:
>
> 倾读我政府宣言,知为适应战况,统筹全局,长期抗战起见,移驻重庆。有此坚决之表示,益昭抗敌之精神,复兴既得根据,胜算终自我操。不特可待国际之同情,抑且愈励川民之忠爱。欣涌之余,谨率七千万人,翘首欢迎,伏乞睿鉴。职刘湘叩号中印。

18 日,国防最高会议又决定,"于林主席抵川或抵宜昌时,发表迁徙政府于重庆之文告。政府机关最高人员,须于文告发表后始得离京"。

19 日,军舰西上驶抵汉口军用码头。20 日,中央通讯社才发表了《国民政府移驻重庆办公宣言》,内称:"国民政府兹为适应战况,统筹全局,长期抗战起见,本日移驻重庆。此后将以最广大之规模,从事更持久之战斗……"《宣言》照例由主席林森及五院院长蒋介石、居正、戴传贤、孙科、于右任共同签署。

同一天,林森又收到了四川省政府的电报,对国民政府移驻重庆表示欢迎。

蒋介石也为"迁都"之事通电全国,称"国民政府移驻重庆,我前方军事不但决无牵动,必更坚决奋斗;就整个抗战大计言,实为进一步展开战略之起点"。

林森及国民政府一行人,在汉口稍事休息后,继续溯江西上。途经长江的咽喉之地宜昌时,因军舰吃水浅,又换乘了民生公司的"民风"、"民政"、"民贵"轮船继续西行。26 日,林森率国民政府一行近千人,经过一个多星期的颠簸,终于驶抵重庆。为了表示对国民政府到来的欢迎,重庆行营主任贺国光、省政府保安处长王陵基等川省高级官员,乘了专轮前往 20 多里以外的唐家沱迎接。下午 2 时 40 分,林森一行的船队到达重庆朝天门码头。这时,停泊在码头的军舰鸣放礼炮 21 响,向国民政府和主席林森致敬。码头上军乐齐奏,欢迎的口号此起彼伏,场面极为隆重。大后方听不到日机的呼啸和轰炸声,也没有了日军的威胁。面对这与离开南京时的冷清形成强烈反差的场面,林森多日来的忧郁情绪多少变得轻松了一点。

3 时 15 分,轮船靠上了重庆储奇门码头。在数万群众的热烈欢迎下,身

《中央日报》刊载国民政府"移驻"重庆的新闻

披藏蓝色大氅、手持黄色手杖的林森慢慢地走下了舷梯。他仍是默默无语，只是频频向人们挥手致意。之后，林森携国府三处官员，分乘十多辆轿车，在市区十多万民众的夹道欢迎下，驶入了山城重庆，入李子坝原刘湘公馆下榻。

11月28日，成都各界数万人举行了欢迎国民政府及主席林森莅渝大会。

几天后，林森就得知了首都南京陷于日军之手的消息，悲伤之情溢于言表。

12月1日，国民政府正式在重庆办公。行政院亦电告各省市政府，即日起已经开始在重庆办公。

接着，国民党中央党部等重要机关先后抵达重庆。

国民政府抵达重庆后的12月6日，林森主持了迁渝后的第一个总理纪念周。

陪都四官邸　别具洞天

重庆国民政府办公处

　　国民政府迁渝后,所有办公用房、设施均十分简陋,比起南京差之甚远,没有几处办公场所可供选择,最后,林森选定了学田湾的重庆高等工业学校为国府府址。学校坐北向南,背山而立,主楼为砖木结构的楼房,前有多级台阶,向上看必须仰视。大门是临时修建的,外有四根水泥方柱,门内为一小广场,中间临时竖了一根旗杆。这都是林森亲自定下的,完全符合林森认为的官府风水要求。以后,在这里又陆续栽种了树木花草,就连路面铺设的鹅卵石图案、花圃草坪的设计,林森都是事必躬亲。

　　国府文官、参军、主计三处的办公用房是依坡而上,最下层是参军处,向上正中是一幢平房,为大礼堂。主楼东南是林森的主席办公室,但林森不常去,日常公务由魏怀一手操办。后山有一座防空洞,洞口有一水池,造型颇似南京国民政府东花园的喷水池。在礼堂的北面,林森还亲自设计了一座古朴典雅的茅草亭,足可容纳十多人开会。

林森到达重庆后,先是住在李子坝原四川省主席刘湘的公馆。这座公馆坐落在一座小山上,四面郁郁葱葱,嘉陵江环绕山脚下静静地流过,景致十分优美。林森对这里颇为满意。

林森在这里的生活起居很有规律。每日黎明即起,漱洗之后,就是阅读报纸,然后略进早餐,再出门郊行片刻。上午 9 时许,赴国民政府办公。刚到重庆时,基本上是无公可办,军事中枢远在武汉和南昌。林森的主要工作,还是主持纪念周活动,会见宾客,接见僚属。中午就在国府就餐,然后回官邸小休片刻。林森收到的信件很多,而林森有个习惯,喜欢自己动笔回信。下午,大部分时间都用在了回信上了。约 4 时光景,再乘车到国民政府绕一圈。休息时或星期天,则是写字作画,林森尤其喜爱画兰花和竹子。林森没来得及把南京所藏的一些古玩带到重庆来,就在当地采购一些欣赏把玩。

不多久,因日军不断西进,武汉、南昌相继失守,日本飞机也开始轰炸重庆。因李子坝距市区近,也常被日机骚扰。国民政府为安全起见,就将林森官邸移至重庆郊区的歌乐山云顶寺。

歌乐山位于中梁山中段,海拔约 500 米。相传我国古代的治水英雄、夏朝的大禹与重庆南岸涂山氏之女结婚时,两人曾在此唱歌玩乐,因而得名歌乐山。云顶寺位于歌乐山顶峰,风景绝佳,气候湿润宜人,常年有云雾缭绕。林森是南方人,对这里的气候条件很适应。歌乐山距重庆市区有 25 公里,云顶寺到山下尚无公路可通,林森下山,都是走一程,坐一程轿。林森住在此处,恍若世外桃源。

因歌乐山的气候和土壤条件很适宜种花,故林森除了读书品赏古玩之外,又喜欢上了种花。林森种的花有不少品种,其中有一株茶花整整花了 30 元钱才购得,经林森的精心伺弄,这株花枝叶繁茂,越长越好,而且能同时开出好几种颜色的花朵。一到开花季节,园子里万紫千红。此时,林森就吩咐大开园门,让周围的人一起进来欣赏这株茶花和园中的其他花卉。

到了 1938 年 11 月,蒋介石来到了重庆。他在歌乐山双河街公路一侧一处叫山洞的地方,花了半年的时间建成了一幢别墅,作为自己的官邸。由于林森对建筑一向感兴趣,所以当这幢建筑落成后,林森和一些要员们前往参观祝贺。林森来到后,对这里的环境之幽雅、风光之秀丽、空气之清新、交通之方便赞不绝口。蒋介石看林森如此钟爱这幢别墅,就表示要将这幢官邸送给林森。以后,蒋介石另建了别墅,这幢别墅的主人真的就成了林森。林森

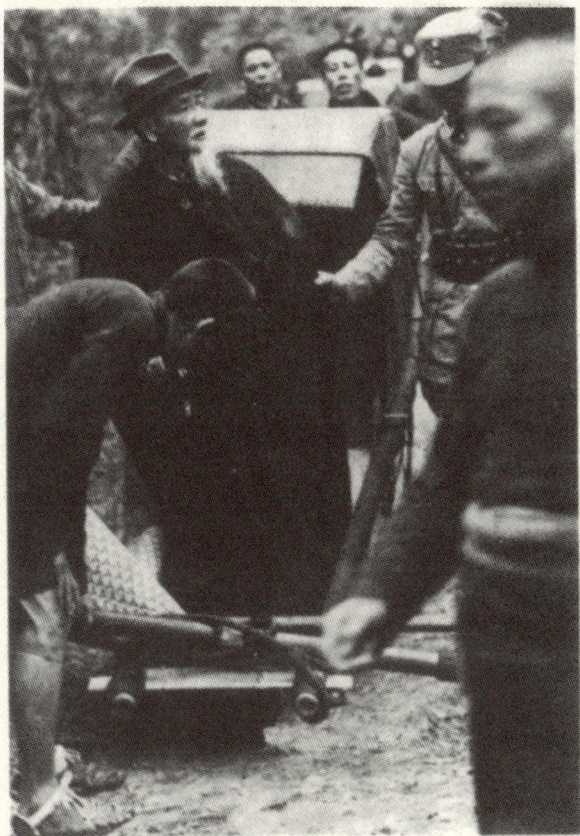

20世纪40年代，林森在广西视察

搬来后，人们就称它为"林园"。林森在重庆六年，就数在这里住得最久。

此外，国民政府在南温泉还为林森建了一幢别墅。南温泉也是重庆著名的风景区，位于长江南岸，建文峰下，以盛产温泉水而著称。南温泉一带，山明水秀，风景如画，山峦起伏，林涛如海，烟水迷离，景致绝佳。温泉旁有一花溪，游人泛舟溪上，宛如在画中游。正是因为南温泉风景宜人，才吸引了四方游人前来游览尽兴。国民政府西迁后，不少国民党要员都在这里建了别墅，孔祥熙就在南温泉的虎啸口、建文峰下建了一座公馆。蒋介石知道林森性好山水，就特地吩咐财政部长孔祥熙拨了一笔专款，在南温泉旁也修建一幢别墅，专供林森在游山赏泉时住宿用。别墅的地址，就在孔公馆附近。林森得知后，很是高兴，亲自带了罗盘，按中国传统的星占术，跑到工地来测定屋基的方位。开工修建后，林森还常到工地嘱咐工人要多采取附近的石块石条，作为房屋的基石，以尽量接近自然，免得破坏风水。建成后的别墅，背倚建文

20 世纪 40 年代,林森在重庆寓所留影

峰,门临虎啸口,一座绿色小桥隐于林间,每逢春秋佳日,林森必来此处小住数日,听虎啸水声,观建文落日,凭栏远眺,苍山如海,青翠欲滴,泉水潺潺,真是令人心醉。林森极为喜爱这幢别墅,亲自命名为"听泉楼"。

南温泉的"听泉楼"与孔祥熙的公馆中间有一个小峡谷,两幢别墅夹谷相望。林森在峡谷旁的一块石头上风趣地题了两个字"林界",以说明这是"我家的地皮"。

南温泉以温泉而闻名遐迩。其泉水源出于建禹山,富含硫矿物质,水温常年保持在摄氏 50 度以上,洗浴后令人神清气爽,还能治疗多种皮肤病。南温泉有一座公园,园内建有一座精致的中式平房,内设有浴室,专门铺设了管道将温泉引入浴池中。国民政府入驻重庆后,浴池也进行了改造,更新了设备。林森经常来这里沐浴,浴后即在躺椅上闭目养神,很是惬意。醒来后,即

1938 年,林森(中)与蒋介石(右)、孔祥熙(左)在四川合影

林森担任国民政府主席时在重庆的留影

到公园中与游人一道散步。林森虽然有自己的私人浴室,但他总喜欢独自外出,到公共浴室购票洗大池子。

南温泉不仅温泉水出名,其饮用泉水也堪称一绝。其饮用泉有三眼,一名为玉泉,二名为龙泉,三名为五湖泉。历代品鉴以玉泉为最佳。玉泉井在建文峰顶的建文庙的背面,林森住在"听泉楼"时,常常差人将泉水担至家中饮用。后为方便起见,干脆就利用山谷引水,再凿一水池蓄水,将泉眼与水池连成一线。因其味甘洌,林森称这是玉泉流脉,常用它汲水煮茶,招待客人。林森后来亲书了"煮茶泉"三字刻于石上。

林森在"听泉楼"还辟有一座小花园,种植了多种名花异草。花园的四周,栽植了八株雪松。林森喜种桂花,园中还植有金桂、银桂多株,每至金秋季节,桂花怒放,香气袭人。林森除喜桂花外,最喜欢的要数梅花了。他在"听泉楼"四周的空地上,遍植梅花。如今已成梅海。林森早年丧妻,发誓终身不娶。据接近林森的人说,他这是寄情于梅花,有"梅妻鹤子"之寓意。

孔祥熙公馆与林森的"听泉楼"为邻,为进出的方便,孔祥熙就在虎啸口下修了一座桥。孔祥熙与林森颇有一些交情,在西安事变时政见也颇为一致,他虽执掌财政大权,但对林森一直是尊重有加。为表示对林森的景仰,孔祥熙将桥命名为"景林桥",并在桥头刻了一副无名氏写的对联,曰:

> 飞阁峙崔巍,异采都成龙虎气;
>
> 悬流看浩渺,高怀长共鹭鸥盟。

其寓意不言而喻。

游峨眉山 履行元首职责

林森自入川后,对这里的山山水水是情有独钟。1939 年夏,林森曾往游峨眉山。林森此行,一为避暑,二来可以游览佛教名山,了却一桩心愿。

四川峨眉山与安徽九华山、浙江普陀山、山西五台山并称中国四大佛教名山圣地。峨眉山又素有"峨眉天下秀"之美誉,林森对此山向往已久。6 月23 日,林森自重庆出发,同行者有国府参军长吕超夫妇以及一名张姓科员,一支十五人的卫队,两名厨役,两名车夫,一名当差。当天到达自流井,24 日抵成都,25 日游武侯祠,下午到达峨眉县,即游千佛寺、飞来寺。7 月 26 日,林森乘坐滑竿上山,先后游老宝楼、圣积寺、报国寺、纯阳殿、伏虎寺、神水寺、大峨寺,晚抵清心阁下榻。次日过牛心寺,中午到达洪椿坪,即以此作为行馆。

洪椿坪,原名千佛庵,为明代万历五年楚山禅师主持开建。因庵内塑有佛像千尊而得名。寺院曾毁于火,在清乾隆年间予以重建。又因寺前植有三株洪椿古树,故又得"洪椿坪"之名。《庄子》一书曰:上古有大椿者,以八千岁为春,八千岁为秋。佛家以"洪椿"为寺名,是为借喻"佛法长兴"之意。

峨眉山万年寺

林森经常流连的峨眉山上清宫

洪椿坪为佛教禅宗的临济中心地,历代留下了无数动人而神奇的故事。加上洪椿坪的风光迷人,吸引了千千万万的佛教信徒前来朝拜。林森信佛,对佛教的教义粗略通一点。他住在洪椿坪期间,特别欣赏一副长联,并能将其熟背,林森认为,它概括了峨眉的胜景、佛教临济宗的源流以及洪椿坪的寺史。这副对联是这样的:

峨眉画不成,且到洪椿,看四壁苍茫:莹然天池荫屋,泠然清音当门,悠然象岭飞霞,皎然龙溪溅雪;群峰森剑笏,长林曲径,分外幽深。许多古柏寒松,斜枝偃寒,许多奇花异草,锦绣斑斓。客若来游,总宜放开眼孔,领略些晓雨润玉,夕阳灿金,晴烟铺锦,夜月舒练。

临济宗无恙,重提公案,数几个老辈:远哉宝掌驻锡,卓哉绣头结茅,智哉楚山建院,奇哉德心咒泉;千众静安居,净业慧因,毕生精进。有时机锋棒喝,蔓语抛除,有时说法传经,蒲团参究。真空了悟,何尝障碍神通,才感化白犬衔书,青猿洗钵,野鸟念佛,修蛇应斋。

林森常住在洪椿坪大雄宝殿左侧禅房。为林森的到来,主持将禅房布置一新。床垫是工匠用金色竹篾编织而成,工艺精湛,富有弹性,坐卧均很舒适。禅房的窗外是茫茫林海,偶有猴群前来嬉闹,为寂静的山野平添几分雅趣。这样好的环境,又远离政治的喧嚣,林森有古玩、花草作伴,当然是乐不思返了。

有趣的是,即使在这样的偏远之地,林森也履行了一次国家元首的职责。那是在 8 月上旬,苏联新任驻华大使潘又新来到陪都重庆,因主席林森不在,递交国书的仪式无法举行。经与在峨眉山的林森联系,林森决定仪式就放在洪椿坪举行。于是,苏联大使在四川省主席王缵绪以及参军处典礼局礼宾官员的陪同下,从重庆专程来到峨眉山晋谒林森主席。呈交国书的地点就在洪椿坪。适参军长吕超正随侍林森左右,他按照林森的吩咐,将国旗高高悬挂在洪椿坪大雄宝殿屋顶,并在大雄宝殿内按正规的仪式准备。于是,一切都根据在首都的规格进行,林森在大殿内接受了苏联大使潘又新呈递的国书。这是洪椿坪开建以至峨眉山自晋代开山以来的空前盛事。这件事,在陪都重庆以至四川大后方,一时传为佳话。

林森本来就信佛,自这次到了峨眉山后,就更加虔诚了。但林森信佛并不注重形式,无事从不烧香拜佛,也没有见他讲论佛道,却常常见他闭目养神,似是口中念念有词,但又从不出声。据接近林森的人说,他这是在做一种气功,是养身之道,并不是佛教中的打坐。

1942年,国府主席林森以及居正、于右任、何应钦、孔祥熙、
陈绍宽等,在重庆会见美国特使威尔基(前排左四)

1942年,林森在重庆接见英国大使(前排左二)

　　8月14日,林森在洪椿坪为吊唁抗战阵亡将士和死难同胞,特为请了30
个和尚做了七天的道场,以超度亡灵。林森亲笔题写了"前方将士及死难同
胞"灵牌,供奉在大雄宝殿上。他亲自抱炷香站在灵牌前祈祷以慰忠魂。

林森泛舟嘉陵江上

　　林森从 6 月 23 日离开重庆,到 9 月 12 日返回重庆,在外整整 80 天,而大部分时间都是在峨眉山洪椿坪度过的,其间共出游了两次。在这两个多月中,林森尽情享受大自然的沐浴,极为放松,颇有乐不思归之意。这里录几段林森《峨山日记》的片断,可看出林森当时的心情。

　　七月十二日:抵寺后,拂尘用膳,晚九时上床,房虽小而清洁,寺僧招待甚殷……洗象池六角形深丈许,蓄浊水以养蚊。旁置一石象,大如豚,风景颇佳,而布置鄙陋……

　　七月十四日:初拟在九老洞喂猴,据僧云昨猴到过,嗣在遇仙寺,闻僧鼓掌吹唇引。无何,猴结队而来,大小约三十余,众投以田豆,争来接食,一奇观也……

　　七月二十八日:午饭毕,乘舆游黑龙江,新晴,水高流急澎湃,声震两岸,深处褰裳而涉,曲折盘旋,小径断续,崎岖迈进,路穷缘栈道跛行,窄似船舷,屡屡攀越,浪花溅衣,如蒙春雨,水光耀眼,白石晶莹,琳琅满目,环玑遍地。大石当流,形状奇伟,象物现身,不可纪及。水之大观,不让龙门独胜也。

　　1941 年 12 月 8 日太平洋战争爆发后,12 月 9 日,林森以国民政府主席的名义,与五院院长一道,共同签署了对德意日宣战的文告。

20 世纪 40 年代,林森(前排正中)及王宠惠(前排右二)等,在重庆会见美国大使高思

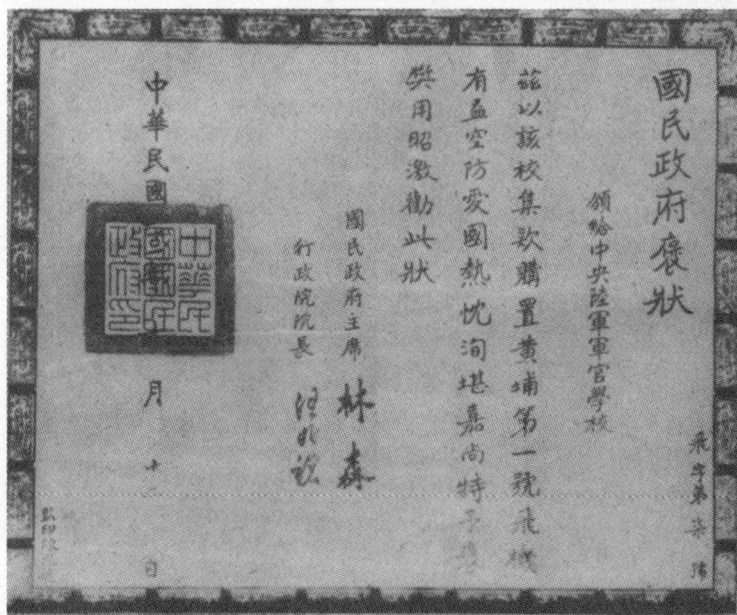

林森颁发的任命状

都江堰放水

　　1941年,林森曾应邀出行都江堰,主持了都江堰的放水典礼。

　　都江堰位于四川灌县,是中国古代著名的水利工程。它能给人民带来幸福,也能给人民带来灾难。自秦代以来,蜀郡太守李冰父子就开始建造都江堰工程。该工程上下部约四公里,筑有"百丈堤"以保护江岸,江左岸建有"桃水坝"与中沙洲相接,迫使江水流入正道,然后再经下游的引水口流入内江。引水口在内江与外江的分水尖端,均用石块砌成,称之为"鱼嘴"……这一系列工程,主要是起枯水和洪水时调节水量的作用,对于国计民生举足轻重,所以自秦代以来,历朝都设有专司该项水利工程的机构和官员,分每年修浚一次("岁修")、十年修浚一次("大修")。至于修浚方法,则完全按照李冰的方式,即"深淘滩,低作堰"六字要诀。"岁修"一般在冬季枯水期开始施工,至清明节前后完工。而在竣工之时,当地人都要在"李冰祠"和"二王庙"前举行盛大而隆重的放水祀典仪式。到时,四川省地方政府最高官员都要到场主持典礼。成千上万的百姓则从四方赶来参加这一祭祀活动,以感念李冰父子的大恩大德。这个活动,几千年不断,地方称之为"放水节"。

青城山

1941 年,都江堰逢到"大修"竣工年。适国民政府西迁"陪都"重庆,当地人士一致要求恭请主席林森前来主持典礼。这一年,林森原打算前往青城山养病,当他接到这一盛情邀请之后,遂决定提前出行,顺道前往都江堰。4 月 4 日上午,林森在参军长吕超陪同下,离开重庆前往成都。一行出发后,蒋介石专门打电话给成都中央军校教育长陈继承,告知林主席将先行视察军校,然后前往灌县都江堰放水。林森在军校进行视察后,留住了一晚,次日即赴都江堰。陈继承根据蒋介石的指示,特为派了一名上校军官一直陪同林森抵达都江堰。

典礼日正是清明节。这一天,林森身着长袍马褂,头戴礼帽,神情飘逸,显得极其雍容优雅。这是都江堰放水典礼以来,出席官员级别最高的一次了。林森到达后,典礼隆重开始。站在岸上的工人将竖在江中的"拦水板"一一拉倒,岷江正流的江水以高于内江一米的水位奔泻而下,场面甚为壮观。林森过去也只是听说都江堰的事,如今是第一次看到如此场面,内心激动不已,深感中国古代劳动者的伟大。典礼结束后,林森一行又游览了都江堰的"老君殿"、"伏龙观"、"观澜亭"等处名胜,饱览了都江堰的风光,又巡视了都江堰的设施。这才驱车直往青城山而去。

青城山风景优美,但这一年,林森因赶都江堰放水,出行的时间还未到酷暑季节,此行主要是养病。青城山是一处避暑胜地,离成都只有不到一小时的车程。此处有一座著名的道教寺院,据传是中国道教的发源地。因风景

建福宫

好,当时国民党的不少军政要员、社会名流也常上山居住休养。林森下榻在半山腰的建福宫,山顶主寺院叫上清宫。

当时,第五战区司令长官李宗仁的夫人郭德洁一行,从战区回广西老家,路过青城山,由国民党四川省党部主任黄季陆陪同,顺便上山一游,并拜访住在山上的林森和著名画家张大千先生。郭德洁手下一名随员与山上道士言语不合,竟动起手来。吃了亏的道士哪里肯依,一下就喊来几十个道士,个个手执家伙。五战区的人也掏出了武器。一场流血冲突一触即发。林森得知后,就递话上山告诉道士说,游客是从前线战区来的,有什么话好好说;对军人们则说,军人拿武器对付道士,成何体统?双方都不得无礼。当道士们得知这批人是从前线来的,其中还有著名的抗战英雄李宗仁将军的夫人后,一下都收起了家伙。五战区的军人听了林森的话,也收起了武器。一场血战才告化解。后战区的一行人及黄季陆等陪同人员前去看望林森,林森风趣地对他们说:"你们这是大闹青城山啊。"

第 17 章　坚持团结抗日

　　国民政府移驻重庆后,日军侵华战争愈加猖獗。作为一国之元首,林森坚持了不妥协和坚持抗战的主张,利用一切机会,发表了大量的抗战言论。这不仅仅是林森作为国家元首的一种官方言论,更多的则是包含了林森个人的政见和主张。

　　林森以主席名义下令褒扬在历次抗日作战中牺牲的烈士们。在南岳衡山修建了忠烈祠,并亲笔为祠堂大匾题词。为悼念上海四行仓库的谢晋元八百壮士,林森亲撰了挽联。林森多次提倡从官员到百姓为抗战开展献金运动。他本人首先将珍藏已久、最为心爱的一只古玩玉鼎和一只古香炉捐了出来,以后又先后捐出了名人字画多幅。在林森的倡议下,重庆大后方不少机构和百姓纷纷捐款捐物,支援抗战,造成了很大的声势。

　　1940 年 3 月 28 日召开的国民党中执会第一〇三次会议上,由林森领衔提出并通过了尊称孙中山为"国父"的文件。在抗战进行到艰难时刻,这具有特殊的意义。

　　林森对于国民参政会这一国共合作的产物十分重视。他亲自参加了两次开幕式,并发表了讲话。其他会议,林森或亲自到会,或发电报,或宣读书面训词,发表了大量团结抗战、共同对敌的言论。在各党派参政员当中留下了良好的印象。

宣传抗日　不遗余力

抗日战争全面爆发后,林森立即以国家元首名义发表讲话称:

中华民族已有五千多年的光荣历史,我们祖宗传下来的锦绣江山,以及完整的国家主权,都担在我们的肩头,不幸现在遭到了空前的国难,我们每一个人肩膀上的担子,要比以往各时代的古人,大上万倍。

林森昭告每一个国民:每一个人都应为抗战建国而尽力,各竭所能,各尽其责,有钱出钱,有力出力。

1937年11月12日上午7时,国民政府与中央党部在中央党部大礼堂举行总理纪念大会。林森主持会议并作了报告。他的声音低沉,悲壮而有力:

现在敌人肆意侵略,全国忠勇将士奋勇抗敌。此时纪念总理诞辰,应该格外坚持我们的意志,集中我们的力量,抗战到底⋯⋯敌人遣了大批军队来侵略我们,而且极尽人间之残暴手段,像屠杀民众,轰炸文化机

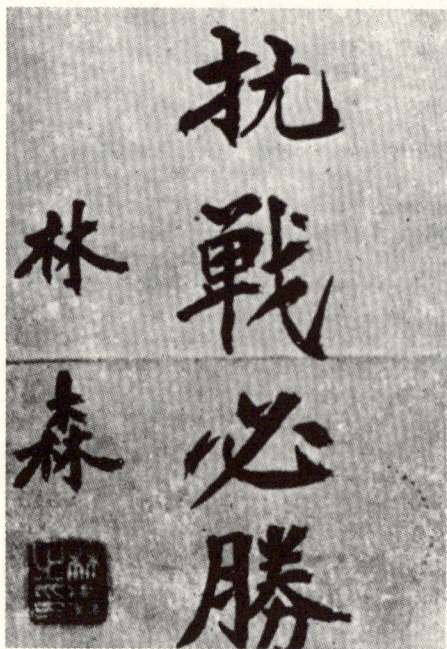

20世纪40年代,林森在重庆的题词

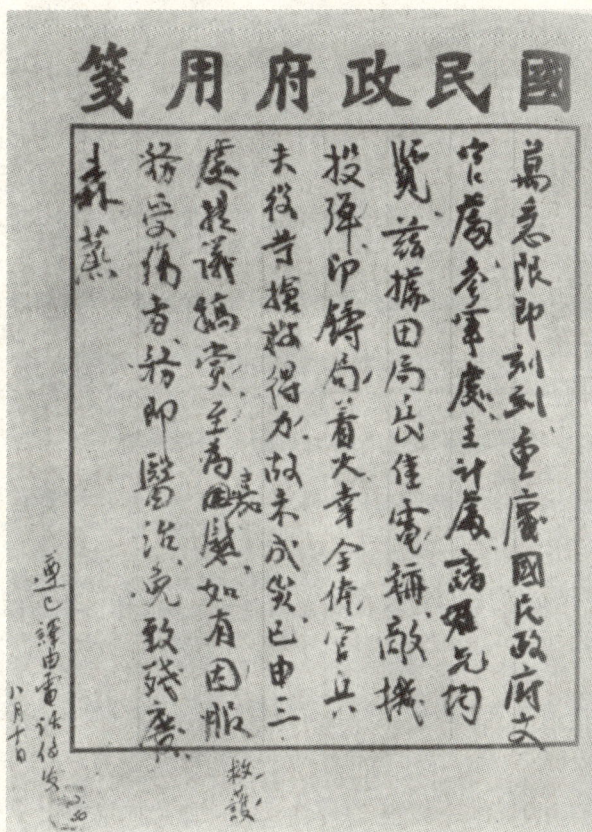

抗战中林森就国民政府被日机轰炸之事起草的电报

关、伤兵医院、难民收容所。虽然他们受到主持公道正义的世人纷纷责备，而还不稍戢其残暴手段，真将为举世人士所唾弃……

这是林森在南京发表的最后一次演说。

国民政府移驻重庆后的一段日子，正是日军大举进攻、侵占我方大片国土的时候。作为一国之元首，林森认真履行了应尽的职责，从民族的利益出发，一贯坚持了不妥协和坚持抗战的主张，利用一切机会，发表了诸多的抗战言论。

1938 年 1 月 1 日，是国民政府迁往重庆后的第一个"国庆"纪念日。国民政府主席林森在重庆的"中枢"庆祝会上发表了演说，他指出：

我们要求的是最后的胜利，必须要长时间的抗战。在这长期抗战中，军事上的一时退却，仅是一个战场的得失，不足以影响战局的全部……我们要拖延敌人的战争时间,消耗敌人的兵力财力,使敌人的经济机构,军事形势,一齐崩溃。国人要同心同德,努力奋斗,完成复兴中华民族大业。

1月3日,又逢周一的总理纪念周。国民政府与中央党部在重庆联合举行了纪念周仪式。林森在国府纪念周上再作报告,要求各位以四川民众之勤劳作榜样,尽忠职守,以报国家。

7月7日,是抗战一周年纪念日。林森发表了《纪念七七 要坚定抗战必胜 建国必成的信念》的广播讲话。

林森作为国民政府主席,在许多场合进行了抗战的宣传。1942年7月4日,他在致美国总统罗斯福祝贺美国国庆的电报中称:

今日共为反抗侵略,扫除国际纷乱而奋斗,举世酷爱自由之人民,同仇敌忾如斯……

1942年7月9日,林森致电捷克总统贝纳,感谢他对中国抗战五周年的支持,电报称:

贵国人民之英勇奋斗,使吾人对于正义自由必将战胜强暴之信心愈益坚固。

林森在重庆期间,在一切公开露面的场合,如总理纪念周、中山诞辰及逝世纪念日、新年讲话、辛亥革命纪念日、黄花岗烈士纪念日等,以及所有的慰问讲话、中外函电、会议致词中,总是不厌其烦、不知疲倦地发表大量的抗战言论。

林森在逝世前最为著名的一次演说,是1943年的元旦广播讲话。这是一篇激动人心的演说,全国各个党派、各界人士的抗战士气为之一振,即使是在林森逝世后,许多人对此还是记忆犹新。他说:

全国军民同胞们,由于你们的努力,使得中国的抗战同世界反侵略的大战,连成一气;由于你们的努力,使得最后胜利的光辉,就要快临照在我们大家的头上……伟大的胜利就要获得,光荣的和平就要到来。而且世界将会有完美的秩序,人民都会有安乐的生活。在这百里路程已过九十九的今天,我相信胜利的光辉一定更能坚定你们的信仰,伟大的前途,一定能增加你们的勇气……

据统计,林森在公开场合发表的有关抗战的演讲、声明以及训词,达40篇以上。这些讲话,不仅仅是林森作为国家元首的一种官方言论,更多的则是包含了林森个人的政见和主张。

一反常态　痛斥汪逆

1938 年 12 月 18 日,国民党副总裁汪精卫突然从重庆出走,先飞昆明再到河内,加紧进行出卖国家和民族的活动。汪精卫的出走,在国民党内部引起了强烈的震动。党内各派对此意见很不一致。蒋介石为了挽留汪精卫,特意派出了宋子文、王宠惠、陈布雷、谷正鼎等几批人前往河内,劝说汪精卫"回归"。此时,平时不太发表政论和意见的林森,在蒋介石等人千方百计对汪"做工作"的同时,却发表了截然不同的意见。林森说,这种背叛国家和民族的人,国民党应当立即将他开除党籍,给予严厉的处分,决不能宽容姑息。

1940 年 3 月 29 日,即汪精卫汉奸政权出笼的前夕,林森在重庆中央广播电台发表了措辞严厉的演讲,痛斥了汪精卫的卖国行径。他说:

> 抗战进展到这样重要的时期,不幸出了汪兆铭少数汉奸,给敌军阀利用,拿屈辱和平的论调,做叛逆行为的掩护,冒用国民党组织下的一切原有名称举行叛党叛国会议,并有组织伪政权的阴谋企图,盗窃名器,妄称继承法统,淆惑视听。敌人如此利用汉奸,以及汉奸如此给敌人摆弄,只不过拿汉奸作个临时工具,以便敌人换一种方式来侵略……查汪兆铭在二十八年一月一日被永远开除党籍,并已明令通缉,他触犯惩治汉奸条例,自必从严缉获,归案法办。

3 月 30 日,日军卵翼下的所谓"国民政府"在南京粉墨登场。令林森最为激愤的是,汪精卫为欺骗民众,装饰门面,自己"谦虚"地出任了伪府的"代主席",而遥以林森为主席,其意思是主席还是你林森当,我只不过是替你暂时看看家,隐约含有对林森诱降的意思。在这一个伪政府发布的所有文告、文件中,署名的主席仍是林森。当林森得知这一消息后,不禁怒火中烧,他斥责道:"你汪精卫要当汉奸,为什么要糟蹋我呢? 真是太可耻可笑了!"

不久,一些福建省的人士也下水当了汉奸,其中包括林森的一些亲友和老下属,如陈群、陈裔生等人,林森立即表示与他们一刀两断。林森的一个侄子林履明曾随林森参加过迎接孙中山灵榇南下的活动,在福建地方有一定的影响,日伪方面就将他的妻子家小扣在福州,当他为此而奔波营救放人时,汪精卫则派专人到福州,准备保荐他任"国民政府"的高官,财政部次长和司法部长任选其一,但有个条件,就是要他以林森的名义去南京晋谒中山陵。当他将这一情况电告林森后,林森一反常态,大骂汪精卫无耻至极。人们都知道,林森涵养极好,从不骂人,这次他确是气极了,是极为罕见的一次骂人。

弘扬正气 积极"献金"

林森是富有正义感的一位政府官员。在抗战中,他不仅身体力行地宣传抗日,而且在痛斥汪精卫卖国的同时,对西南大后方的一些腐败现象也是深恶痛绝的。他在一些场合常说:"前后方和敌后的一些堕落的人们,包括我们的一些官员,醉生梦死,不知振作……如此毫无朝气,怎能打败强大的敌人?我们要做的每一件事,也是最普通的一件事,就是早起,不能睡懒觉,这是最起码的振作精神。"林森还说:"前方将士在流血,可我们大后方依然是歌舞升

林森立像

平，笙歌达旦，真是商女不知亡国恨。这些放荡的场所，怎能激发起大后方的抗日情绪呢？"他提出，今后重庆所有的娱乐场所，营业时间不应超过晚上 11 点。

国民政府迁至重庆后，日本飞机常来轰炸。一次，日机将国民政府礼堂和印铸局炸毁不少。林森听说后，亲自前往视察，并指示要立即将其修复。手下人不解地问林森说："是否缓一步再修？日机还会来炸的。"林森正色说："敌机能毁我房舍，但不能毁我精神。房子修好了，就可以体现我们的一种不屈的精神，才能振奋我们的精神。"众人这才领会了林森的用意。

为弘扬民族正气，林森以主席名义下令褒扬在历次抗日作战中牺牲的烈士们。在南岳衡山修建了忠烈祠，并亲笔为祠堂大匾题词。为悼念上海四行仓库的谢晋元八百壮士，林森亲撰了挽联："坚苦矢成志，终古光腾孤岛血；英魂应不灭，从今怒吼浦江潮。"

林森多次提倡从官员到百姓为抗战开展献金运动。他本人首先将珍藏已久、最为心爱的一只古玩玉鼎、一只古香炉捐了出来。以后又先后捐出了多幅名人字画。特别值得一提的是，林森把"护国宣化广慧圆觉"大师班禅额尔德尼所赠送的一只宝戒捐了出来。这是班禅大师在 1933 年举行时轮金刚法会加持时献给国民政府主席林森的，极其珍贵。因这是国宝级的文物，捐出后如何处置？后由《重庆新闻》经理、著名报人黄天鹏提议，以法币抵献，以义购出价最高者所有。结果，该宝戒被合州一名王姓富商购得，此人称以此宝戒为其母八十寿辰所用。① 在林森的倡议下，重庆大后方不少机构和百姓纷纷捐款捐物，支援抗战，造成了很大的声势。

国民政府的一些高级将领在捐献热潮的感染下，也纷纷投入到献金的行列中来。如军委会副委员长冯玉祥，以自己吃的白菜、萝卜等画成画并配了诗，拿到街上义卖。其他不少军政要人也纷纷捐献了钱物，以示对献金运动的响应。

首倡孙中山为"国父"

关于将孙中山尊称为"国父"之事，曾有过这样的一种通行的说法：伪中

---

① 八年以后，黄天鹏夫人卢小珠过生日，王某的夫人又将宝戒返赠与卢小珠，遂由黄、卢夫妇所藏。为此，有汪东题篆，章嘉活佛写藏文记录此事。宝戒现藏于台湾。

央政治委员会委员、伪立法院院长陈公博,于 1940 年 5 月 29 日汪伪中央政治委员会第四十九次会议上提出"手创中华民国之中国国民党总理孙中山先生应尊称为中华民国国父"的议案……抗战胜利后,国民党沿用了"国父"之称呼等等。

据笔者考证,"国父"之提法,最早提议者是林森,时间是在 1936 年。这一年的 11 月 12 日,在孙中山诞辰七十周年的纪念会上,林森发表了演说,其中有这样一段话:

> ……总理是生于 1866 年,就是民国纪元前四十六年丙寅十月初六日,照阳历计算,便是十一月十二日,我们手创中华民国的国父诞生了。这是一个值得我们纪念的日子……他在民国元年被选为第一任大总统的时候,因为要促进南北统一起见,抱定天下为公的思想,不惜敝屣尊荣,辞去总统不做。这种伟大精神,在中外历史上是不容易见到的,所以我们全国国民尊崇总理为国父……我们国父人格的伟大,是大家知道的……

林森在这篇演讲中,三次提到了"国父",也是迄今为止第一次在一种正式场合提出。

但提出"国父"一说,仅是林森的一种个人行为,或是几人通常的习惯说法而已,要在一次会议上正式通过,并作为一种正规的提法,且以一个正式的文件规定下来,却不是一件简单的事。经过一段时间的酝酿,加上抗战爆发后中国始终面临着亡国灭种的威胁,在这一严峻的政治环境中倡导使用"国父"的称呼,可以激励民族精神,增强全国人民抗战到底的意志。于是在 1940 年 3 月 28 日召开的国民党中央执行委员会第一〇三次会议上,由林森领衔提出并通过了尊称孙中山为"国父"的文件。该文件在第二天即黄花岗烈士纪念日以一个正式的决议对外公布,有着特殊的意义。

尊称孙中山为"国父"的公告全文如下:

奉中央执行委员会函　第一〇三次常会　总理为中华民国国父一案通令遵照　为令遵事　案奉

中央执行委员会二十九年三月二十八日通过

本党总理孙先生领导国民革命手创中华民国,更新改体,永奠邦基,谋世界之大同,求国际之平等,光被四表,功高万世,凡我国民,赖本进远,宜长尊崇。兹经本会常务委员会第一〇三次会议一致决议,尊称总

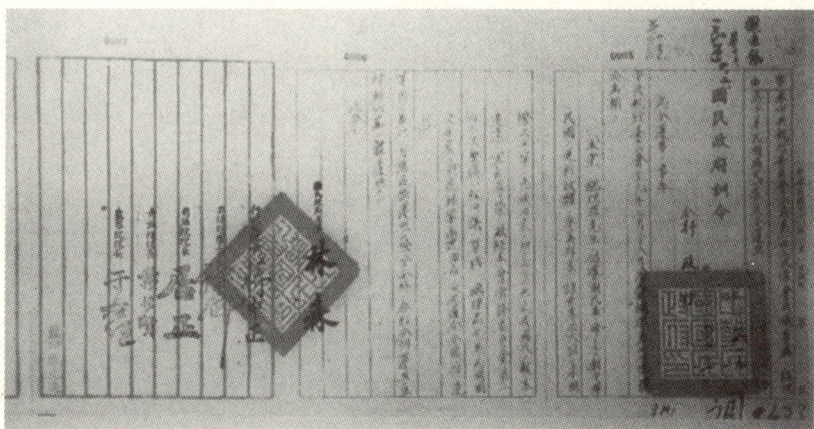

林森任国府主席时签署的尊称孙中山为"国父"的训令

理为中华民国国父在案,相应录案函达国府,查照通令全国一体遵行。

等因奉此。自因通饬遵照,除分会外,令行令仰遵照案转饬所属一体遵照。此令。

国民政府主席林森　行政院长蒋中正　立法院长孙科　司法院长居正　考试院长戴传贤　监察院长于右任　监印　陈光远

至于汪精卫的伪政权通过"国父"一案,则是汉奸们拉大旗谋虎皮的欺骗伎俩而已。顺便要提一下的是,汪伪政府一直在用"国父"的提法来蒙骗民众。1941 年 12 月太平洋战争爆发后,日军在各地接收英、美等国在华的财产。在接收北平协和医院时,发现该院的研究室内存有孙中山的肝脏切片及腊块标本。汪精卫听说后,认为这是一个极好的机会,立即派出了伪内务部长褚民谊,在 1942 年 3 月 25 日赶赴北平,与日本使馆北平事务所以及日军总司令冈村宁次商洽,将孙中山遗脏"迎回"了南京。4 月 5 日是清明节,汪伪政府再次使用了"国父"的称呼,在中山陵举行了名为"国父灵脏安放仪式",并成立了"国父陵寝保管委员会",以后又成立了"国父陵园管理委员会"。使用"国父"的称呼极为频繁。

在反共高潮中强调团结御侮

抗日战争爆发后,国共两党实行了第二次合作。为挽救民族危亡,适应抗战的需要,由国共两党共同努力,成立了包括国民党、共产党及其他抗日党派和无党派人士代表组成的全国最高咨询机关——国民参政会。参政员多由国民政府聘请,并发有主席林森及五院院长署名的状书。国民参政员包括了许多国内的著名人士,如张澜、史良、沈钧儒、陶行知、邹韬奋、黄炎培、毛泽东、吴贻芳等。

国民参政会于 1938 年 7 月 6 日在汉口两仪街上海大戏院开幕,同年又迁至重庆。在一届一次国民参政会举行的前夕,毛泽东致电参政会指出,参政会应肩负起团结全国人民,坚持抗战,坚持统一战线,坚持持久战的重任。

林森因在重庆未能参加开幕式,但他发来了贺电,并在会上代读了一篇著名的训词。他认为:

> 参政会是集全国才智之士于一堂,共相研讨对于今后如何完成抗战建国之任务与使命。中国现在正从事于四千余年未有之民族抗战,抗战而胜,即可跻国家民族于自由平等之域……抗战而败,则具有四千余年光荣历史之中国,将从此失去自由之权,全国四万万五千万同胞将悉陷入万劫不复之境。

林森还指出:

> 国民参政会是抗战时期之人民参政机关,其最大使命,为集思广益,团结全国力量;其最大目的,在完成抗战建国任务……中国所遭遇之空

重庆国民参政会旧址大门

前危机,已届最后关头,整个国家和民族之生死存亡,如千钧系于一发。唯有集合全国四万万五千万人之整个力量,与敌人长期奋斗到底,始能转危为安,挽救国家于垂亡⋯⋯

在这届国民参政会中,中共以及国内进步党派的许多人士担任了参政员并出席了会议(毛泽东因故未能到会)。会议开幕后,中共参政员毛泽东、陈绍禹、秦邦宪、林祖涵、吴玉章、董必武、邓颖超专门向国民参政会发表了意见,认为:

> 在目前抗战剧烈的环境中,国民参政会的召开,显然表示我国政治生活向着民主制度的一个进步。我们参加参政会,以期能与国民党和其他党派及无党派关系的参政员,友好和睦地商讨和决定一切有利于抗战必胜、建国必成的具体办法与实施方案,以便能够有效地打击与战胜日寇,奠定使中华民国走向独立自由幸福的新国家的基础⋯⋯巩固民族团结,驱逐日寇出境,是中国人民今天最迫切的要求。

毛泽东亦于10月在致参政会的电报中说,再次强调当前的首要任务,就是"坚持抗战,坚持持久战",特别是要"坚持举国上下精诚团结之民族统一战线"。

这个电报的精神,与林森在开幕式上的训词基调基本是一致的。其核心就是团结一切力量进行抗战,挽救国家与民族。林森在多次讲话中,也都重申了这一点。

一届一次参政会,中共提出了《拥护国民政府实行抗战建国纲领案》。其他党派代表或发言,或提案,会议的爱国热情达到了高潮。最后,全场起立欢呼,掌声雷动,历时数分钟之久。冯玉祥挥毫写下了"要记着收咱失地,别忘了还我河山"的对联。会议之所以能取得这样的效果,与各党派代表的共同努力是分不开的。林森作为国府主席,其发言内容所起的作用是显而易见的。

这次会议,在抗日民族统一战线的旗帜下,第一次集全国各抗日党派和无党派人士、各地各界代表于一堂,显示了全民族的大团结,确立了万众一心"抗战到底"的国策,回击了日寇汉奸的挑拨破坏,极大地鼓舞了中国人民的抗战热情。

1938年10月28日,国民参政会一届二次会议在重庆国民政府礼堂举行。这一天,林森身穿长袍马褂,满面笑容,站在门口恭迎各位参政员的到来。汪精卫因参加过上次会议,以议长身份将各位参政员向林森一一介绍,林森与董必武、陈绍禹、林祖涵等人一一握手。会上,针对汪精卫等人的"和

平条件如无害于中国之独立生存,何必拒绝"的汉奸论调,林森发表了感人至深的致词:

> 此次大会应讨论如何集中国力,更发挥光大,如何团结人心,更坚固不懈。希望各参政员以救国建国为己任,牺牲小我,争取国家民族之自由,并为建立国民政治基础而筹策……

会前,大会曾专门邀请海外参政员陈嘉庚回国与会。但此时海外45个埠正在准备成立"南洋各属华侨筹赈祖国难民总会",选举陈嘉庚为总会主席。为此,国府主席林森、国民党总裁蒋介石及宋美龄专门发电祝贺。参政会议长汪精卫也发了一电报给陈嘉庚。但陈嘉庚并不领情,他从新加坡给大会发来一份只有11个字的电报提案:"官吏谈和平者以汉奸论罪。"毫不留情地煽了汪精卫一记耳光。

会后,林森亲设西餐招待宴会,他再次站在门口迎候参政员。有趣的是,宴会吃的是西餐,用的却是筷子。据说这也是林森亲自关照的。

在1941年3月1日第二届国民参政会第一次会议上,林森以民族大局为重,坚持了团结御侮的方针,发表了有利于发动全民族抗战、共同对敌、决不妥协的训词:

> ……各位参政员从各地方热烈到会,本席觉得非常愉快。诸位都是全国的名流硕彦,各有很深的资望,很好的经验,很高的学问与识见,今天集聚一堂,商讨国家大计……过去的收获,在于团结全国力量共赴国难。召开国民参政会的目的,一是集思广益,二是团结全国力量,争取抗战胜利。

林森在讲话中特别强调了团结。而会议开幕之时,正是反共高潮迭起、"皖南事变"发生后不久。林森要求团结包括中共在内的各个党派,这与国民党发起的反共高潮和一些右派分子的反共言行是很不和谐的。林森说:

> 我国广土众民,在世界文化上有不可磨灭之历史,故我国之自由独立,不仅为东亚和平之因素,亦且为世界和平之砥柱。敌国军阀不惜倾其国民之生命膏血,以图满足其侵略中国,宰割华夏,并吞亚东,控制世界之野心。……一堂会合,领导得人,相孚共济,端恃精诚,千钧共举,大厦同支,同德同心,神州永固……我们更应该把全国四万万五千万的人心,合作一个心;把全国四万万五千万的人力,合作一个力;本着"共信互

信"的精神,向同一个目标努力迈进。

林森以谦谦君子的姿态,向参政员们请教。他说:"各位参政员多由地方推选而来,对于各地政治的好坏、民生的疾苦以及资源如何开发、物品如何流通必定有很确切的见解。现在全世界的爱国华侨,究竟在那里怎样出力出钱救乡救国? 各战区的父老兄弟姐妹怎样受苦、受罪、挣扎,各位是亲历者,希望尽其所知,告诉政府。"

在 11 月举行的国民参政会二届二次会议上,林森再次发言说:"由于参政会的建议,政府得到很多富有建设性的方案以及完密、周详的计划。在实施方面,又得到各位参政员直接间接的帮助……我们由此以体认精诚团结、和衷共济的实效,也由此可以收获意志集中、力量集中的成果。"

1942 年,第三届国民参政会第一次会议开幕。林森在会上发表训词,再次强调团结的重要性,他说:"参政会的目的,是'集思广益'和'团结全国力量',现代战争需要动员全民力量,才能取得胜利;而全民力量的发挥,靠的是全国力量的团结,就必须全国国民尽量贡献他们的智能……各位先生或是素负乡民重望,或是专门研究人才,都是一时之选……"

林森对于国民参政会这一国共合作的产物是十分重视的。他亲自参加了两次开幕式,并发表了讲话。其他会议,林森或亲自到会,或发电报,或宣读书面训词,发表了大量团结抗战、共同对敌的言论。在各党派参政员当中

汇聚国共两党及各届专门人才的国民参政会

留下了良好的印象。

林森的团结主张是以民族大义为重的,也是一以贯之的。1941 年 12 月香港沦陷后,孙夫人宋庆龄即从香港迁居重庆,在大姐宋蔼龄家暂住。宋庆龄到达重庆的当天,国民党当局立即派了一个宪兵班住到了宋家的楼下,名为保护,实为限制宋庆龄的行动自由。宋庆龄是国民党的中央委员,被誉为"国母",朝野都十分敬重,但当局对宋庆龄的到来先是封锁消息,继而又加以冷落,中央通讯社、《中央日报》都接到旨令不准采访报道宋庆龄,其他报纸在刊载这一消息时也在新闻检查时被删成了"简讯",或压缩到不起眼的角落。林森实在看不下去了,遂与覃振、于右任、李烈钧等国民党元老多次向蒋介石提出,宋庆龄来到重庆是件大事,政府一定要有个说法。在林森等人的一再要求下,当局才勉强同意在国民政府大礼堂为宋庆龄开了一个非正式的欢迎茶会,蒋介石却托故没有参加。

签署对德意日宣战书

1939 年 9 月"二战"爆发后,德、意法西斯仅用一年左右的时间就横扫西欧大陆。1941 年 6 月 22 日,苏德战争爆发,苏联损失惨重。德意在欧洲的胜利极大地刺激了日本军国主义的扩张野心。日本政府发出了建立"大东亚共荣圈"的狂妄叫嚣。日本政府又与苏联签订了《日苏中立条约》,解除了后顾之忧,由此也做好了"南进"的一切准备。

1941 年 10 月,战争狂人东条英机上台,立即就开始了对美、英等国的战争准备。1941 年 12 月 8 日凌晨 1 时(中国时间),日本海军山本五十六大将指挥日军联合舰队,袭击了美国在太平洋的最大的海军基地珍珠港,炸沉(伤)美国军舰 40 多艘,飞机 300 多架,毙伤美军 3500 多人。美国太平洋舰队几乎全军覆没。

同时,日军出动 21 个师团的陆军,向东南亚国家和西太平洋各岛发起猛烈进攻。12 月 8 日,美、英对日本宣战。

美、英等国的对日宣战,使中国彻底摆脱了长期以来孤立作战的局面。

太平洋战争爆发的消息,于 1941 年 12 月 8 日凌晨 3 时传到了中国战时首都重庆。一时间,国民政府的首脑们纷纷从乡下的官邸返回市区。蒋介石从黄山赶赴军委会大礼堂,主持召开了国民党中常会特别会议。外交部长郭

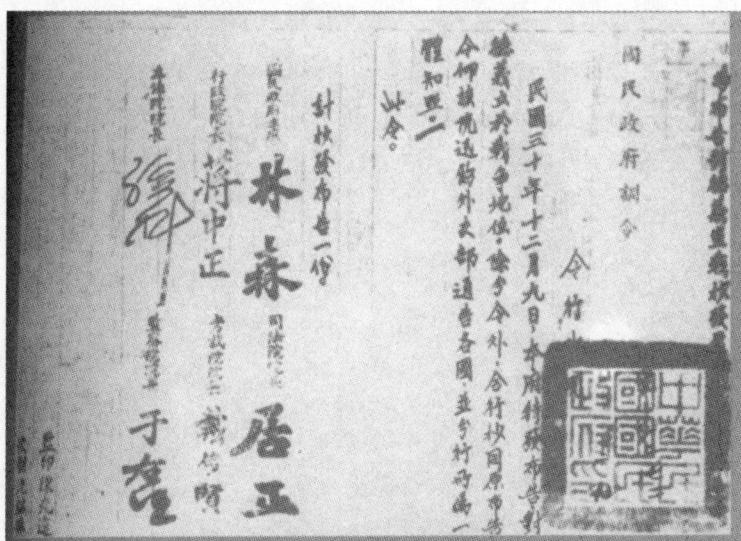

林森及五院院长签署的向德、意宣战文告

泰祺、军政部长何应钦、中宣部长王世杰作了详细的战争形势报告。会议一致决定,立即向日本宣战。

与此同时,国民政府礼堂举行了"总理纪念周",林森主持了仪式,立法院长孙科作报告。蒋介石在开完中常会后,立即率与会者赶往国府礼堂。两个会合并,一直开到中午。会上正式决定,对日本、德国、意大利宣战。

12 月 9 日下午 7 时,外交部长郭泰祺特别约见中外记者,以"极其严肃的态度"宣布了由国民政府主席林森签署、五院院长副署的对日宣战书、对德意宣战文。

12 月 10 日,英国 BBC 广播电台报道了中国政府对日、德、意宣战的消息。同一天,重庆的《中央日报》、《新华日报》等主要报纸也发表了宣战的消息。对日宣战书全文如下:

　　日本军阀夙以征服亚洲,并独霸太平洋为其国策,数年以来,中国不顾一切牺牲,继续抗战,其目的不仅所以保卫中国之独立生存,实欲打破日本之侵略野心,维护国际公法、正义及人类福利与世界和平,此中国政府屡经声明者。

　　中国为酷爱和平之民族,过去四年余之神圣抗战,原期侵略者之日本于遭受实际惩创后,终能反省,在此时期,各友邦亦极端忍耐,冀其悔祸,俾全太平洋之和平得以维持。不料残暴成性之日本,执迷不悟,且更悍然向我英美诸友邦开衅,扩大其战争侵略行动,甘为破坏全人类和平与正义之戎首,逞其侵略无餍之野心,举凡尊重信义之国家,咸属忍无可忍,兹特正式对日宣战,昭告中外,所有一切条约、协定、合同,有涉及中日间之关系者,一律废止,特此布告。

中华民国三十年十二月九日

主　　席　林　森

行政院长　蒋中正

立法院长　孙　科

司法院长　居　正

考试院长　戴季陶

监察院长　于右任

同日,林森还签署了《国民政府向德意宣告立于战争地位文》。

自林森代表中国签署对德、意、日宣战文告后,又开始致力于废除与美、英等国的不平等条约。终于在1943年1月11日,中美、中英新约正式签字,不平等条约宣告废除。为此,林森十分欣喜,特为邀请了宋庆龄、于右任等元老合影留念。

林森(前排左二)与宋庆龄(前排居中)、于右任(前排右一)等人合影

1943 年 5 月 5 日，林森摄于重庆

第 18 章　家事与生活

　　林森于 1891 年与郑氏完婚。在家仅住了数月就赶回了台北。1893 年，郑氏在家中病逝。林森与郑氏虽是旧式婚姻，但二人感情弥笃，因长年在外奔波，家事都由郑氏操持，林森很是感激，发誓不再续娶。因林森与郑氏没有子女，就将二弟林长礼的儿子林京收为养子。

　　林京初在齐鲁大学就读，后入燕京大学，林森又将他送到美国哥伦比亚大学深造。但在美国期间因重婚被媒体披露。林森盛怒之下，立即电嘱驻美国大使施肇基将林京"押解"回国，并一度断绝了与林京的来往。

　　林森虽然官至国家元首，但他的为官之道却是耐人寻味的，他曾说，"国府主席的虚君地位，其意为，垂拱而治，什么可以管，什么不可以管，我心里一清二楚……"

　　"正也，正其不正也。故必须兼而周至，四平八稳以行之……主政者以奇策才力之士为多，然用与不用，则在权衡之中。故有用世之才者，不必有宰相之位，而有宰相之位者，则不必有宰相之才……"

林森与家人的合影

短暂的婚姻

林森在少年时,即由长辈作主,与一邻乡郑姓女子订了婚。自到台湾找到工作后,才于 1891 年回到福州,与郑氏完婚。因当时林森已在台北电报局找到了一份工作,所以在家仅住了数月,就赶回了台北。

1892 年,林森妻子郑氏患病。林森在台北得知后,立即赶回福州探视。待郑氏病稍有好转,就又回了台北。翌年的 11 月中旬,郑夫人在家中病逝。林森再次赶回福州老家奔丧。林森与郑氏虽是旧式婚姻,但二人婚后感情弥笃,相敬如宾。但因长年在外奔波,无暇顾及老家的事,许多家事都由郑氏在家操持,对此,林森对郑氏很是感激。郑夫人生病时,林森也不能在身边照应。更令林森感到内疚的是,郑氏病重以至去世时,林森也没有在她的身边。林森是个十分传统的人,对于妻子的离去很是悲痛,遂发誓不再续娶①。林森当时只有 27 岁。在以后的几十年中,林森虽官至国民政府主席,仍是独身一人。

---

① 林森奉行的"三不"原则,即不再娶;不治私产;不杀生,素食。第一条就是不再娶。

林森在福建老家青芝山故居的博古架

　　林森任国民政府主席时，有人发现一个秘密。林森在外出时，总是随身带有一只小小的手提箱。在抗战时期，一些地方的报纸，都登过有关林森婚姻方面的轶事，其中就有林森随身带有一只小手提箱的事，说每至夜晚，林森必将其放在卧室内，不许任何人移动。里面究竟装的是什么？报上都在猜测。有人说是重要的国家机密资料。但有人反驳说，即使如此，也没有必要这样随身携带啊。有人说是装了郑夫人的一对绣花鞋，更有人说亲眼看见过林森将其拿出来晒太阳。广西、香港的报纸刊登的是一种比较流行的说法，也就是后来传说最多的说法，即林森为了寄托对亡妻的思念，将夫人的遗骨装在箱中。每至深夜，林森就要取出抚摩再三方才入睡。但这种说法的依据仅仅是传说而已，更不可能得到林森的证实，以林森的性格，他是不会作一字解释的，只是由它去了。而报纸以后也没有进一步的说法和更正。

　　这固然是传说和新闻记者的渲染报道，但由此却可折射出林森的为人。至于这只神秘的手提箱里究竟装的是什么，恐怕永远不会有人知道了。

　　林森在福州料理完丧事后，又返回了台北。因林森与郑氏没有子女，林森就将二弟林长礼（为桢）的儿子林京收养为嗣子。

林京重婚事件

　　林森有兄弟数人。弟弟林为桢与妻郭氏生有一子,取名林京。林为桢在辛亥革命福建独立后,曾任福建全省电政监督。后因生活困难,林森常寄钱回家接济林为桢,并要他在福州仓前山建住宅一幢。林为桢病逝后,其夫人郭氏仍由林森每月寄钱赡养。

　　林京,字发铭,又号亚平,生于 1907 年 5 月。在家乡英华学院毕业后,也已进入成年。不久,由母亲郭氏作主,将其弟郭锡光之妻陈慧波二妹陈银岩许配给林京,并生有一子,取名林涛。

　　林森的妻子郑氏早逝,林森虽无子嗣,但决定终身不再续娶,林京即过继给林森为养子。林京先在山东齐鲁大学就读,因参加学潮被开除,无处就读。当时林森即将离开北京,而林京正好北上北京投靠养父林森,林森将他视同亲生儿子,将他安顿在北京未央胡同居住。后林京在北京又与其妻陈银岩之妹陈少华纠缠不清,林森对此很是恼火,对他严厉训斥。但林京依然我行我

1926 年 6 月,林森(左)与同乡魏怀(右,后任国民政府文官长)及养子林京(中)合影

素,还振振有词地辩称这是"兼祧"①,有何不可？最后终与陈少华结婚,并生有两子一女,名林平、林良、林娜。林森虽然是坚决反对一夫多妻的,但此事就出在自己家中,且木已成舟,几个孙儿天天绕膝,倒也增加了几分欢乐。林森无奈之下,在南下后,遂将林京托付给挚友魏怀。魏怀时在北京政府农商部任科长职,收入尚可,遂将林京送入燕京大学,并负责林京在北京的一切监管事宜。林森以往对林京的要求甚严,临走时,特别叮嘱魏怀说："林京在北京的学杂费、零用钱,你必须按月限数付给,不要让他手上有多余金钱,沉溺于声色犬马而荒废了学业。"魏怀均一一照办。一段时间以来,林京倒也安心于学业,没弄出什么事来。

林森在南京任国民政府主席后,立即要林京来南京。随后,即将他送到美国人哥伦比亚大学学习深造。林森此举,也是防止林京在北平自恃主席之子而流于骄纵,坏了名声。其用心可谓良苦。林京赴美国前夕,林森将他召来,对他说："吾平生积蓄,共约合二万五千美金,别无余钱,今悉数给你。你已是成人,应当谨慎使用,完成学业。成材与暴弃,你好自为之吧,我年岁已高,无暇顾及也。"林京连连点头,表示一定按养父的教导去做。

林京初到美国,还不敢忘记养父林森的谆谆教诲。但时间一长,就将林森的话渐渐地淡忘,加上又有金钱可供挥霍,很快就又沉溺于"爱河"之中,与一个美国百货公司售货员小姐恋爱,并举行了婚礼。林京骗得女方结婚后,女方才得知林京是国民政府主席之公子,而且早已有了家小。路透社上海分社社长虞祺新将林京在美国重婚之事告诉了陈少华的大哥陈孝威,陈孝威不知利害,随即找出一张林森与林京及妻小在南京拍摄的一张"全家福",交与虞祺新。虞祺新如获至宝,立即传真至美国,在报上刊出,并发了电讯稿加以渲染。一时间闹得满城风雨。林森得知后,盛怒之下,立即电嘱驻美国大使施肇基将林京"押解"回国,并断绝了与林京的一切来往。回国前,由使馆花钱将林京与那个女人办妥了离婚手续。

慑于林森的震怒,大使馆不敢怠慢,立即督促林京乘轮船回国,不多日即抵达上海。林京想起临行前林森的再三告诫,结果还是犯下大错,自觉无脸再见养父,只得潜赴北平暂住,同时改名为"林亚平",以免坏了林森的"三不"②名声。后来,林京托魏怀向林森说情,要求父子和好。魏怀见到林森后,

---

① 即在中国的宗法制度下,一个男人兼做两房的继承人。
② 林森奉行的另一"三不"原则,即不再娶;不治私产;不杀生,素食。

将林京的要求提及，林森脸色阴沉，一言不发，随即来到林京的房间，将其衣物一一清出，厉声对魏怀说："这都是他的东西，给他送到北平去。"魏怀不敢怠慢，只好照办。林森在中山陵园有一幢房子，名叫"廷庐"，原是打算留给林京留学归来后住的。一日，林森来到"廷庐"，想到这件事，不禁怒火中烧，立即拿出一元钱，让人买了水泥，自己动手慢慢地调好，默默地将"廷庐"二字抹平。林京知道林森的脾气，既不敢赴南京，也不敢再托人去说情，只得于1936年以林亚平之名，在绥远省政府谋了个英文秘书的职务。当时的绥远省政府主席傅作义亦不知林亚平就是林森的公子。

林京在傅作义部干了几年后，被升为机要秘书。林京遂给养父林森去信，希望能对傅作义将军略加提及。不想林森的怒气未消，将来信掷于地上，一字未复。

"七七"事变爆发后，傅作义任第七集团军总司令，率所部三十五军开赴平绥路东线察哈尔省境内抗击日军。这时，傅作义已得知林京就是林森的儿子，但因战事频频，根本就无暇照顾。

不久，傅作义部又奉阎锡山之命弃绥守晋，参加忻口及太原战役。时绥远国民兵司令、绥远省民政厅长袁庆曾由归绥（即呼和浩特）奉傅作义之命南下，随行的有绥远省政府的工作人员，机要秘书林京就在其中。林京带了省府图书室女管理员黄玮随行。从托克托县乘船顺黄河南下，到达山西碛口，然后再转往太原，与傅作义的司令部会合，准备参加太原保卫战。

1937年11月，日军从三面猛攻太原城，形势十分危急。三十五军副军长曾延毅见势不妙，就带了少数随从悄悄出了城，守门官兵就向后方来人说："副军长出城了。"因"副"与"傅"同音，守门官兵这一说，全军都以为是"傅作义军长出城了"。既然军长都出了城，太原肯定是弃守了，于是全军大乱。此时，林京倒是很镇定，他与司令部的人一道，竭力协助军部稳定了军心。当晚，傅作义决定弃守太原，林京即跟随着傅作义，从太原旧城南门城墙掩体的炮眼中冲了出去，渡过汾河后，辗转到晋西南中阳县集中待命。大约在11月下旬，部队从中阳县开拔，林京亦随部队同行。

当部队在太原突围时，因傅作义的司令部尚留存有大量现款。傅作义唯恐林京有失，就给了他五千元现金，让他赶快脱离战场，到南方安全地区暂避。于是，林京与黄玮身上各携带了五千现金出发了。到达中阳时，林京看到有溃兵在用战马换钱用，就从提包中取出两百元买了两匹马。不想在取钱时露了富，黄玮的金首饰也被人发现，竟因此招致了杀身之祸。溃兵见林京着黑呢毛料中山服,黄玮穿红色呢大衣,在众人中很是起眼,况且又有这么多钱财,遂起了歹意。当下,溃兵一直跟踪至林京与黄玮的住宿处辛店村,在夜里将林京与黄玮谋害,劫得钱财后逃之夭夭。林京亦因此而死于非命。

当傅作义得知林京的死讯后,很是懊恼,后悔没有照顾好主席的公子。当他把林京的死讯告诉林森后,林森一言不发,只是长长地叹了一口气。

后来,林京的棺柩在抗战胜利后被运回福建老家尚干乡安葬。以后,林京的大夫人陈银岩及子林涛回了老家福州,少夫人陈少华及子女林平、林良、林娜则留在北平居住。他们一直到 1938 年才得知林京遇害的消息。抗战胜利后,陈少华携子女迁至林森在南京的公馆居住,1949 才迁回福州老家。

为官之诀　家训之道

林京妻子的大哥陈孝威就读于保定军官学校时就很得林森的器重,后林森在北平时,陈孝威经常侍奉在林森左右。陈孝威喜欢议论朝政,针砭时弊。当年袁世凯在北京主政时,陈孝威经常当着林森的面,毫无顾忌地发泄对袁世凯的不满。林森则听之任之,这实际上就是一种默许。林京在美国婚变时,林森情绪极差,陈孝威就陪林森在南京住了三个多月。林森先安排他住在中央饭店,后来因费用问题,而且到林公馆也太远,林森干脆就要陈孝威搬到公馆同住。这段时间里,陈孝威常陪林森去汤山温泉沐浴。

一次浴后,林森向陈孝威谈起他这个国府主席时,作了一番生动的比喻。林森说:"你要知道,我的地位,譬如神龛中的神主,受人敬仰而不失其威仪,自然能保持庙堂之肃穆与家宅之安康。若一旦神主显灵,则举室彷徨,怪异百出。其所造成阢陧不安之现象,有非另一种灵异暂短时期所能补救。故神主千万不可显灵。"林森还说:"国府主席的虚君地位,其意为,垂拱而治,不该管的就不要去管,人家不要你去管,你还去凑什么呢?什么可以管,什么不可以管,我心里一清二楚。让有办法的人放手去做嘛,蒋公(即蒋介石)就是一个有办法的人。这样,才可消除党争,才能求得安宁。"

至于为官之道,林森向陈孝威坦露道:"你虽然富有才识,但喜抱不平,言辞急进,执己见,多主张,而不能适应环境。政者,正也,正其不正也。故必须兼而周至,四平八稳以行之……主政者以奇策才力之士为多,然用与不用,则在权衡之中。故有用世之才者,不必有宰相之位,而有宰相之位者,则不必有宰相之才。我虽了解你但却不能用你……今后你论政论军,亦慎重选择而秉其所守,我今天这个主席能当下去,就是典守了'举避亲'之戒也。"

林森对"公家"的人,一般不轻易开口多说什么的,而对于自家人,则是无话不说的。林森对陈孝威的这几番话,道出了自己"为官"之道的心里话,真可谓是淋漓尽致,入木三分。

林森有一侄孙叫林希岳,抗战期间在一个县城任掌管县印的小官。他嫌官太小,多次要林森想办法在职务上给他动一下。林森于 1941 年 1 月写信告诫他说:"只要好官亲民,不至疾苦无所告也,俗云公门好行方便,亦积德立名根基,既负守一方之责,能不自奋秉公为子孙造福。古人云:'清贫胜浊富。'纵积财与子孙,子孙未必能守,乃至履丰奢暴,反累祖德,是以名为贵,德为本,古人不我欺也。倘错过积德机缘,便是作孽,至身败名裂,都因一念之差,遂至莫赎……所谓扬名声,显父母者,在于当官时,能知洁已公正,为民造福者,方获此佳誉,成为不愧于天,无怨于人,为吾族树一模范也……春季,种树、卫生、清洁、布种牛痘、预防疟疾、除蝗、灭蚊,是县政府之措施,为官均要事先设计……"

后林希岳又写信来要求林森荐升自己为行政督导专员。林森又在同年 12 月去信说:"此时切莫见高思迁,恐不能得。不如整肃县治,速补开空,致力新县治,更能有功。毋嫌官小,时生异冀,居高若低,受伤必重,戒之慎之。"

1943 年 3 月,林森又在给他的信中说:"久官是土,能爱民勤政,令人钦戴尤深,即调迁或告老时,受去思攀辕之誉,更胜于加官晋爵百倍也。凡见异思迁,无恒心者,故生烦闷耳。战时尤宜刻苦自奋……"

林森在一封信中还说:"公务越忙,要加细心。古人养维,方成大器,倘喜功傲众,虽达必败耳。故出言更宜谦顺……名重于利,清苦即能成名,较得利已居上方也。"

林森对鸦片深恶痛绝,在任命吕超为国府参军长时已有过叙述。林森经常训诫子侄辈们不得吸食毒品。1928 年时,林森的一个侄子林履明与宋子文的一个亲信下属陈裔生之妹订婚。当时,陈裔生是全国鸦片特税处处长,这是一个人人垂涎的"肥得流油"的美差。为了照顾自己这个亲戚,陈裔生将林履明安排在手下,也给了他一个肥差:宜昌特税处长。所谓特税,就是政府通过公开售卖鸦片而收取的税金,只有政府才享有这个特权。国民政府当年对于豫、鄂、湘三省的军饷,是从来不从财政部专门划拨的,而是由这几省在鸦片特税中扣除。当林履明将这一桩婚事向林森报告时,林森并没有表示反对,但对他出任特税处长一职极不赞同。林森极为严肃地对他说:"林文忠公(即林则徐)禁烟,誉满全球。你却去公开出售鸦片,害了人还去收钱,真是有愧林氏、有辱门风。我也不想砸了你的饭碗,你自己看着办吧。"听了林森的一番话,林履明只好辞去了这个处长肥缺。

林森过去常穿西装,无论是南京临时参议院时期,还是在国外时,他每日总是西装革履,领结领带,一尘不染。在林森随孙中山先生南下广州护法任参议院议长时,有一天,人们看到这位议长在街头散发宣传品,见人就给一份。大家感到奇怪,一看内容,原来是通篇列举了穿长衫的坏处,一是不利于工作,二是人不精神,总之是劝人不要穿长衫。但后来不知是什么时候,林森却不穿西装了,而是经常穿一件蓝士林布的长袍马褂。人们又感到很奇怪。

有人问林森是什么原因,林森回答说:"你不知道啊,我近来手上实在是拮据,北京的冬季寒冷,穿长袍马褂比西装暖和,而且便宜。我身上的这一件,就是朋友送给我的啊。"但了解林森的人说,林森在西山会议另立中央之后,被国民党严加惩戒,以后虽然解除了处分,但林森对政治殊觉淡漠,穿长袍马褂是一种精神上的寄托而已,并不真是手头紧。但这种想法林森是不便说出来的。这或许是林森由西装改长袍马褂的真正原因吧。

担任国民政府主席时的林森身着长袍马褂的照片

林森与卫士

　　林森在重庆,曾住在双河桥主席官邸,即"林园"。负责警卫的是宪兵第十九团二营六连的两个班。官邸是一幢两层楼房,楼下是客厅和餐厅,楼上是办公室和卧室,警卫共分正班和预班轮值。正班负责在门口站岗,预班则负责侍候主席。一次,一名卫士在花园值班,不知从什么地方跑进来一条野狗,在花园中乱窜。林森正好在园中散步,就对卫士说:"快拿枪来打。"这时,卫士林光星向林森来了一个敬礼说:"报告主席,不能用枪打,枪一响,别人会以为主席公馆发生了什么事呢。"林森并不计较卫士的顶撞,反而连忙点头称是,说:"对,你说得对,有道理。"原来,官邸隔壁是宋美龄办的一所幼儿园,官邸的后山上,是军委会警卫旅的一个机枪连。响了枪,的确会造成麻烦。

　　林森与卫士的关系十分融洽。福建籍的卫士、厨师都喜欢称林森为"老的",而不喊主席。"老的"的福建话意思是老前辈的意思,是一种尊称。林森很乐意接受这个称呼。有时,卫士常常学林森的福建官话打电话,在电话里开玩笑,说:"我是林主席。"一次,一名卫士竟然学着林森的口气给重庆宪兵司令贺国光打电话,林森听了也没有介意。

　　林森早上起床很早,起床后,先要喝点茶,再淋浴,然后散步。早餐是一名福建籍的厨师做好了由卫士送去。菜谱一般是油条一根,鸡蛋一个,豆浆一小碗,约 3 角钱。午饭、晚饭均是一碗饭一碗菜一碗汤。因林森信佛,每逢初一和十五,早餐都要吃斋。用餐前,总是先将卫士支开。吃完,即一个人静静地面对着西藏活佛赠送的一尊佛像打坐。此时,卫士们知道林主席需要绝对安静,因此都不去打搅他。约摸半个小时才结束。

　　林森请客,多是一菜一汤。对此,卫士们也习惯了,不用林森吩咐,哪个来都一样。有一次蒋介石来林森官邸,林森留他吃饭,卫士也是这么上菜,只是加了一个炒鸡蛋而已。

　　一次,蒋介石请林森上峨眉山。林森带了两名卫士先行一步,在半路上被九十五军士兵拦住,说是有重要军务,必须封路戒严。原来,九十五军接到通知,说蒋委员长要上山,所以实行了封路戒严,其余车辆一律不得通行,要等到蒋介石的车队通过后才予以放行。恰巧林森今天坐的不是专车,车牌号也不对,所以被拦了下来。林森知道是怎么一回事,这时,只要露个面就可以通行了。但林森不肯这么做。卫士们要出去亮牌子,林森立即劝他们不要出去争吵,更不要说出主席身份,耐心地等一会儿就是了。就这样,一直等到蒋介石的警卫车到来,才通过放行。原来,九十五军只接到蒋介石上山的通知,并不知林森也要上山。

第19章 "领导抗战，功在国家"

1943年5月12日上午，林森在前往国民政府的路上遇到车祸，诊断为脑溢血。8月1日下午7时零4分，林森在重庆病逝。

国共两党举行了一系列隆重的悼念活动。8月1日起，党政军机关停止娱乐活动一个月，全国下半旗致哀一个月，民间下半旗三天。中央广播电台反复播放林森在1943年元旦发表的坚持抗战到底演说的广播讲话录音。

大殓的灵堂设在林森的双河桥林园主席官邸。8月2日为公祭日。党政军官员首先进行了公祭。重庆全市停止交通三分钟，民众肃立，鸣礼炮101响。

2日下午4时半，国民党总裁蒋介石亲临林园的灵堂祭奠……

8月2日，《新华日报》发表了长篇社论《为元首逝世致哀》。毛泽东亲自为中共中央起草了悼念林森唁电，高度评价林森"领导抗战，功在国家"。这是对林森在抗战中坚持国共合作、团结御侮的言行的充分肯定。

《新华日报》特为辟出《林主席嘉言钞》的专栏，刊载了林森关于"爱民"、"重民权"、"伸正义"、"讲谦逊"四类言论，以宣传林森的高尚情操和亲民理念。

延安和苏北解放区都举行了悼念林森的群众大会。

车祸真相

1943 年 5 月 12 日上午,林森准备前往国民政府出席加拿大新任驻华公使欧德伦①递交国书的仪式。清晨,林森漱洗完毕,用过早餐后,即开始更衣。林森穿上一件八成新的蓝士林长袍马褂,足蹬布鞋,肩上斜披了一条红色丝质绶带,又佩戴了一枚青天白日勋章。一切整理完毕,即登车出发。林森的座驾是一辆黑色别克轿车,是美国总统罗斯福赠送的,车的玻璃和钢板都具有较强的防弹功能。车牌是黑底白字,车牌号为"渝 001"。车前的另一块牌子则是白底红字,上面是楷体的"国民政府"四字。

从林森的双河桥官邸到市区的国民政府,有 30 多公里远。林森的司机是南京人,为林森开车多年,是当年随国民政府西迁时来重庆的,驾驶技术相当精湛。为了赶时间,司机将车子开得稍稍快了一点。当车子开到小龙坑的三岔路口准备转弯时,突然一辆大卡车高速驶来,②林森的别克车立即紧急避让,幸好只是轻度擦撞。但司机将方向盘急向右打时,重重地撞到了一棵树上,又弹了回来。林森坐在后排,从座位上被震了下来。车子震动时,坐在前排的一名卫士连忙回头,只见林森已爬起来,坐回到位子上,连说:"没有事。"

汽车在小龙坑抛了锚。周围的百姓看到是国民政府的车,纷纷围了过来。宪兵一看人多了,就开始维持秩序。因车子质量好,稍加修理就恢复了正常。于是继续向市区开去。到达国民政府时,已是 9 时 45 分光景,离举行仪式已不到 15 分钟。

国民政府中,文官处、参军处以及仪仗队早已准备就绪。林森的座驾开到国府门前停下。卫士准备扶林森下车时,只见林森的头已歪靠在了一边,说话已含糊不清。这时,文官长魏怀、参军长吕超急忙吩咐人将林森抬到国民政府大厦的一间客厅里。不多久,中央医院的院长赶来了,蒋介石、宋子文得知消息都赶来了。一时间,前往探视者络绎不绝。为使林森休息好,参军处即发布了一个公告:凡探病人员,请参阅病段报告,在探病签名簿上签名致意即可,不必入内。

---

① 有说是挪威公使。
② 关于肇事车辆,有多种说法。有说是一辆美军陆军的汽车,有说是市运输公司的车,还有说是军统的车。

经李医官初步诊治，林森的血压为 198/86mmHg，脉搏紧张度甚大，右侧上下肢均不能运动，言语困难，口角歪斜。后中央医院又先后有八位医生赶到国府会诊，诊断是脑溢血症。

在林森出车祸的当天下午，文官处即通知了林森在福建的亲属来渝侍护。第二天，林森的嗣媳妇陈银岩、侄女林湘即乘飞机赶到了重庆。以后，又有亲属陆续到达。

林森突遇车祸，还有一种通行的说法，即 5 月 10 日，林森在国民政府办公完毕，在回官邸的路上与一车相撞，汽车反弹到路边的树上，林森头部受到震动，当时只是略感不适。至 12 日上午准备赴国府出席外国大使递交国书仪式，上车后感到右脚发麻，动作困难，在将要到达国府时突然晕厥。之后的三天中，国民政府未作任何报道。直到 5 月 16 日，才在《中央日报》上发布了这样一条消息：林主席自十二日起，政躬违和，经疗治已逐渐恢复健康，惟尚须休养，暂不接见宾客。

以后，几乎每天都由文官处发布林森的病情公告，在《中央日报》上对外公布，包括血压、呼吸、脉搏等。中共中央在重庆出版的《新华日报》以及重庆各主要报纸，根据文官处发布的消息，每天也刊出了有关林森病况的报道。

在林森的病情稍稍稳定后，即于 5 月 26 日由国民政府迁回林园官邸继续休养。

中共中央："领导抗战，功在国家"

自林森车祸后，各方对此事都十分关注。各地军政长官、各省参议会、国民党各级党部、各党派、各商会、海外华侨团体以及民间组织，甚至外国政要，纷纷来电来函慰问林森的病情。宋美龄于 14 日从美国来电表示问候。美国总统罗斯福、英王乔治等特发来电报表示慰问。美国大使、苏联大使潘又新等外国使节也前往探视林森的病况。

中共中央主席毛泽东亦对林森的病情表示了慰问，并特意委托周恩来为代表前往林森的林园官邸探视。周恩来前往探视后，发现林森所住的双河桥官邸靠近新建成的成渝公路，林森躺在病榻上就能听见不远处汽车的轰鸣声。为此，周恩来特为向重庆当局建议，将这条路进行改道，以确保林森主席能安静地休息。很快，当局责成有关施工单位，将成渝公路进行了改道。

国民参政会的中共参政员也以不同的方式对林森的病况表示了关切。

以后,林森病情一直不太稳定。至 7 月 31 日,病情开始恶化,体温达 39 度以上,脉搏 110 次,呼吸 35 至 40 次。8 月 1 日下午 7 时零 4 分,林森在双河桥官邸病逝,终年 76 岁。据《新华日报》报道,在林森弥留之际,居正、丁惟汾、孔祥熙、于右任、戴传贤、陈果夫、叶楚伧、何应钦等国民党党政军要人,以及文官长魏怀、参军长吕超、主计长陈其采等在侧侍应。

林森逝世后,重庆的《中央日报》、《新华日报》等主要报纸,都刊载了国民政府文官处发布的林森患病经过的公告及逝世的消息。中共解放区的报纸也迅速报道了林森逝世的消息。

8 月 1 日当晚 11 时半,国民党即召开了中常会,通过由蒋介石代理国民政府主席职务的决议,以及林森的治丧事宜。

国民政府为林森举行了极为隆重的丧礼。

国民政府通知五院及各部,各省市政府,并昭告国民周知;外交部将通知各国驻华使领馆,并转知驻在国政府,并昭告侨胞。8 月 1 日起,所有党政军机关停止娱乐活动一个月。全国各机关下半旗致哀一个月,民间下半旗三天。中央广播电台反复播放林森在 1943 年元旦发表的坚持抗战到底演说的广播讲话录音。

大殓的灵堂设在林森的双河桥林园主席官邸。8 月 2 日为公祭日。党政军官员首先进行了公祭。重庆全市停止交通三分钟,民众肃立,鸣礼炮 101 响。

2 日下午 4 时半,国民党总裁蒋介石亲临林园的灵堂祭奠。以后,各界人士纷纷来到这里进行祭奠……

林森逝世时,正值抗战进入艰苦的时期。由于林森是位德高望重、清廉持正、与世无争且很得人缘的国家元首,所以不仅国民党内对他很尊重,全国各个阶层、各个党派对林森的逝世也都十分关注。

8 月 2 日,中共中央在重庆出版的机关报《新华日报》,为林森的逝世专门发表了一篇社论,题为《为元首逝世致哀》。全文如下:

> 国民政府主席于昨天下午逝世。这是抗战中全国人民最哀痛的事情,是国父逝世以后我国最大的损失。林主席卧病以来,我们每天以最关切的心情,读着病况的公报,而每次读到病况的公报,总是衷心默祷早日康复。林主席终于昨日离开了全国人民而逝世,我们敬致最悲痛的哀悼。
>
> 林主席继承国父的遗志,毕生尽瘁于中华民族的解放事业。十二年

林森病逝后，设在重庆的纪念灵堂

《新华日报》刊载的毛泽东起草的唁电

来，更亲自领导了抗战建国的伟大而艰苦的事业。不仅全国敬仰，友邦亦莫不钦佩。现在正当我们的抗战建国处于最困难的年头，同时也是更接近胜利的时期，我们需要林主席的领导，而林主席竟因为国尽瘁中道赍志而殁，不及亲见抗战的胜利建国的成功，当是最遗憾的事。

《新华日报》关于悼念林森的报道

　　然而，我们可以告慰林主席，全国人民当承继林主席的遗志，遵循林主席的遗教，在蒋委员长的领导之下，加倍努力，早日完成消灭敌寇汉奸的任务，达成建立三民主义新中国的使命。

　　我们应该记住林主席在去年元旦广播中的遗教"精诚团结，一心一德"，把我们所有的一切贡献给民族，共同从事抗战工作。为了克服困难，走到胜利，我们除了精诚团结，团结无间，将我们的一切，金钱、才能以至于生命，贡献给抗战事业，再没有别的制胜之途。哀悼林主席，我们必须团结，加强团结，巩固团结！

　　我们也应该记住林主席在前年元旦广播中所警惕和指示我们的话。林主席指示我们："在这抗战大时代的中间，由于团结的军民，一切忠勇爱国的事实表现，中华民族的国家观念和民族意识已经是很发扬了，我们国民的民族精神，已经恢复到相当的程度。"同时，更勿忘记林主席所说："我们国内的汉奸败类还是不少，前方后方和敌后的一般民众，也是没有完全尽到国民的责任。比如汪逆兆铭等伪组织分子，僭窃名义，甘心投降敌人卖国。又如后方少数不肖分子，发国难财，囤积居奇，又如前后方和敌后一些堕落分子醉生梦死不知振作等等，都是很可痛心的事实。"我们应该由此而警惕，我们还得努力提高民族精神。而最重要的，

社论

为元首逝世致哀

国人民最哀痛的事情，是国父逝世后我们每天以最恳切的心情，读着林主席的公报，而每次读到病况的公报，总是衷心默祷，早日康复。林主席终于昨日离开了全国人民而逝世，我们敬致最悲痛的哀悼。

举生尽瘁于中华民族的解放事业。十二年来，既亲自领导了抗战建国的伟大而艰苦的事业，不愧为全国人民崇仰，友邦亦莫不钦佩。现在正当我们抗战最困难的时期，我们需要林主席的领导，更接近我们的抗战胜利的时期，而林主席竟因为国尽瘁中，而不及亲见抗战的胜利，当是最遗憾的事了。

然而，我们可以告慰林主席，全国人民当承继

林主席的遗志，遵循林主席的遗志，加倍努力，早日完成消灭汉奸的任务，还是不少，前方后方和敌后的一般民众，也还没有尽到报国尽民的真的责任，醇酒妇人者有之，组织等号相组织份子有之，窃国营私者有之，其子僧其父母，兄弟互相争夺者有之，卖国以自利，投降敌人资敌者有之。我们应该由此觉醒，一切醉生梦死，不知报仇者等，都是很可痛惜，有的更不肖，如前线敌后的一些贪污者等，又如前方和敌后一些残害国民的军队等，都是很可痛惜，又都是很可耻。林主席所指示："为澄清吏治，剔除汉奸败类起见，必须加紧提高民族精神，剧化道德观念，感化道德观念，剔除汉奸败类份子。"哀悼林主席，必须

林主席的遗志，遵循林主席的遗志，在抚养遗属长的领导之下，加倍努力，早日完成消灭汉奸的任务，略提哀悼点作我们努力的方向，将我们对林主席的指示很多，很宝贵，我们应该记住林主席在去年元旦广播中的指示："一切贡献给民族，一切金钱贡献给抗战事业，再没有别的，我们必需团结，加强团结，发扬我们固有的勇于至善的精神，共同从事抗战工作。"为了克服困难，走到胜利的民族，团结无间，我们要把一切，一切的生命，

林主席的遗志，遵循林主席的遗志，化为全国人民的指示很多，很宝贵，我们对林主席的敬仰，是不能自已的。我们遵记住林主席对民权民生各问题的解决的指示，如"在政治方面，如"我们要努力经济建设"，以达到民生保障的地步"。

国民做基础的全民政治"，如"在政治方面，是用全国国民做基础的全民政治"，以达到民生保障的地步"。林主席的遗志，遗嘱很多，引导我们完成抗建伟业，只有认真的激底的在行动上执行这些遗教，才对得起林主席，才能安慰林主席的英灵于永远。（均见前年元旦广播）。林主席指示我们："在道抗战大时代中的中国，由全国国民亲爱精诚意识已经是很坚强了，已将恢复到相当的程度矣。"尤其今天之所急需，才对得起林主席，

我们也应该记住林主席全席在前年元旦广播中所赞扬和指示我们的话，林主席指示我们："在这抗战大时代的中间，由全国国民亲爱精诚意识已经是很坚强了，已将恢复到相当的程度矣。"同时，我们国民，更勿忘记林主席所说："我们国内的美好的程度，实将恢复到相当的程度矣。"

《新华日报》悼念林森病逝的长篇社论《为元首逝世致哀》

就要如林主席所指示："为澄清抗战阵营起见，必须加紧提高民族精神，铲除这些汉奸败类，感化这些不肖的堕落分子。"哀悼林主席，必需发扬忠烈，铲除汉奸败类。

我们还应该记住林主席对民权民生各问题的解决，也曾有极宝贵的指示，如"在政治方面，是用全体国民作基础的全民政治"，如"我们要厉行经济建设，解决人民的生活问题，以达到民生优裕的地步"。

林主席的这些遗教，引导我们完成抗战伟业，而尤为今天之所急需。只有认真的彻底的在行动上执行这些遗教，才能对得起林主席，才能安慰林主席的英灵。

中共中央主席毛泽东亲自为中共中央起草了唁电，悼念林森的逝世。电报的全文如下：

国民政府林主席治丧委员会公鉴：国府主席林公，领导抗战，功在国家，兹闻溘逝，痛悼同深！谨此致唁。中国共产党中央委员会。八月四日。

"领导抗战，功在国家"，这是中国共产党不计前嫌，从全民族利益出发，对林森在抗战中坚持国共合作、团结御侮、奉行坚决抵抗日军侵略政策的言行给予的充分肯定，也是一个恰如其分的评价。

《新华日报》特为辟出《林主席嘉言钞》的专栏，刊载了林森关于"爱民"、"重民权"、"伸正义"、"讲谦逊"四类言论，以宣传林森的高尚情操和亲民理念。

美国总统罗斯福、英王乔治六世、法国民族解放委员会戴高乐、苏联共产党领导人斯大林、加里宁、土耳其总统、菲律宾总统、巴西总统、伊朗首相、埃及总理等政界要人以及世界上的许多党派团体均发来唁电，对林森的逝世表示了沉痛的悼念。

8月7日上午，公祭林森的典礼分别在重庆的山洞双河桥、市内的新运服务所以及夫子池忠义堂举行。典礼开始后，每隔30秒，即鸣放礼炮一发，直至101响。官方及民间人士络绎不绝地前往吊唁。同时，在重庆以及全国各地都设置灵堂进行了吊唁活动。

8月15日下午2时，延安各界数千人在边区大礼堂举行了隆重的公祭国民政府主席林森大会。到会的有陕甘宁边区政府主席、第三届国民参政员林伯渠、吴玉章、高岗，晋西北行署主任续范亭，国民政府军委会联络参谋徐佛观、郭仲容以及边区各机关、学校、部队、团体的代表。

会场庄重肃穆，台上悬挂着林森的巨幅遗照，两侧放满了花圈，正面横披

1943 年 8 月，林森在重庆病逝，蒋介石参加悼念仪式

林森遗照

书有"追悼国府林故主席，要实行革命的三民主义，反对封建买办的法西斯主义"一行大字，会场遍贴"坚持抗战、团结进步"等口号。大会由林伯渠主祭、吴玉章与续范亭陪祭，边区政府分区的两名专员为司仪。林伯渠发表讲话说："我与林故主席都是同盟会老友，老国民党员。他的逝世，于公于私都甚

悲悼……"他并以延安各界的名义发布了"公祭林故主席祭文",要求全国各界"在抗战空前险恶之秋,坚持抗战,团结进步,反对投降、分裂、倒退,再接再厉,驱敌出国,中华民族自当独立于地球",全国人民要"风雨同舟,不胜不休,争取自由……"林故主席"如而有知,必赋同仇"。各位发言者都高度评价了林森团结抗战到底的一贯精神,抨击了国民党部分将领对抗战前途的失望、作战不力甚至投降,以及顽固派不顾抗战大局对边区政府的进攻。

中共盐阜解放共也举行了隆重的悼念林森的活动。

中华人民共和国成立后,1962年,毛泽东主席在接见林森的侄孙林平和林娜时说:

> 只要爱国的我们都欢迎,同样可以参加建设社会主义。

1979年,中共中央在给中央统战部(统请字〔79〕第33号)的一份批复中指出:

> 林森先生是著名的老一辈民主革命家。

1980年,国家副主席乌兰夫、中共中央统战部长童小鹏在接见林森亲属时说:

> 林森先生为中国人民做了许多好事,中国共产党是不会忘记的,人民要纪念他;素有"抗战元首"、"平民元首"之称的林森委实值得纪念,也应视为福州人的光荣和骄傲。

1988年2月11日,中央人民广播电台在"林森先生诞辰120周年纪念大会"的新闻中指出:

> 林森一生爱国,他反对腐朽没落的清王朝,反对帝国主义侵略,积极参加辛亥革命。林森继承伟大的革命先行者孙中山的遗志,他崇高的爱国主义精神,永远值得我们学习和纪念。

1983年,国家主席李先念在视察福州时指出:

> 福州把林森纪念堂破坏了,这很不好,要恢复福州林森纪念堂。

1992年2月11日,福建电视台在纪念林森先生诞辰125周年的新闻中指出:

> 林森先生是我国近现代史上重要的历史人物,他曾积极策动1911年的辛亥革命九江起义,后担任国民政府主席,并为第二次国共合作做出了重要的贡献。今天纪念林森先生,是为了更好地弘扬他的爱国主义精神,促进海峡两岸的早日统一。

第 20 章 遗嘱及"林森奖学金"

　　林森共留下三个遗嘱。第一个遗嘱是希望同胞们坚持抗战，驱除残寇，再造中华……第二个遗嘱是将所存银行的国币五十万元，拨为基金，专作考选留学欧美研习自然科学学生的固定经费。第三个遗嘱对自己的私人财产进行了处理。

　　50 万元，以三四十年代金价 1 两折 100 元计算，在当时相当 5000 两黄金，是一笔不小的财富了。到 40 年代后期，货币急剧贬值，直至不可收拾，50 万元钱已值不了几个铜板了。"林森奖学金"，最终成为一场空。

　　林森去世后，其家人根据林森生前的愿望，先后在上海和南京将林森所藏字画进行了拍卖。拍卖共售出 2350 件，得款 4700 万元，全部用作林森老家福建省闽侯县尚干乡开办的"林森职业学校"的办学基金。

三份遗嘱

林森于 1943 年 8 月 1 日去世后，国民政府立即于 8 月 2 日和 3 日在《中央日报》上发表了林森的两个遗嘱。

第一个遗嘱的内容大致为：

> 余忝任国民政府主席十有二年，国难空前，时深儆惕……曩随国父之后，服膺主义，致力革命，现值抗战建国同时迈进，而余以精力就衰，未能遵扬盛治，目睹中兴，曷胜遗憾。所望同志同胞，尽皆晓然于暴力之终应失败，公理之决不消亡，精诚团结，淬厉奋发，各为国家民族尽其责任，于以驱除残寇，再造中华，庶几世界和平，有所保障，人类幸福，得免摧残，跻世运于大同，奠邦基于永固，其共勉之。

8 月 3 日，《中央日报》又发布了林森的第二个遗嘱。内容为：

> 语云"人生七十古来稀"。森今七十有二矣，身后之嘱托，不能不预

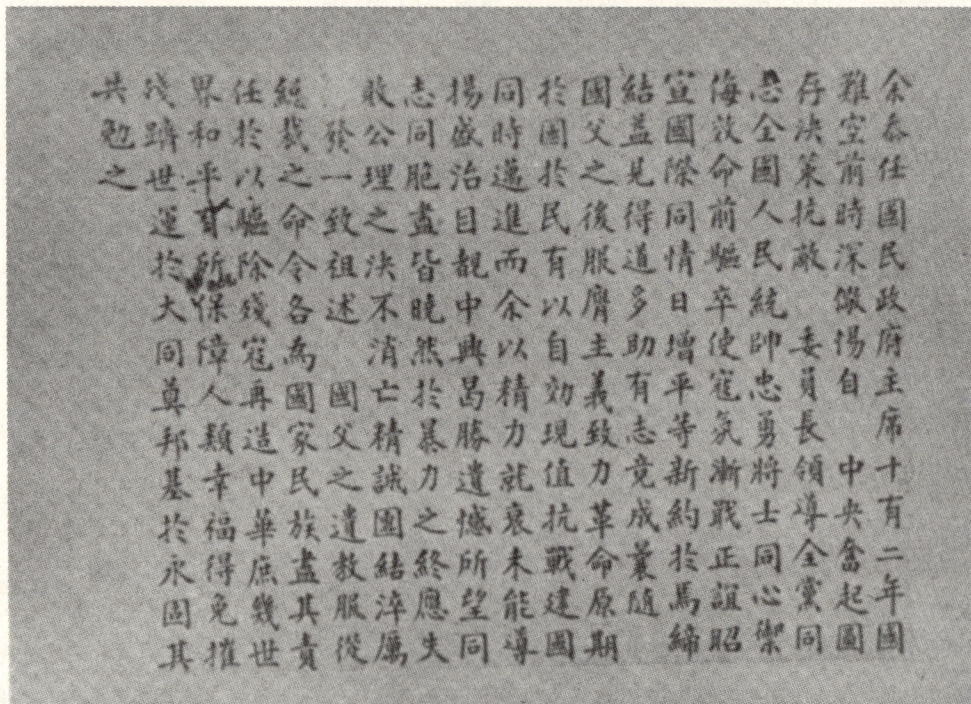

林森遗嘱

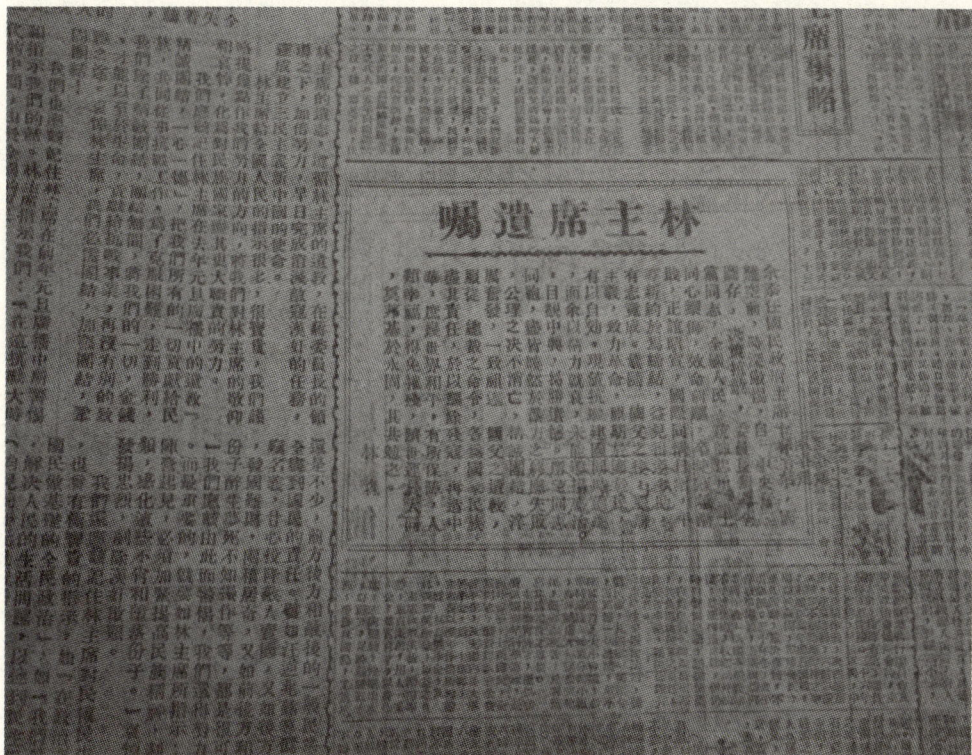

《中央日报》刊载的林森遗嘱

为之计。吾国自然科学人才之消乏,今昔同感,陶冶补充,刻不容缓。兹谨遵总理迎头赶上之遗训,将所存国家银行国币五十万元,拨为基金,以其每年利息,专作考选留学欧美研习自然科学学生固定经费,并手自订办法二十四条,嘱由能表同情于斯举者,恪守此方针而办理之。百年树人,是实始基,尚期共循此旨,矢守弗渝,用垂永远,而利国家,有厚望焉。创办人:林森手订　见证人:魏怀　许静芝。民国二十八年。

　　除了以上两个遗嘱外,据林森的族侄林成奇回忆,在抗战初期,日军飞机狂炸南京,国民政府准备迁都、林森离开南京前往重庆的前夕,曾手书文稿一份,对自己的一些私人财产进行了处理,其内容为:古董、文物送给博物馆;书画、书籍、佛经送给图书馆;存款六万元,给林涛(嗣孙,林京之子)二万元,给邓亚魂①二万元,给林平(侄孙)二万元。这就是人们所传林森的第三份遗嘱。

---

　　①　为广州军政府参谋长兼粤军第一师师长、战死后被孙中山追赠陆军上将的邓铿之子,由林森收为义子。

　　林森逝世后,身后尚留下了一笔奖学金。那是 1936 年林森 70 岁时,国民政府为给林森做寿,筹集了专项资金。但林森不同意如此铺张。后由国民党中央政治会议提议,为表彰林森的"年高德劭","功在党国",并庆祝他的 70 岁生日,特批准设置了"林森奖学金",以后又设立了"林森乡奖学金"。由行政院转饬财政部国库署,特拨出专款 20 万元,专门设立了账户存储起来。两项奖学金均由老文官长魏怀经手,另成立了林森奖学金管理机构负责保管,规定了颁发奖学金条例,旨在鼓励成绩优异的学生,或资助优秀学生出国深造。以一位政府官员名义设立奖学金,这在民国历史上还是第一次。

　　后在 1939 年 3 月,林森又决定将自己的生平积蓄及国民政府发给的"特别费",与原来的"林森奖学金"共合为一处,共 50 万元。为此,林森特为立下

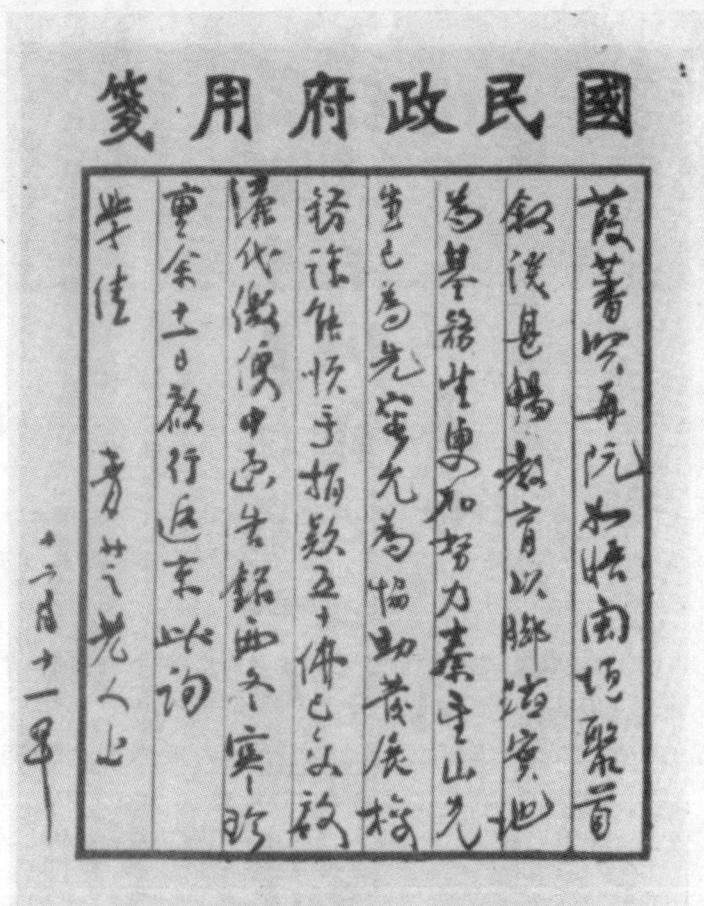

林森遗墨之一

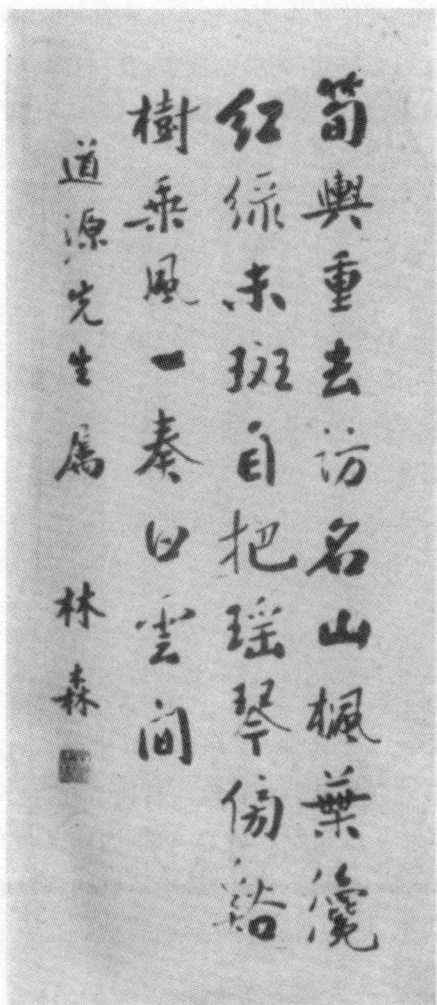

林森遗墨之二

《考选留学欧美研习自然科学学生资助经费办法》的遗嘱 24 条(即以上所说的林森的第二份遗嘱),详细规定了资金的使用办法。林森关心家乡建设,特别重视教育,先后四次为家乡尚干、禄家、凤港捐资兴学。

　林森的第二份遗嘱制订时,正值中国抗战极其艰苦的时期。林森之所以要设立这项奖学金,一是看到日本科学的发达,而中国已经落后了许多;二是看到中国军队用血肉之躯去抵挡日军的现代化装备,牺牲极为惨重;三是认为用血肉之躯抗敌,只是一时的权宜之计,而非立国之本。1942 年林森曾对四川大学应如何办校讲过这样一段讲话:"发展科学,宏扬学术,不此之图,我们就不能拯救我们的国家,拯救我们的子孙免于像今日这样的惨烈的牺牲";"这一次国难渡过以后,如果还有同样的战争,我们仍然以血肉和进步的科学武器相抵抗,我们就对不起我们的子孙和国家,这是我们大家的责任";"大家知道一滴汽油一滴血,我们的汽油太精贵了,但中国的科学太落后了,我们有的是油矿,但却是货弃于地。战区大学都迁到四川,建设目标应当着重在科学研究和科学人才的培养上,为国家奠定一点根基,无论是现在和将来都是极重要的"。由此可见,林森的遗嘱,用心可谓良苦。

50万元,以三四十年代金价 1 两折 100 元计算,在当时相当 5000 两黄金。这的确是一笔不小的财富了。此款后来一直存放在重庆中央银行,定期一年,逐年本息滚存,但从未提取过一分钱。也就是说,并没有用在学生身上一分钱。到抗战后期,货币急剧贬值,直至不可收拾,50 万元钱的收据已成为一张象征性的纸条收据,值不了几个铜板了。后来,林森的国民政府文官长魏怀心情沉重地说:"货币贬值到如此地步,这是国家的事,基金存在国家银行里,国家应负有责任,起码也应该有个合理的交代吧。""林森奖学金"最终成为一场空。

林森一向注意奖掖后进,鼓励青年上进。抗战前,南京曾举办一次书画展。会上,有不少名家作品参展,标价自然十分昂贵。其间也有不少艺校青年学生的作品,都是极为便宜的。林森前往参观,专门挑选学生的书画,一下就购买了十多幅。结果在林森的带动下,学生的作品反而要比名家作品好销。有人很是不解地问林森为何不购名家作品?林森答道:"学生的作品,经我一购,他们必然很兴奋,这是鼓励学生上进的最好办法了。名家已经成名,就不须再由我来鼓励了。"

藏品的两次拍卖

林森去世后,其家人根据林森生前的愿望,先后在上海和南京将林森所藏字画进行了拍卖。据有人作统计,林森共藏有古玩字画 5000 多件。第一次拍卖在上海举行,时间是 1947 年 6 月 11 日至 25 日,持续了十多天。之所以拍了这么长的时间,就是因为所拍的是前国府主席的藏品,即使不值多少钱,也变得有价值了,文物商人会因此而哄购屯积。所以拍卖活动并没有登报,只是印制成了一些义卖券向社会散销,每张义卖券价值旧币 60 万元,每券只能购一张字画。这次拍卖活动与以往不同的是,所有字画都编上了号,由参加者凭券抽号买画,抽到什么就买什么。此次义卖共销出 1000 多件字画。

第二次拍卖在南京进行,时间是 1948 年 1 月 1 日至 30 日。同样以义卖券形式出售,每券售 20 万元,每券限购一幅,每幅 10 万元。画比券还便宜。拍卖地点就设在南京如意里 5 号(即石板桥 2 号)原林森官邸的客厅中。这一天,如意里一带车水马龙,各界人士云集,来看热闹的有之,捧场的有之,附庸风雅更多。一时,昔日门前冷落车马稀的林森官邸,变得门庭若市。拍卖会规定,凡是他人赠与林森的字画,并在上面写有"林森"或林森的字、号、别名、化名字样的,一律不出售,只选了其中一部分在官邸展出,拍卖以后全部送国民党中央党史陈列馆收藏。

孙中山为林森题写的条幅

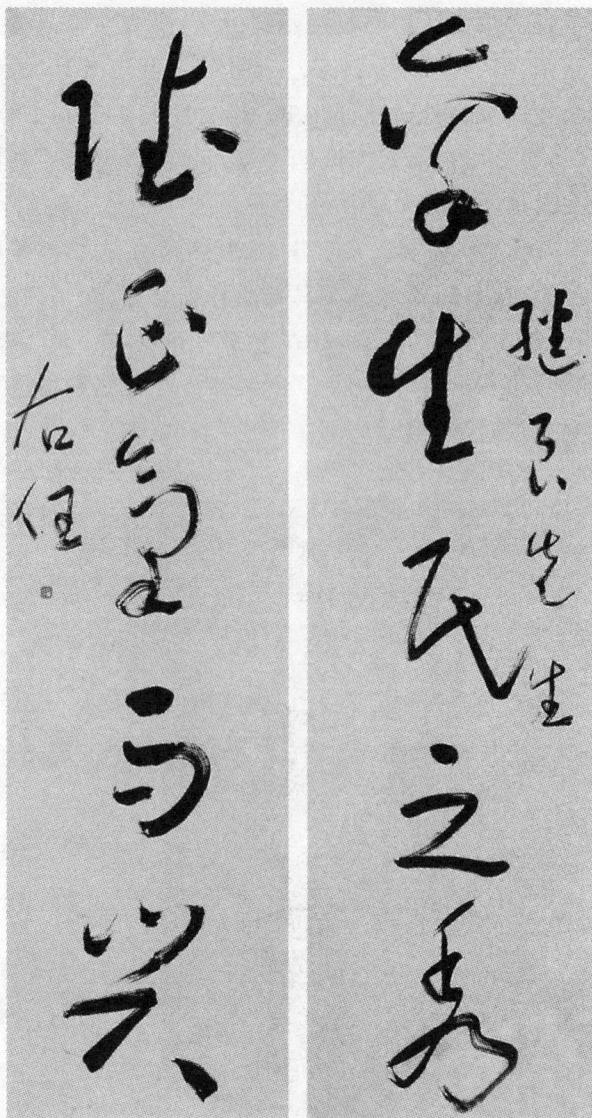

于右任书写的对联

　　林森官邸的客厅中,悬挂着孙中山先生手书的"天下为公"条幅,左侧是于右任在1929年写的对联,曰:"禀生民之秀,赋正气而兴。"右侧是邹鲁画的墨色兰草。客厅对面则是谭延闿手书的对联:"本来面目常如故,实用人才即至公。"这些字画,都是他们当年赠予林森的,上面都署了赠予林森的字样和作者姓名。其他一些字画,大多是林森自己购买的,而且以赝品居多。但是,在画的正面,有不少都盖有"青芝老人鉴赏"六个字,有的字画的背面还盖有"眼福"、"寓目"等图章,以区分字画的等级。这些都是林森根据自己的鉴赏水平而作的记号,一般有"眼福"字样的,在林森看来是上品,"寓目"则稍逊一筹。有的画,虽然明显是假货,但经林森这么一"看",顿时身价大涨,吸引了不少爱慕虚荣的人,即使不懂字画,也来凑个热闹。原定拍卖 20 多天,结果短短几天就被争购一空。这次拍卖,在南京曾引起轰动。

此次拍卖共售出 2350 件,得款 4700 万元。两次拍卖,主要由林森的家人主持操办,政府派人协助。这两次拍卖的全部收入,根据林森生前的愿望,全部用作林森老家福建省闽侯县尚干乡开办的林森职业学校的办学基金。

结束语

　　林森生前曾有过死后葬于重庆江北县某山,待抗战胜利后再迁回福州老家的愿望。但林森治丧委员会鉴于各国使节临丧不便,乃决定暂时葬林森于重庆山洞林园的官邸内。这只是国民政府文官处所作的一时考虑,想等将来抗战胜利后迁回南京或福建老家安葬。

　　林森逝世后,国民政府发布褒崇令曰:

　　　　林故主席子超先生,以高龄钜德,任职十有二年,恭已临民,睿谟默运,育成民德,邦本用宁。故能临大事,决大疑,处变而不惊,慎谋而能断。洵足光耀史乘,表率群伦。

　　早在林森病危之际,蒋介石曾有过让国民党元老、著名书法家吴稚晖出任国民政府主席的想法。但吴稚晖本人对此没有兴趣,他感兴趣的只是书法。按他自己的说法是,一是穿着随便,不拘小节,不登大雅之堂;二是长相难看等等。这仅是蒋介石一时之念。于是,国民党中常会于 1943 年 5 月 29 日举行了临时会议,修改了《国民政府组织法》第 13 条,规定在"国府主席因故不能视事时,由行政院院长代理"。当天,蒋介石即以行政院院长代理了国民政府主席。不久,即举行了国民党五届十一中全会,又修改了《国民政府组织法》,彻底改变了林森的"国民政府主席不负实际政治责任"的虚位元首地位,极大地扩充了主席的权限。其主要内容为:

　　　　国民政府主席为国家元首,对外代表国家,为海陆军大元帅;国民政府主席对国民党中央执行委员会负责,五院院长对国民政府主席负责;主席的任期由二年改为三年,可以连选连任,无任期限制……

　　几天工夫,"虚位元首"就变成了"实权主席"。会上,全体中执委签名一致通过,由军事委员会委员长蒋介石担任国民政府主席。10 月 10 日,蒋介石在重庆宣誓就任国民政府主席。这是蒋介石第二次担任主席职务。

1943 年 11 月 17 日,国民政府以国葬之礼将林森葬于重庆双河街山洞的林园。国民政府为林森修了一座规模不大的水泥陵墓,外形颇似在南京国民政府第一任主席谭延闿的陵墓,但没有谭墓那么多的墓道、祭堂、亭台楼阁等建筑。陵墓由叶楚伧作墓志铭的铭文,吴稚晖(敬恒)篆额,居正缮写碑文。文曰:"……公生平宁静淡泊,勤整廉贞,举措抑扬,不私奸匿,造次颠沛,不离规矩,居常和易,童稚可亲。临大难,持大节,则峥峥岳岳,凛乎如神……"林森逝世后,国民党亦称其为"一代完人"、"千秋模范"。

其不免有溢美之词,但在国民党党政军界,以林森如此洁身自好,平易近人,不媚权势,恬静淡泊,而且受到各方尊重,口碑颇佳,恐怕真是凤毛麟角的了。

国民政府行政院决定将福建省闽侯县改称"林森县"。福建地方士绅拟将福建省立农学院、医学院、师范专科学校合并改制为国立林森大学。以后,为纪念林森,南京、上海和台湾亦有改原路名而称"林森路"的。在林森主席任上建成的南京国民政府办公楼,亦称之为"子超楼",洛阳的洛河大桥则称为"林森桥"。

1946 年 5 月国民政府即将"还都"南京。国父陵园管理委员会也将随之迁回,因此,该会特向国民政府及行政院提出重庆的林森陵墓将如何管理。1946 年 9 月 13 日,国民党中常会第九次会议作出决议,将林森陵墓"交重庆市政府接管",以至始终未能将林森遗体迁葬南京或福建。

林森是民国历史上的一位比较难得的人物。

林森陵园

林森墓碑

主要参考文献

中国科学院近代史研究所史料编译组编. 辛亥革命资料[G]. 北京:中华书局,1961.

中国人民政治协商会议全国委员会文史资料研究委员会编. 辛亥革命回忆录[M]. 北京:中华书局,1963.

刘绍唐主编. 民国大事日志[M]. 台北:台湾传记文学出版社,1973.

中华民国史事纪要[M]. 台湾中华民国史料研究中心,1984.

林森与辛亥革命[M]. 台湾传记文学第43卷.

枢府春秋[M]. 台北:台湾商务印书馆,1969.

林友华. 林森评传[M]. 北京:华文出版社,2011.

林子超先生纪念集[M]. 台北:台湾正中书局,1992.

国父当选临时大总统实录[M]. 台北:台湾国史丛编社,1967.

孙中山年谱长编[M]. 北京:中华书局,1991.

孙中山全集[M]. 北京:中华书局,1982.

孙中山传[M]. 北京:北京出版社,1979.

徐友春等. 孙中山奉安大典[M]. 北京:华文出版社,1989.

林公子超遗集[M]. 中国国民党党史会、党史馆,1966.

革命逸史. 一、二集[M]. 北京:中华书局,1981.

革命文献[G]. 65—66辑. 台湾国民党党史会编印.

孙中山藏档选编[G]. 北京:中华书局,1986.

福建省地方志办公室编. 福建省地方志[G].

中央日报,1931年、1932年、1943.

新华日报,1943.

大公报,1938—1943 年.

解放日报,1943.

申报,1937—1943 年.

盐阜报,1943.

中华近代珍藏图片库[M].香港:商务印书馆(香港)有限公司,1996.

孙中山文史图片考[M].广州:广东地图出版社,1999.

卢海鸣、杨新华.南京民国建筑[M].南京:南京出版社,2001.

中华文史资料文库[G].北京:中国文史出版社,1995.

文史资料选辑[G].合订本.北京:中国文史出版社,1993.

文史资料精选本[G].北京:中国文史出版社,1987.

上海文史资料选辑[G].上海:上海人民出版社.

江苏文史资料研究委员会编.江苏文史资料选辑[G].南京:江苏人民出版社,1982.

政治协商会议福建省委员会文史资料委员会编.福建文史资料[G].福州:福建人民出版社,1962.

中国人民政治协商会议四川省委员会文史资料研究委员会编.四川文史资料选辑[G].成都:四川人民出版社,1984.

连江文史资料[G].

中国人民政治协商会议重庆市委员会.重庆文史资料[G].成都:四川人民出版社.

星子文史资料[G].

洛阳文史资料[G].

九江文史资料[G].

都江堰文史资料[G].

广东文史资料选辑[G].广州:广东人民出版社.

广州市政协文史资料研究委员会编.广州文史资料[G].广州:广东人民出版社,1988.

辛亥海军举义记.未刊稿.

刘小宁.风雨沧桑总统府[M].南京:南京出版社,2000.

中国人民政治协商会议江苏省委员会编.孙中山与南京临时政府[M].南京:南京出版社,2001.

中国国民党历次代表大会及中央全会资料[G].北京:光明日报出版

社,1985.

民国时期中央国家机关组织概述[M]. 北京:中国档案出版社,1994.

中华民国史料丛稿[M]. 北京:中华书局,1986.

重庆抗战丛书——重庆国民政府[M]. 重庆:重庆出版社,1995.

重庆抗战丛书——陪都人物纪事[M]. 重庆:重庆出版社,1995.

申伯纯. 西安事变纪实[M]. 北京:人民出版社,1979.

吴福章. 西安事变亲历记[M]. 北京:中国文史出版社,1986.

孟广涵. 国民参政会纪实[M]. 重庆:重庆出版社,1987.

国民参政会资料[G]. 成都:四川人民出版社,1984.

中国第二历史档案馆馆藏档案[G].

江苏省档案馆馆藏档案[G].

南京市档案馆馆藏档案[G].

徐友春. 民国人物大辞典[M]. 石家庄:河北人民出版社,2007.

万仁元、王玉文、孔庆泰. 民国职官年表[M]. 北京:中华书局,1995.

临时政府公报[M]. 南京:江苏古籍出版社,1988.

中国第二历史档案馆. 国民政府公报[M]. 南京:江苏古籍出版社,1992.

周道纯. 中山陵园博记[M]. 南京:江苏人民出版社,1989.

中山陵园史录[M]. 南京:南京出版社,1985.

传记文学. 台湾传记文学编辑部.

图书在版编目(CIP)数据

林森传 / 刘小宁著. —杭州：浙江大学出版社，
2013.8
（民国人物传记丛书）
ISBN 978-7-308-11595-7

Ⅰ.①林… Ⅱ.①刘… Ⅲ.①林森(1868～1943)—
传记 Ⅳ.①K827＝6

中国版本图书馆 CIP 数据核字(2013)第 114957 号

林森传

刘小宁　著

丛书策划	黄宝忠
丛书主持	葛玉丹　宋旭华
责任编辑	胡　畔　llpp＿lp@163.com
出版发行	浙江大学出版社
	（杭州市天目山路 148 号　邮政编码 310007）
	（网址：http://www.zjupress.com）
排　　版	浙江时代出版服务有限公司
印　　刷	浙江印刷集团有限公司
开　　本	710mm×1000mm　1/16
印　　张	22
字　　数	376 千
版 印 次	2013 年 8 月第 1 版　2013 年 8 月第 1 次印刷
书　　号	ISBN 978-7-308-11595-7
定　　价	46.00 元